泉州师范学院"桐江学术著作"出版基金资助出版

"中国现代图书馆运动之皇后"
韦棣华研究

郑锦怀　著

中国海洋大学出版社

·青岛·

图书在版编目（CIP）数据

"中国现代图书馆运动之皇后"韦棣华研究／郑锦怀著．-- 青岛：中国海洋大学出版社，2021.1
ISBN 978-7-5670-2763-3

Ⅰ.①中…Ⅱ.①郑…Ⅲ.①韦棣华（1861-1931）—人物研究 Ⅳ.①K825.41

中国版本图书馆 CIP 数据核字（2021）第 007951 号

出 版 发 行	中国海洋大学出版社			
社 址	青岛市香港东路 23 号		邮政编码	266071
出 版 人	杨立敏			
网 址	http://pub.ouc.edu.cn			
电子信箱	184385208@qq.com			
责任编辑	付绍瑜 杨亦飞		电 话	0532 - 85902533
印 制	日照日报印务中心			
版 次	2021 年 2 月第 1 版			
印 次	2021 年 2 月第 1 次印刷			
成品尺寸	170 mm ×230 mm			
印 张	16.25			
字 数	360 千			
印 数	1—1 000			
定 价	55.00 元			

谨以此书纪念

韦棣华女士来华 121 周年

（1899—2020），

暨文华图书科创办 80 周年

（1920—2020）！

韦棣华照 [1]

---

① 从着装来看,这应当是 1920 年 6 月 26 日韦棣华在文华大学获颁荣誉文学硕士学位时拍摄的照片。

CONTENTS 目　录

绪　　论

第一节　现有研究，尚不完善

韦棣华(英文全名 Mary Elizabeth Wood，1861—1931；音译为"玛丽•伊丽莎白•伍德")，常写作 Mary E. Wood①（音译为"玛丽•E. 伍德"）、M. E. Wood②

---

① American Library Association[J]. *Library Journal*, 1907, *32*(6): 266−282; News From Central China[N]. *The China Weekly Review*, 1923−05−05(358); Public Libraries in China[N]. *The New York Times*, 1925−08−02(10); Church Periodical Club to Hear Bishop Tucker[N]. *The Washington Post*, 1926−12−04(10); Episcopal Women to Choose Officers[N]. *The Washington Post*, 1927−01−03(14); Mary E. Wood Dies in China[N]. *The New York Sun*, 1931−05−02(19); Miss Mary E. Wood Is Dead in China[N]. *The Brooklyn Daily Eagle* (*New York*), 1931−05−02(4); Mary E. Wood Is Dead[N]. *New York Herald Tribune*, 1931−05−02(13).

② Missionary to Speak[N]. *The Buffalo Courier*, 1907−12−21(5); News From Central China[N]. *The China Weekly Review*, 1922−07−15(276); News From Central China[N]. *The China Weekly Review*, 1922−12−09(68); Libraries in China, Her Topic[N]. *The Washington Post*, 1924−01−18(S4); News From Central China[N]. *The China Weekly Review*, 1924−11−15(346); News From Central China[N]. *The China Weekly Review*, 1924−12−27(112).

（音译为"M. E. 伍德"）或 Elizabeth Wood① （有时误写成 Elisabeth Wood②，音译为"伊丽莎白·伍德"），昵称 Lizzie Wood③ （音译为"丽琪·伍德"），以上均常冠以 Miss（女士）。来华之后，她曾自署"华棣"（繁体为"華棣"）④。值得注意的是，她的名字也曾被音译为"吴德"⑤"武德"⑥，或被称为"吴美利"⑦，或被误写成"韦

① Personal[N]. *The Daily News* (*Batavia, N.Y.*), 1891−07−03(3); Political Equality Club[N]. *The Daily News* (*Batavia, N.Y.*), 1895−08−09(1); Personal[N]. *The Daily News* (*Batavia, N.Y.*), 1895−09−18(4); High School Faculty[N]. *The Spirit of Times* (*Batavia, N.Y.*), 1898−06−04(3); Personal Paragraphs[N]. *The Spirit of Times* (*Batavia, N.Y.*), 1898−07−02(3); Personal[N]. *The Daily News* (*Batavia, N.Y.*), 1898−07−02(6); Topics for Thinking Men and Women[N]. *The Buffalo Courier*, 1899−06−11(21); Appointments of Teachers[N]. *The Daily News* (*Batavia, N.Y.*), 1899−05−30(4); Mere Mentions[N]. *The Daily News* (*Batavia, N.Y.*), 1899−08−28(4); Personals[N]. *The Daily News* (*Batavia, N.Y.*), 1899−09−18(4); Mere Mentions[N]. *The Daily News* (*Batavia, N.Y.*), 1899−09−22(4); New Librarian[N]. *The Daily News* (*Batavia, N.Y.*), 1899−09−26(1); Mere Mentions[N]. *The Daily News* (*Batavia, N.Y.*), 1899−10−03(4); Miss Wood Leaves for China[N]. *The Daily News* (*Batavia, N.Y.*), 1899−10−18(1); Genesee[N]. *Rochester Democrat and Chronicle*, 1899−10−19(4); Miss Wood's Safe Arrival in China[N]. *The Daily News* (*Batavia, N.Y.*), 1900−01−18(1); Missionaries at Wu Chang Safe[N]. *The Daily News* (*Batavia, N.Y.*), 1900−07−03(1); Batavians in China Safe[N]. *The Daily News* (*Batavia, N.Y.*), 1900−07−10(1); Safe in Japan[N]. *Rochester Democrat and Chronicle*, 1900−07−11(4); Letter From Miss Wood (Written at Shanghai, While on Her Way to Japan)[N]. *The Daily News* (*Batavia, N.Y.*), 1900−08−10(1).

② Among the Clubs and Associations[N]. *The Buffalo Courier*, 1898−05−29(25) ; The Social Chronicle[N]. *Buffalo Evening News*, 1898−05−31(3); Talk by Miss Wood Full of Interest[N]. *The Daily News* (*Batavia, N.Y.*), 1907−12−23(4); Miss Wood's Experience[N]. *The Daily News* (*Batavia, N.Y.*), 1912−02−07(1); Batavians Safe[N]. *The Buffalo Courier*, 1911−10−13(2); United Thank Offering of Episcopalians[N]. *The Buffalo Sunday Express*, 1925−09−06(8−4).

③ Mere Mentions[N]. *The Daily News* (*Batavia, N.Y.*), 1885−02−28(3); Local Record[N]. *Progressive Batavian*, 1885−03−06(1); Neighborhood News[N]. *The Buffalo Express*, 1889−01−09(8); What We See and Hear[N]. *The Spirit of Times* (*Batavia, N.Y.*), 1889−01−10(1); Batavia[N]. *The Buffalo Courier*, 1889−05−08(2).

④ 华棣. 文华书院藏书室 [M]. 武昌：华棣自刊，1908:3.

⑤ 美国图书馆专家吴德女士莅沪 [N]. 新闻报，1925−01−09（7）.

⑥ 美女士建议在华设立图书馆 [N]. 民国日报，1926−02−05（7）；美拨赔款设图书馆 [N]. 民国日报，1923−02−24（7）.

⑦ 圣约翰大学大学生出版委员会. 圣约翰大学五十年史略（一千八百七十九年至一千九百廿九年）[M]. 上海：圣约翰大学，1929:39.

隶华"①（繁体为"韦隸華"②）。为行文统一起见，下文除非直接引用，否则一律称之为"韦棣华"。

　　韦棣华是美国来华世俗传教士，是长期在中国服务的图书馆事业家与图书馆学教育家。她创办了文华公书林——中国第一个现代意义上的真正对公众免费开放的图书馆；先后资助沈祖荣（1884—1977）③与胡庆生（1895—1868）④赴美国攻读图书馆学，待两人先后学成归来后，又派其到全国各地宣讲，宣扬发展公共图书馆事业，从而掀起了一场影响深远的"新图书馆运动"；与沈祖荣、胡庆生一同创办文华图书科（后独立办学，称"文华图书馆学专科学校"，简称"文华图专"），亲自授课，诲人不倦，培养了一批在国内外各大图书馆服务的图书馆学专业人才；推动美国政府退还庚子赔款（简称"庚款"）余额，用于发展中国的教育与文化事业，联系美国图书馆协会派遣鲍士伟（1860—1942）来华调查中国图书馆事业并提交报告，最终成功地从中华教育文化基金董事会（简称"中基会"）争取到部分款项用于发展图书馆事业与图书馆学教育。因其为中国近现代图书馆事业与图书馆学教育作出的巨大贡献，曾任中华民国第二任总统的黎元洪（1864—1928）于1926年在其与韦棣华的面对面交流中将其誉为"中国现代图书馆运动之皇后"⑤。

　　目前所见，国内外已经出版的以韦棣华为研究对象的专门著作只有李劲军与汲言斌二人合著的《韦棣华与中国图书馆事业》（山东画报出版社，2017）。该书正文分为十章，力图"以时间为经，以事件为纬，追寻韦棣华女士的思想和人生轨迹，认真思考和探研韦棣华女士和中国图书馆事业的关系。"⑥书中还有韦棣华

---

① 徐全廉. 评《评韦隶华》[J]. 四川图书馆学报，1987（1）：92-96；马启. 评韦隶华[J]. 四川图书馆学报，1985（5）：83-88；吴则田. 韦隶华在中国近代图书馆史上的活动[J]. 图书情报知识，1983（4）：86-91；黄宗忠. 武汉大学图书馆学系六十年——兼评文华图专和韦隶华在我国图书馆事业史上的作用[J]. 武汉大学学报（哲学社会科学版），1980（6）：78-85；许有成. 为中国图书馆事业贡献了一生的韦隶华[J]. 复旦学报（社会科学版），1980（3）：105-106.

② 韦隶华演讲，程葆成笔记. 运动庚子赔款退回中国拨充推扩中国图书馆之经过[J]. 图书馆，1925（1）：33-35；本会欢迎韦隶华女士记[J]. 图书馆，1925（1）：84.

③ 程焕文. 中国图书馆学教育之父——沈祖荣评传[M]. 台北：学生书局，1997：1，195.

④ 汤旭岩，李波. 退出图书界的名人——记我国早期留美图书馆学硕士胡庆生[J]. 图书馆，2001（1）：76-78.

⑤ Samuel T. Y. Seng. Miss Mary Elizabeth Wood, The Queen of the Modern Library Movement in China[J]. *Boone Library School Quarterly*, 1931, *3*(3): 8.

⑥ 李劲军，汲言斌. 韦棣华与中国图书馆事业[M]. 济南：山东画报出版社，2017：166.

大事年表、中英文对照表。令人遗憾的是,该书极少引用外文文献①,未能做到中外互鉴,难免存在错漏或不确之处。此外,以下著作均有章节论及韦棣华:周雁翔编著的《名人与图书馆的不解之缘》(山西高校联合出版社,1995);郑章飞、黎盛荣和王红主编的《中国图书馆学教育概论》(国防科技大学出版社,2001);范并思、邱王芳和潘卫等人编著的《20世纪西方与中国的图书馆学——基于德尔斐测评的理论史纲》(北京图书馆出版社,2004);程焕文撰写的《图书馆精神》(北京图书馆出版社,2007);周洪宇撰写的《不朽的文华——从文华公书林到文华图书馆学专科学校》(华中师范大学出版社,2013);董中锋编著的《华大精神与人文底蕴——学人·学术·学养》(华中师范大学出版社,2013);中国图书馆学会编著的《中国图书馆学学科史》(中国科学技术出版社,2014);彭敏惠撰写的《文华图书馆学专科学校的创建与发展》(武汉大学出版社,2015)②;齐诚与马楠合著的《外国传教士与中国近代图书馆事业》(光明日报出版社,2017);等等。

学位论文方面,目前仅见冯维军的《韦棣华与中国图书馆事业的发展》(台湾私立"中国文化学院"③硕士学位论文,1976;指导教师:宋晞)。该文分为四章。第一章介绍了韦棣华生活的时代背景,第二章了介绍韦棣华的家庭、求学、工作与性格,第三章介绍了韦棣华对中国图书馆事业的贡献,第四章为结论。④吴碧薇的《20世纪国外图书馆学在中国:传播和影响》(郑州大学硕士学位论文,2004;指导教师:王国强)、彭敏惠的《文华图书馆学专科学校的创建与发展》(武汉大学博士学位论文,2011;指导教师:彭斐章)、唐秀的《文华公书林研究(1910—1938)》(湖北大学硕士学位论文,2011;指导教师:郭娅)等少数几篇学位论文亦顺带论及韦棣华,可惜过于简略。

多种文集载有韦棣华传略或纪念文章。丁道凡搜集编注的《中国图书馆界先驱沈祖荣先生文集(1918—1944年)》(杭州大学出版社,1991)载有《韦棣华

---

① 该书主要参考文献列出18本图书、6篇学位论文和121篇期刊论文,但其中只有2篇英文文献,即1924年韦棣华汇编的资料集《庚子赔款与中国的图书馆运动》,以及1931年韦德生撰写的英文纪念文章《关于吾姊之生平》。

② 该书由其同名博士学位论文(武汉大学,2011年)增订而成。

③ 1980年起,台湾私立"中国文化学院"改称"中国文化大学"。

④ 教育部高等教育司.六十四学年度各校院研究生硕士论文提要[M].台北:正中书局,1979:265.另:关于这篇硕士学位论文,笔者曾尝试通过中国高等教育数字图书馆从台湾省复制,亦曾委托上海大学图书情报档案系讲师张衍博士请其友人在台湾省代为复制,可惜无果。

女士略传》①。梁建洲、廖洛纲和梁鳢如编选的《毛坤图书馆学档案学文选》(四川大学出版社,2000)载有毛坤撰写的《悼韦棣华女士》②。马费成主编的《世代相传的智慧与服务精神——文华图专八十周年纪念文集》(北京图书馆出版社,2001)收录了吴慰慈与张广钦合撰的《开创中国现代图书馆事业的先驱——韦棣华女士》③、程焕文撰写的《文华精神:中国图书馆精神的家园——纪念文华图专80周年暨宗师韦棣华女士和沈祖荣先生》④、陈传夫撰写的《韦棣华传略》⑤等多篇文章。程焕文撰写编选的《裘开明图书馆学论文选集》(广西师范大学出版社,2003)载有裘开明多年之前就已经公开发表过的两篇韦棣华小传,即用中文撰写的《韦师棣华女士传略》⑥与用英文撰写的"Mary Elizabeth Wood"⑦。陈传夫主编的《文华情怀:文华图专九十周年纪念文集》(武汉大学出版社,2011)收录了跟文华图书科(文华图专)相关的105篇文章,其中大多已经公开发表。总体看来,这类文章大多属于口述史或回忆录。

多种地方志与文史研究资料载有介绍韦棣华的词条或文章,如湖北省地方志编纂委员会编的《湖北省志人物志稿》(光明日报出版社,1989)⑧、武汉地方志编纂委员会编的《武汉市志•人物志》(武汉大学出版社,1999)⑨、湖北省地方志

① 沈祖荣.韦棣华女士略传[G]//沈祖荣.中国图书馆界先驱沈祖荣先生文集(1918—1944年).丁道凡搜集编注.杭州:杭州大学出版社,1991:145-147.
② 毛坤.悼韦棣华女士[G]//毛坤.毛坤图书馆学档案学文选.成都:四川大学出版社,2000:186-189.
③ 吴慰慈,张广钦.开创中国现代图书馆事业的先驱——韦棣华女士[G]//马费成.世代相传的智慧与服务精神——文华图专八十周年纪念文集.北京:北京图书馆出版社,2001:84-89.
④ 程焕文.文华精神:中国图书馆精神的家园——纪念文华图专80周年暨宗师韦棣华女士和沈祖荣先生[G]//马费成.世代相传的智慧与服务精神——文华图专八十周年纪念文集.北京:北京图书馆出版社,2001:225-251.
⑤ 陈传夫.韦棣华传略[G]//马费成.世代相传的智慧与服务精神——文华图专八十周年纪念文集.北京:北京图书馆出版社,2001:252-256.
⑥ 裘开明.韦师棣华女士传略[G]//裘开明.裘开明图书馆学论文选集.桂林:广西师范大学出版社,2003:82-84.
⑦ 裘开明.Mary Elizabeth Wood[G]//裘开明.裘开明图书馆学论文选集.桂林:广西师范大学出版社,2003:85-88.另:这其实是裘开明为爱德华•T.詹姆斯主编的《美国女性名人录(1607—1950)》第3卷撰写的韦棣华词条.详见:Edward T. James. *Notable American Women 1607-1950, Vol. 3*[M]. Cambridge: Belknap, 1971: 647-648.
⑧ 湖北省地方志编纂委员会.湖北省志人物志稿[M].北京:光明日报出版社,1989:933.
⑨ 武汉地方志编纂委员会.武汉市志•人物志[M].武汉:武汉大学出版社,1999:813-814.

编纂委员会编的《湖北省志·人物(下)》(湖北人民出版社,2000)①等均载有韦棣华词条。又如,《武汉文史资料》编辑部编辑的《武汉文史资料·1988年增刊·武汉人物选录》载有徐全廉撰写的《奉献中国图书馆事业的美国友人韦棣华》②,武汉市文史研究馆编的《江汉采风》(上海书店出版社,1994;中华书局,2005)载有张祥麟撰写的《韦棣华与中国现代图书馆》③,肖志华与严昌洪编选的《武汉掌故》(武汉出版社,2000)载有梅川撰写的《韦棣华与武汉第一所图书馆》④,中国人民政治协商会议全国委员会文史资料委员会编的《文史资料存稿选编·24·教育》(中国文史出版社,2002)载有徐家麟撰写的《文华图书馆学专科学校及其创办人韦棣华》⑤,武汉地方志编纂委员会办公室编的《春兰秋菊集——〈武汉春秋〉二十年文存》(武汉出版社,2003)载有全廉(即徐全廉)撰写的《韦棣华与"文华公书林"》⑥,涂文学主编的《东湖史话》(武汉出版社,2004)载有《韦棣华与武昌文华图专》⑦,杨朝伟主编的《历史文化街区昙华林》(武汉出版社,2006)载有《近代图书馆创始人——韦棣华》⑧,等等。

  国内外出版的多种工具书收录了"韦棣华"词条。在国外,主要有杜马·马隆主编的《美国名人词典》第20卷⑨、爱德华·T. 詹姆斯主编的《美国女性名人

---

① 湖北省地方志编纂委员会. 湖北省志·人物(下) [M]. 武汉:湖北人民出版社,2000:887.

② 徐全廉. 奉献中国图书馆事业的美国友人韦棣华 [G]//《武汉文史资料》编辑部. 武汉文史资料·1988年增刊·武汉人物选录. 武汉:武汉市政协文史资料委员会,1988:457–459.

③ 张祥麟. 韦棣华与中国现代图书馆 [G]//武汉市文史研究馆. 江汉采风. 上海:上海书店出版社,1994:105–106;张祥麟. 韦棣华与中国现代图书馆 [G]//武汉市文史研究馆. 江汉采风. 北京:中华书局,2005:105–106.

④ 梅川. 韦棣华与武汉第一所图书馆 [G]//肖志华,严昌洪. 武汉掌故. 武汉:武汉出版社,2000:92–93.

⑤ 徐家麟. 文华图书馆学专科学校及其创办人韦棣华 [G]//中国人民政治协商会议全国委员会文史资料委员会. 文史资料存稿选编·24·教育. 北京:中国文史出版社,2002:375–380. 另:徐家麟此文其实写于1965年5月。徐家麟是文华图书科第五届毕业生曾在文华图专工作多年。

⑥ 全廉. 韦棣华与"文华公书林" [G]//武汉地方志编纂委员会办公室. 春兰秋菊集——《武汉春秋》二十年文存. 武汉:武汉出版社,2003:10–16.

⑦ 涂文学. 东湖史话 [M]. 武汉:武汉出版社,2004:153–157.

⑧ 近代图书馆创始人——韦棣华 [G]//杨朝伟. 历史文化街区昙华林. 武汉:武汉出版社,2006:273–274.

⑨ Dumas Malone. *Dictionary of American Biography, Vol. 20*[M]. New York: Charles Scribner's Sons, 1936: 469–470. 另:该词条由曾经长期执掌金陵大学图书馆的美国图书馆专家克乃文撰写。

录（1607—1950）》第 3 卷①、安妮·科迈尔主编的《世界历史上的女性：一部传记百科全书》第 16 卷②、维拉·查普曼主编的《世界女性名人词典》第 2 卷③以及最新的"美国名人词典在线"等。在中国大陆，主要有杨家骆主编的《图书年鉴（创刊本·普及本）》（词典馆，1935）④，李玉安与陈传艺主编的《中国藏书家辞典》（湖北教育出版社，1989）⑤，周文骏主编的《图书馆学情报学词典》（书目文献出版社，1991）⑥，夏林根与于喜元主编的《中美关系辞典》（大连出版社，1992）⑦，周文骏主编的《图书馆学百科全书》（中国大百科全书出版社，1993）⑧，吴仲强主编的《中国图书馆学情报学档案学人物大辞典》（亚太国际出版有限公司，1999）⑨，冯天瑜主编的《中华文化辞典》（武汉大学出版社，2010）⑩，周川主编的《中国近现代高等教育人物辞典》（福建教育出版社，2012）⑪，丘东江主编的《图书馆学情报学大辞典》（海洋出版社，2013）⑫等。在台湾省，主要有台湾编译馆主编的《图书馆学与资讯科学大辞典》（汉美图书有限公司，1995）⑬、胡述兆主编的《中国图书馆学与目录学名人录》（汉美图书有限公司，1999）⑭、黄元鹤与陈冠至合编的

---

① Edward T. James. *Notable American Women 1607-1950, Vol. 3*[M]. Cambridge: Belknap, 1971: 647-648.

② Anne Commire. *Women in World History: A Biographical Encyclopedia, Vol. 16*[M]. Detroit: Yorkin Publications, 2002: 752-753.

③ Vera Chapman. *Dictionary of Women Worldwide, Vol. 2*[M]. Detroit: Yorkin Publications, 2007: 2023.

④ 杨家骆. 图书年鉴（创刊本·普及本）[M]. 南京：词典馆，1935：（第三编　全国图书馆概况）156-159. 另：该书第三编"全国图书馆概况"在介绍文华公书林时几乎全文转录了裘开明撰写的《韦师棣华女士传略》。

⑤ 李玉安，陈传艺. 中国藏书家辞典 [M]. 武汉：湖北教育出版社，1989：304-305.

⑥ 周文骏. 图书馆学情报学词典 [M]. 北京：书目文献出版社，1991：461-462.

⑦ 夏林根，于喜元. 中美关系辞典 [M]. 大连：大连出版社，1992：458-459.

⑧ 周文骏. 图书馆学百科全书 [M]. 北京：中国大百科全书出版社，1993：515-516.

⑨ 吴仲强. 中国图书馆学情报学档案学人物大辞典 [M]. 香港：亚太国际出版有限公司，1999：35-36.

⑩ 冯天瑜. 中华文化辞典 [M]. 武汉：武汉大学出版社，2010：710.

⑪ 周川. 中国近现代高等教育人物辞典 [M]. 福州：福建教育出版社，2012：675-576.

⑫ 丘东江. 图书馆学情报学大辞典 [M]. 北京：海洋出版社，2013：548.

⑬ 台湾编译馆. 图书馆学与资讯科学大辞典（中）[M]. 台北·纽约·洛杉矶：汉美图书有限公司，1995：1043-1044.

⑭ 胡述兆. 中国图书馆学与目录学名人录 [M]. 台北·纽约·洛杉矶：汉美图书有限公司，1999：116-119.

《图书馆人物志》(五南图书出版股份有限公司,2014)①等。

期刊是韦棣华研究之相关成果的主要载体。民国时期,相关文章集中发表于韦棣华逝世的当年(即1931年)。1931年5月21日,《华北日报·图书馆学周刊》第7期就推出了一辑"追悼韦棣华女士特刊",内收四篇纪念文章,包括署名"编者"撰写的《悼韦棣华女士专号引言》②、裘开明撰写的《韦师棣华女士传略》③、洪有丰撰写的《韦棣华女士赞并序》④、李继先撰写的《韦棣华女士与我国图书馆事业》⑤。1931年6月30日,《中华图书馆协会会报》第6卷第6期亦刊登了裘开明在"民国二十年五月十五日于北京"撰写的《韦师棣华女士传略》⑥。1931年9月,《武昌文华图书科季刊》第3卷第3期推出了一辑"韦棣华女士纪念号",分成"中文之部"与"英文之部",分别刊登了一系列中文与英文纪念文章,另外还有几篇研究论文。此外,1947年7月31日,《图书展望》复刊第4期刊登了刘允慈撰写的《记美国图书馆学专家韦棣华女士》⑦。这些文章大都对韦棣华持较高的评价。进入20世纪70年代,国外图书馆学界重新开始研究韦棣华。1971年,爱德华·T. 詹姆斯主编的《美国女性名人录(1607—1950)》第3卷收录了裘开明撰写的韦棣华词条。⑧1975年,黄文宏在台湾省《图书馆资讯学刊》创刊号(即第1卷第1期)发表了英文论文《韦棣华女士:中国图书馆运动先驱》。⑨1982年,约翰·H. 温克尔曼在台湾省《图书馆资讯学刊》第8卷第1期发表了英文论文《韦棣华(1861—1931):现代中国的美国传教士兼图书馆馆长》。⑩值得一提的是,黄文宏与温克尔曼的论文均使用了前人未曾注意和利用的第一手档案资料,尤其是美国圣公会档案馆收藏的部分韦棣华往来信件,颇有新见,故而常为后续研究

---

① 黄元鹤,陈冠至. 图书馆人物志[M]. 台北:五南图书出版股份有限公司,2014:351-360.

② 编者. 悼韦棣华女士专号引言[J]. 华北日报·图书馆学周刊,1931(7):1.

③ 裘开明. 韦师棣华女士传略[J]. 华北日报·图书馆学周刊,1931(7):1-3.

④ 洪有丰. 韦棣华女士赞并序[J]. 华北日报·图书馆学周刊,1931(7):3.

⑤ 李继先. 韦棣华女士与我国图书馆事业[J]. 华北日报·图书馆学周刊,1931(7):3-4.

⑥ 裘开明. 韦师棣华女士传略[J]. 中华图书馆协会会报,1931,6(6):7-9.

⑦ 刘允慈. 记美国图书馆学专家韦棣华女士[J]. 图书展望,1947(复刊4):10-11.

⑧ Edward T. James. *Notable American Women 1607-1950, Vol. 3*[M]. Cambridge: Belknap, 1971: 647-648.

⑨ George W. Huang. Miss Mary Elizabeth Wood: Pioneer of the Library Movement in China[J]. *Journal of Library and Information Science*, 1975, *1* (1): 67-78.

⑩ John H. Winkelman. Mary Elizabeth Wood (1861-1931): American Missionary-Librarian to Modern China[J]. *Journal of Library and Information Science*, 1982, *8*(1): 62-76.

者所参考和引用。

20 世纪 80 年代初,中国大陆图书馆学界也开始重启韦棣华研究。至今,虽然标题中含有"韦棣华"或"韦隶华"字样的期刊论文仅有 29 篇①,但论及韦棣华事迹的期刊论文已有 300 多篇,只是相关介绍详略有别。此外,程焕文(2000)②、郑静、邓传友、程绍敏等(2010)③ 及其他一些国内学者在国际期刊上用英文介绍韦棣华其人其事。这些期刊文章大致可以分为人物评价、生平考辨与历史贡献研究三大研究主题。

(一)人物评价方面

20 世纪 80 年代,中国经历了一场思想解放,对韦棣华的认识与评价出现了截然不同的两种观点。有的盛加赞誉,或称其"为中国图书馆事业贡献了一生",是"我国人民的朋友"④;或称其为"热心中国图书馆事业的美国人"⑤。有的则加以批判,认为其"一生的活动带有浓厚的宗教色彩""显然是有其个人野心的,为了控制中国图书馆事业的发展"。⑥ 不过,随着时代发展,当前学界对韦棣华基本持肯定态度。

(二)生平考辨方面

由于许多关于韦棣华的档案资料或遗失或秘藏,难以接触和利用,导致许多研究成果存在错漏。近年来,一些研究者在史料挖掘方面取得进展。比如,陈碧香利用外文史料介绍了韦棣华的家庭背景与求学经历。⑦ 又如,汲言斌分析了韦棣华的宗教信仰与政治背景。⑧ 再如,笔者利用新见美国新闻报道,初步弄清了韦棣华进入图书馆界的时间,首次来华的原因、时间与路线,她与美国圣公会的

① 据中国知网检索结果,已排除标题中含有"韦棣华基金会"的不相关论文。检索时间:2019 年 4 月 4 日。

② Cheng Huanwen. The Impact of American Librarianship on Chinese Librarianship in Modern Times (1840–1949)[J]. *Libraries & Culture*, 1991, 26(2): 372–387.

③ Jing Zheng, Chuan-You Deng, Shao-Min Cheng, et al. The Queen of the Modern Library Movement in China: Mary Elizabeth Wood[J]. *Library Review*, 2010, 59(5): 341–349.

④ 许有成. 为中国图书馆事业贡献了一生的韦隶华 [J]. 复旦学报:社会科学版,1980（3）:105–106.

⑤ 禹成明. 热心中国图书馆事业的美国人——关于韦棣华的评价问题 [J]. 广东图书馆学刊,1983（4）:40–45,53.

⑥ 马启. 评韦隶华 [J]. 四川图书馆学报,1985（5）:83–88.

⑦ 陈碧香. 韦棣华生平考辨 [J]. 大学图书馆学报,2013（6）:112–122.

⑧ 汲言斌. 韦棣华宗教信仰与政治背景研究评价之辨析 [J]. 大学图书馆学报,2015（5）:98,109–116.

真实关系等关键问题。①

（三）历史贡献研究方面

韦棣华对中国图书馆界的贡献主要体现为以下几个方面。

（1）创办文华公书林，引进现代公共图书馆理念，推动中国公共图书馆事业发展。比如，彭敏惠介绍了韦棣华宣传文华公书林、设立分馆与巡回文库、采取开架制等举措。② 又如，陈碧香介绍了韦棣华为创办文华公书林所作的准备，包括两次返美进修图书馆学，通过游说、演讲等方式募集资金与书刊。③

（2）与沈祖荣、胡庆生共同创办文华图书科（文华图专）④，为中国培养了大批优秀的图书馆专业人才。多数文章只是泛泛而谈，缺乏深度分析，仅彭敏惠详细考察了韦棣华为文华图书科（文华图专）筹集办学经费而采取的具体举措及其取得的成效。⑤

（3）推动美国退还庚款余额，用于发展包括图书馆在内的中国教育与文化事业。汲言斌利用韦棣华汇编的《庚子赔款与中国的图书馆运动》，首次深入考察了韦棣华在推动美国政府退还庚款余额的过程中扮演的角色与作出的贡献。⑥

总体来看，前述各类成果基本涵盖韦棣华生平活动与历史贡献的方方面面，但大多显得较为零散。很多成果仅仅是泛泛而谈，或者是重复介绍，缺少较有深度的系统研究。这主要有两个原因。

首先，研究者在第一手史料的挖掘、整理与利用方面做得不够。韦棣华在美国出生、成长并工作多年，后来虽赴中国工作，但仍与美国的亲朋、教会社团等保持着密切联系，并曾多次返美休假、进修或游说，由此留下了大量英文史料，包括著述、讲演稿、往来书信、手稿以及与其相关的档案资料、新闻报道等。⑦ 此前，仅黄文宏、温克尔曼、程焕文、汲言斌、陈碧香及笔者在研究过程中用到了一些英文

---

① 郑锦怀. 韦棣华早年生平史实辨析 [J]. 图书馆论坛,2015（2）:107-112.

② 彭敏惠. 文华公书林与文华图专的巡回文库 [J]. 图书馆论坛,2008（4）:115-117.

③ 陈碧香. 韦棣华生平考辨 [J]. 大学图书馆学报,2013（6）:112-122.

④ 关于文华图书科与文华图书馆学专科学校名称之演变，详见本书第八章第二节。因为事件发生时间之不同，后文有时称之为"文华图书科"，有时称之为"文华图专"。由此可能引起某些表述混乱，请读者谅解。另:关于文华图书科（文华图专）的更多史实，可参见周洪宇所著《不朽的文华——从文华公书林到文华图书馆学专科学校》(华中师范大学出版社,2013)与彭敏惠所著《文华图书馆学专科学校的创建与发展》(武汉大学出版社,2015)。

⑤ 彭敏惠. 文华图专办学资金来源考 [J]. 国家图书馆学刊,2013（2）:96-105.

⑥ 汲言斌. 韦棣华生平研究中的几个问题 [J]. 理论学刊,2013（8）:113-116.

⑦ 郑锦怀. 韦棣华早年生平史实辨析 [J]. 图书馆论坛,2015（2）:107-112.

史料,且涉及的数量与种类相当有限。比如,温克尔曼仅仅利用了韦棣华的九封英文往来信件[①],彭敏惠亦曾对美国圣公会档案馆收藏的韦棣华遗嘱复本进行深入解析[②]。但是,美国圣公会档案馆收藏的韦棣华往来信件至少有 500 封,尚待进一步挖掘、整理与利用。

其次,研究视角狭窄,亟须拓宽。比如,多数研究者主要关注韦棣华来华后的活动,很少将目光投向她来华前的学习、工作与生活。又如,除汲言斌分析了韦棣华的宗教信仰与政治背景以外[③],几乎无人关注韦棣华的性格、心理、信仰与思想的形成、发展与演变。再如,笔者曾简要介绍了韦棣华的弟弟约翰·H. 伍德在其募捐书刊过程中起到的作用[④],但韦棣华其他亲朋的态度与贡献尚未得到全面梳理。

第二节　研究设想,意在突破

目前看来,韦棣华研究领域还有很大的空间需要进一步拓展,包括以下几个方面。

(1)韦棣华的家庭背景。陈碧香以韦棣华父母双方的族谱为依据,介绍了韦棣华的家族背景及父母兄弟的情况,但未能呈现家人对其人生轨迹的影响及对其来华后相关活动的具体态度等。[⑤]

(2)韦棣华的性格特征与思想观念。此前少有学者论及此点,但只要挖掘到足够的新史料,就能够得到全新的发现。比如,当前韦棣华给后人留下的似乎是一个严肃、呆板的女传教士印象。但是,笔者发现,年轻时的韦棣华喜欢交际,经常接待远方来客,组织或参加各种派对;她还非常喜欢出游,曾经跟同伴组团赴英、法等欧洲国家旅游(详见本书第二章第三节)。那么,在其来华前后,韦棣华的性格、心理与思想是否发生变化?有何变化?为何会发生这种变化?

(3)韦棣华的宗教信仰及其与美国圣公会的关系。韦棣华于 1899 年底来到

---

① John H. Winkelman. Mary Elizabeth Wood (1861–1931): American Missionary-Librarian to Modern China[J]. *Journal of Library and Information Science*, 1982, 8(1): 62–76.

② 彭敏惠. 中国图书馆事业的缄默守护者——韦棣华女士遗嘱解析 [J]. 中国图书馆学报, 2018 (6): 120–131.

③ 汲言斌. 韦棣华宗教信仰与政治背景研究评价之辨析 [J]. 大学图书馆学报, 2015 (5): 98, 109–116.

④ 郑锦怀. 韦棣华早年生平史实辨析 [J]. 图书馆论坛, 2015 (2): 107–112.

⑤ 陈碧香. 韦棣华生平考辨 [J]. 大学图书馆学报, 2013 (6): 112–122.

武昌后就跟教会保持着密切联系,后于 1906 年 11 月 3 日被美国圣公会正式任命为世俗传教士。[①] 但是,韦棣华在来华之前,是否已经是一名基督教信徒? 如果是的话,她从何时起开始信教? 她又是从何时开始与美国圣公会产生联系? 她是否参加过美国圣公会及其下属团体组织的活动? 来华之后,她的一切举动是否受到美国圣公会的控制或深刻影响? 她创办文华公书林与文华图书科(文华图专)之举究竟是不是美国对华文化侵略的组成部分? 美国圣公会对其态度有过何种变化? 这些问题都需要深入考察与剖析。

(4)韦棣华来华后的具体经历与具体活动。除了创办文华公书林与文华图书科(文华图专)两件大事之外,韦棣华还经历了许多事情,做了很多工作。比如,韦棣华在武昌先后经历了义和团运动、辛亥革命与北伐战争三大历史事件,她在其中的遭遇如何? 她又有何感想? 这些只能从韦棣华的信件及美国新闻报道中找寻答案。又如,文华公书林的具体创办过程尚是一个待解谜团。通过查阅美国报纸与教会刊物,可以了解到韦棣华如何宣传其在华事业,如何筹集款项,如何鼓动民众捐赠书刊以及到底有哪些人、哪些机构为韦棣华的在华图书馆事业捐赠了多少款项与多少书刊。

(5)韦棣华在美国政府退还庚款余额一事中扮演的具体角色。尽管汲言斌对此进行了深刻的分析,但她仅利用了韦棣华自编的《庚子赔款与中国的图书馆运动》。[②] 笔者则找到了美国国会关于向中国退还庚款余额的听证会记录及相关的新闻报道,有助于了解当时美国民众对此事的各异态度以及韦棣华等人在听证会上的具体言论与表现。

(6)中国文化对韦棣华的深刻影响。作为一个美国女性,韦棣华来华之后遭遇了水土不服的困扰。这种水土不服,既源于生活习惯与生活环境的不同,更源于文化与风俗的不同。从韦棣华写给亲友的信件中,可以观察到她来华后遭遇的文化冲突,了解到她对华观感的变化历程,洞悉中国文化对她的潜移默化的影响。一言以蔽之,在中国生活多年之后,韦棣华逐渐对中国文化产生了一定程度的认同,开始理解、同情与接受中国文化的影响,并且自觉地宣传中国文化,为中国文化事业(尤其是图书馆事业)的发展尽心尽力。

(7)韦棣华在华图书馆事业经验的总结及其当代价值的挖掘。韦棣华所提倡的"开放、平等、共享"的现代公共图书馆理念及"智慧与服务"的图书馆职业精神等至今仍然值得图书馆界同人借鉴与学习。虽然已有程焕文等学者对其图

---

① 郑锦怀. 韦棣华早年生平史实辨析 [J]. 图书馆论坛,2015(2):107–112.

② 汲言斌. 韦棣华生平研究中的几个问题 [J]. 理论学刊,2013(8):113–116.

书馆理念加以抽象总结,但对韦棣华所持图书馆理念的西方知识渊源及其在华本土化演变与具体实践举措的考察仍有所欠缺,需要深挖史料加以细察。

总而言之,进一步广泛挖掘与韦棣华相关的英文档案资料,不仅有助于正确认识和客观评价韦棣华的生平活动与历史贡献,也有助于准确勾勒现代公共图书馆理念传入中国的具体过程,梳理清楚清末民国时期的中国图书馆事业史、图书馆学教育史与中美图书馆交流史上的重要事件,并且从中汲取经验与教训,为完善我国公共图书馆创办与服务模式、推进图书馆专业人才培养、推广图书馆精神、推动中外图书馆学术交流等提供借鉴与启示。

第三节　资料准备,遗憾重重

想要完成前文提出的一系列研究目标,无疑困难重重。其中最大的困难就是挖掘和获取尽可能多的韦棣华档案,对其进行整理、识别、翻译与利用,借以还原历史真相。一言以蔽之,史料挖掘是基础,文本译读是工具,历史事件还原是关键。为此,需要以具体的学术问题为导向,综合利用多种学科方法,开展多层次、多角度的跨学科研究。比如,韦棣华档案资料的挖掘需要用到实地调查法与e- 考据法,而英文史料的翻译、解读及其与中文史料的互鉴互证无疑需要用到翻译方法。又如,既要从图书馆学的角度总结和评析韦棣华的图书馆事业经验,也可以从宗教学的角度考察韦棣华的基督教信仰对其图书馆精神的影响以及美国圣公会对其图书馆事业的态度演变。再如,也可以从新闻传播学的角度考察韦棣华及其图书馆事业的社会影响与评价。

笔者自 2013 年开始关注韦棣华其人其事,并通过线上线下多种渠道陆续收集了一批相关史料。

(1)韦棣华个人资料:①与韦棣华相关的大约 150 条美国新闻报道;②韦棣华几次返美的入境记录单;③韦棣华在美国《图书馆杂志》《美国图书馆协会会报》等英文报刊上发表的相关文章;④韦棣华在西蒙斯学院与普拉特学院求学的若干信息;⑤《美国名人词典》第 20 卷等。

(2)韦棣华家族史料:①《马萨诸塞州康科德城威廉·伍德后裔宗谱》;②《美国汉弗莱家族族谱》全二卷;③《马萨诸塞州康科德城居民生卒与婚姻(1635—1850)》;④关于韦棣华家人的大约 200 条美国新闻报道。

(3)美国圣公会在华传教的背景资料:①《美国圣公会在中国》;②《圣公会差会手册·中国卷》;③历年《基督教中国传教年鉴》;④历年《美国圣公会差会年度报告》。

（4）美国退还庚款余额的相关史料：①《庚子赔款与中国的图书馆运动》；②《美国国会关于向中国退还庚款余额的听证会记录（1924年3月31日及4月1—2日）》。

（5）跟文华公书林与文华图书科（文华图专）相关的大约90条美国新闻报道。

（6）跟理奇蒙德纪念图书馆相关的大约120条美国新闻报道。

（7）大批中国近现代图书馆史料、庚款相关史料及韦棣华研究文献等。

这些史料的获取离不开众多师友的帮助。江南大学图书馆副馆长顾烨青副研究馆员一向是笔者开展图书馆（学）史研究的坚强后盾。中山大学信息管理学院副教授肖鹏博士为笔者提供了他从西蒙斯学院、韦棣华女士基金会、耶鲁大学神学院等处获取的一批与韦棣华相关的档案资料。山西财经大学信息管理学院教授吴汉华博士利用其在美国访学的便利，为笔者提供了多卷电子版《差传精神》。武汉大学信息管理学院副教授彭敏惠博士长期从事文华图专研究，发表过多篇重要研究论文。笔者承蒙她惠赐大作《文华图书馆学专科学校的创办与发展》，从中受益良多。此外，国内外多家图书馆的工作人员也热心地为笔者提供了帮助。比如，经笔者请求，理奇蒙德纪念图书馆的工作人员特地将该馆收藏的跟韦棣华相关的一批剪报进行数字化处理，并在2014年3月18—21日陆续通过电子邮件发送给笔者，总计40条。又如，2014年4月17日，弗吉尼亚大学图书馆阿尔伯特•雪莉小型特藏馆暨弗吉尼亚大学档案馆的工作人员布兰登•福克斯向笔者提供了该馆所藏《庚子赔款与中国的图书馆运动》的数字化版本。这其实超出了其服务范围，但由此足见其对待读者之热心与周到。这些都为本书的撰写提供了不可或缺的文献基础。

当然，由于研究平台与文献渠道的限制，以上这些史料远非完备。2014年4月上旬，笔者多次通过电子邮件跟美国圣公会档案馆进行联系，可惜对方规定研究者必须进行预约，然后到馆查档。2016年，笔者委托当时尚是中山大学资讯管理学院博士生、正在美国哈佛大学交流学习的肖鹏赴美国圣公会档案馆查阅和复制韦棣华与韦德生姐弟二人的相关档案（尤其是往来信函）。他十分爽快地答应了笔者的请求，并且提前安排好了行程，但后来因故无法成行。这导致笔者手头一直缺少这批至为重要的档案，甚是遗憾。此外，笔者并非图书馆学专业出身，对图书馆学的基本理论与方法掌握得不够，导致本书只能历时地、概略地介绍韦棣华生平中的一些重要史实。至于前文提出的几大重要问题，只能留待其他研究者以后进一步梳理与探究。这无疑是一大憾事，但亦是无可奈何。

第一章 家庭背景

第一节 由英到美,繁衍生息

韦棣华的远祖威廉·伍德出生在英格兰,后娶妻玛格丽特。1638 年,全家从英格兰德比郡首府马特洛克城移民至马萨诸塞州康科德城,成为那里的第一批居民。[①] 其子孙后代也长期在康科德城繁衍生息,逐渐发展为一个大家族。

在韦棣华的先祖当中,有一位小埃福雷恩·伍德生活在美国独立战争前后。1771 年起,他被选为康科德城的行政管理人员,连选连任,前后达 27 年之久。独立战争爆发之后,他成为大陆会议任命的第一批法官之一,直至逝世。他同时是一位民事诉讼法庭法官。[②] 因其有参与独立战争的经历,故有研究者误称他为"独立战争时期的一位将军"[③] 或"独立战争的将军"[④]。

韦棣华父亲一方的谱系见表 1-1。

---

① Clay Wood Holmes. *A Genealogy of the Lineal Descendants of William Wood Who Settled in Concord, Mass., in 1638* [M]. Elmira: Advertiser Print, 1901: 1.

② Clay Wood Holmes. *A Genealogy of the Lineal Descendants of William Wood Who Settled in Concord, Mass., in 1638* [M]. Elmira: Advertiser Print, 1901: 24.

③ John H. Winkelman. Mary Elizabeth Wood (1861–1931): American Missionary-Librarian to Modern China [J]. *Journal of Library and Information Science*, 1982, 8(1): 62.

④ 程焕文. 文华精神:中国图书馆精神的家园——纪念文华图专 80 周年暨宗师韦棣华女士和沈祖荣先生 [G]// 马费成. 世代相传的智慧与服务精神——文华图专八十周年纪念文集. 北京:北京图书馆出版社,2001:230.

表 1-1　韦棣华父方家族谱系

代系	男方姓名	妻子姓名
第一代[1]	威廉·伍德(1582—1671)	玛格丽特(？—1659)
第二代[2]	迈克尔·伍德(生卒年不详)	玛丽(生卒年不详)
第三代[3]	雅各布·伍德(1697—1723)	玛丽·惠勒(1673—？)
第四代[4]	埃福雷恩·伍德(1702—1789)	玛丽·巴斯(？—1781)
第五代[5]	小埃福雷恩·伍德(1733—1814)	第一任妻子:玛丽·希尔德(1737—1807)
		第二任妻子:米勒森特·巴雷特夫人(？—1821)
第六代[6]	丹尼尔·伍德(1760—1844)	第一任妻子:汉娜·巴雷特(1768—1800)
		第二任妻子:萨拉·布鲁克斯(1768—1837)
第七代[7]	伊莱贾·伍德(1790—1861)	伊丽莎白·法默(？—1843)

注:1. Clay Wood Holmes. *A Genealogy of the Lineal Descendants of William Wood Who Settled in Concord, Mass. , in 1638*[M]. Elmira: Advertiser Print, 1901:1.

2. Clay Wood Holmes. *A Genealogy of the Lineal Descendants of William Wood Who Settled in Concord, Mass. , in 1638*[M]. Elmira: Advertiser Print, 1901:1.

3. Clay Wood Holmes. *A Genealogy of the Lineal Descendants of William Wood Who Settled in Concord, Mass. , in 1638*[M]. Elmira: Advertiser Print, 1901:12.

4. Clay Wood Holmes. *A Genealogy of the Lineal Descendants of William Wood Who Settled in Concord, Mass. , in 1638*[M]. Elmira: Advertiser Print, 1901:18.

5. Clay Wood Holmes. *A Genealogy of the Lineal Descendants of William Wood Who Settled in Concord, Mass. , in 1638*[M]. Elmira: Advertiser Print, 1901:24.

6. Clay Wood Holmes. *A Genealogy of the Lineal Descendants of William Wood Who Settled in Concord, Mass. , in 1638*[M]. Elmira: Advertiser Print, 1901:38.

7. Clay Wood Holmes. *A Genealogy of the Lineal Descendants of William Wood Who Settled in Concord, Mass. , in 1638*[M]. Elmira: Advertiser Print, 1901:84.

第二节　父母兄弟，人生各异

韦棣华的父亲名叫爱德华·法默·伍德；其母名叫玛丽·简·汉弗莱，婚后称玛丽·简·伍德。[1]

爱德华出生在马萨诸塞州康科德城。其父名叫伊莱贾·伍德；其母名叫伊丽莎白·法默，婚后称伊丽莎白·法默·伍德。两人于 1815 年 9 月 27 日结婚，育有八个儿子和一个女儿。[2]

玛丽出生在纽约州奥农达加城[3]，或称她出生在纽约州雪城（或称"锡拉丘兹"）[4]。其远祖约翰·理查兹·汉弗莱（1824—？）是威尔士彭林堡人。[5] 其父名叫埃西基尔·内斯特·汉弗莱（1798—1853），出生在康涅狄格州锡姆斯伯里城；其母名叫玛丽·布莱恩（1798—？），出生在纽约州萨拉托加温泉城。[6]

众所周知，在美国本土的东北部，从北至南分布着六个州，分别是缅因州、佛蒙特州、新罕布什尔州、马萨诸塞州、罗得岛州、康涅狄格州。这六个州统称为"新英格兰地区"，其居民被称为"新英格兰人"。爱德华与玛丽均出生在新英格兰地区，所以有研究者认为"韦棣华生于古老的新英格兰家族"[7]，或称爱德华和玛丽"均为英国后裔和新英格兰血统"[8]。

---

① Frederick Humphreys. *The Humphreys Family in America, Vol. 2*[M]. New York: Humphreys Print, 1885: 560−561; Clay Wood Holmes. *A Genealogy of the Lineal Descendants of William Wood Who Settled in Concord, Mass. , in 1638*[M]. Elmira: Advertiser Print, 1901:162.

② Frederick Humphreys. *The Humphreys Family in America, Vol. 2*[M]. New York: Humphreys Print, 1885: 560−561; Clay Wood Holmes. *A Genealogy of the Lineal Descendants of William Wood Who Settled in Concord, Mass. , in 1638*[M]. Elmira: Advertiser Print, 1901:84.

③ Clay Wood Holmes. *A Genealogy of the Lineal Descendants of William Wood Who Settled in Concord, Mass. , in 1638*[M]. Elmira: Advertiser Print, 1901:162.

④ Frederick Humphreys. *The Humphreys Family in America, Vol. 2*[M]. New York: Humphreys Print, 1885: 560−561.

⑤ Frederick Humphreys. *The Humphreys Family in America, Vol. 1*[M]. New York: Humphreys Print, 1883:1.

⑥ Frederick Humphreys. *The Humphreys Family in America, Vol. 2*[M]. New York: Humphreys Print, 1885: 560−561.

⑦ John H. Winkelman. Mary Elizabeth Wood (1861−1931): American Missionary-Librarian to Modern China[J]. *Journal of Library and Information Science*, 1982,8(1): 62.

⑧ 程焕文. 文华精神：中国图书馆精神的家园——纪念文华图专 80 周年暨宗师韦棣华女士和沈祖荣先生 [G]// 马费成. 世代相传的智慧与服务精神——文华图专八十周年纪念文集. 北京：北京图书馆出版社,2001:229−230.

爱德华成年后便离开家乡,前往密歇根州底特律城工作。他在铁路与捷运行业从业多年,主要是为大干线铁路公司工作,当过售票员、捷运代理与售票代理。①1850 年 8 月 8 日,在密歇根州中央铁路公司当售票员的爱德华与玛丽在密歇根州希尔斯代尔城举行了婚礼。②1859 年,由于健康状况变差,爱德华携家人前往纽约州埃尔巴城开办农场。1867 年,爱德华携家人迁往纽约州巴达维亚城。他开始担任美国运通公司在巴达维亚城的代理,至 1885 年退休。退休后,他享有退休金与半薪。虽然一生均未从政,但他曾担任巴达维亚城教育委员会委员,为期三年。1893 年 7 月 19 日,他在巴达维亚城逝世。玛丽则于 1899 年 1 月 28 日在纽约州布法罗城(或译"水牛城")逝世。③

爱德华与玛丽夫妇总共生了八个儿子和一个女儿。简要介绍如下。

查理·爱德华·伍德:1851 年 12 月 18 日出生在密歇根州底特律城,1852 年 6 月 15 日夭折。④

爱德华·汉弗莱·伍德:1853 年 6 月 2 日出生在密歇根州底特律城,1854 年 11 月 22 日夭折。⑤

威廉·伍德:1854 年 5 月 14 日出生在密歇根州底特律城。⑥1872 年 3 月 25 日,他受聘于尤金·伊斯特曼,在巴达维亚城杰克逊街的一家店里给车厢上漆。同年年底,他转而受聘于开设在州立大街的洛西尔和格罗夫公司。数月后,他前往密歇根州底特律城,在密歇根中央铁路公司车厢制造厂油漆车间工作了一年半。随后,他返回巴达维亚城,自己开店,包揽了全城的车厢与广告的油漆业务,

① Clay Wood Holmes. *A Genealogy of the Lineal Descendants of William Wood Who Settled in Concord, Mass. , in 1638*[M]. Elmira: Advertiser Print, 1901:162.

② Frederick Humphreys. *The Humphreys Family in America, Vol. 2*[M]. New York: Humphreys Print, 1885: 560−561.

③ Clay Wood Holmes. *A Genealogy of the Lineal Descendants of William Wood Who Settled in Concord, Mass. , in 1638*[M]. Elmira: Advertiser Print, 1901:162. 另:或说爱德华担任美国运通公司驻巴达维亚城代理的时间是 1868—1884 年。具体参见:Frederick Humphreys. *The Humphreys Family in America, Vol. 2*[M]. New York: Humphreys Print, 1885: 560−561.

④ Frederick Humphreys. *The Humphreys Family in America, Vol. 2*[M]. New York: Humphreys Print, 1885: 560−561.

⑤ Frederick Humphreys. *The Humphreys Family in America, Vol. 2*[M]. New York: Humphreys Print, 1885: 560−561.

⑥ Frederick Humphreys. *The Humphreys Family in America, Vol. 2*[M]. New York: Humphreys Print, 1885: 560−561; Clay Wood Holmes. *A Genealogy of the Lineal Descendants of William Wood Who Settled in Concord, Mass. , in 1638*[M]. Elmira: Advertiser Print, 1901:162.

达 11 年之久。1887 年 2 月 1 日,他前往纽约州北部的塞尼卡福尔斯城,为生产发动机、车厢等产品的西尔斯比制造公司工作,后升为领班。1892 年,西尔斯比制造公司与美国消防车公司合并,后改称美国-拉法兰消防车公司。1908 年,该公司在塞尼卡福尔斯城的分部迁往纽约州埃尔米拉城,他随之前往。他在该公司工作了 36 年零 2 个月,其中有 26 年担任领班。① 此外,在 1887 年 2 月 7 日,他与露西娅·唐恩·科里结婚,育有爱德华·科里·伍德(1887—?)与刘易斯·B. 伍德(1889—1897)。② 其余不详。

弗兰克·司科特·伍德:1856 年 9 月 14 日出生在密歇根州底特律城。③ 他接受过普通学校教育。1877 年 9 月 14 日—1883 年 1 月 1 日,他担任纽约州杰纳西县遗嘱检验法庭职员。在此期间,他学习法律,并于 1878 年 10 月获准充任律师。1887—1893 年,他担任地区检察官。他还曾担任巴达维亚城盲人学校董事、校董会秘书、司库。1884 年 9 月 4 日,他与同在纽约州巴达维亚城④ 的哈莉特·格兰杰·霍尔登结婚,未生育儿女。后者生于 1860 年 1 月 2 日,其父名叫乔治·欣曼·霍尔登,其母名叫弗朗西斯·奥古斯塔·巴布科克。⑤

乔治·弗雷德里克·伍德:1858 年 6 月 25 日出生在密歇根州底特律城。⑥ 终身未婚。他从 15 岁起就从事捷运行业,曾在费城的贝蒙特-迈尔斯公司担任运务员,住在费城北 19 街 1516 号。⑦ 他后来移居康涅狄格州米德尔哈登城。1925

① William Wood[N]. *The Daily News* (*Batavia, N.Y.*), 1922-04-04(4).

② Clay Wood Holmes. *A Genealogy of the Lineal Descendants of William Wood Who Settled in Concord, Mass. , in 1638*[M]. Elmira: Advertiser Print, 1901:241. 另:或称威廉之妻是来自巴达维亚城的林恩·科里女士。具体参见:William Wood[N]. *The Daily News* (*Batavia, N.Y.*), 1922-04-04(4).

③ Frederick Humphreys. *The Humphreys Family in America, Vol. 2*[M]. New York: Humphreys Print, 1885: 560−561; Clay Wood Holmes. *A Genealogy of the Lineal Descendants of William Wood Who Settled in Concord, Mass. , in 1638*[M]. Elmira: Advertiser Print, 1901:162.

④ Frederick Humphreys. *The Humphreys Family in America, Vol. 2*[M]. New York: Humphreys Print, 1885: 560−561.

⑤ Clay Wood Holmes. *A Genealogy of the Lineal Descendants of William Wood Who Settled in Concord, Mass. , in 1638*[M]. Elmira: Advertiser Print, 1901:162.

⑥ Frederick Humphreys. *The Humphreys Family in America, Vol. 2*[M]. New York: Humphreys Print, 1885: 560−561; Clay Wood Holmes. *A Genealogy of the Lineal Descendants of William Wood Who Settled in Concord, Mass. , in 1638*[M]. Elmira: Advertiser Print, 1901:162.

⑦ Clay Wood Holmes. *A Genealogy of the Lineal Descendants of William Wood Who Settled in Concord, Mass. , in 1638*[M]. Elmira: Advertiser Print, 1901:162.

年 7 月 18 日夜里,他在家中猝死。①

玛丽·伊丽莎白·伍德(韦棣华):出生在纽约州埃尔巴城。②后文会详述其生平活动。

约翰·亨利·伍德(又写作约翰·H. 伍德):1863 年 10 月 21 日出生在纽约州埃尔巴城。③他曾在巴达维亚城邮局担任邮差多年。1894 年,他转而从事帽子生意。后来,他担任过美国运通公司的代理以及利哈伊谷铁路公司的售票代理。④1898 年 10 月 20 日,他与哈莉特·格兰杰·霍尔登的妹妹玛丽·安娜·霍尔登(1865—1957)结婚。⑤两人生有三子,分别是弗朗西斯·霍尔登·伍德(1899—1907)⑥、汉弗莱·法默·伍德(1901—1938)⑦与萨缪尔·霍尔登·伍德(1905—1927⑧)⑨。1943 年 12 月 12 日,约翰逝世。⑩1957 年 5 月 15 日,玛丽逝世。⑪

① George F. Wood[N]. *The Times* (*Batavia, N.Y.*), 1925-06-25(2).
② Frederick Humphreys. *The Humphreys Family in America, Vol. 2*[M]. New York: Humphreys Print, 1885: 560-561; Clay Wood Holmes. *A Genealogy of the Lineal Descendants of William Wood Who Settled in Concord, Mass. , in 1638*[M]. Elmira: Advertiser Print, 1901:162.
③ Frederick Humphreys. *The Humphreys Family in America, Vol. 2*[M]. New York: Humphreys Print, 1885: 560-561; Clay Wood Holmes. *A Genealogy of the Lineal Descendants of William Wood Who Settled in Concord, Mass. , in 1638*[M]. Elmira: Advertiser Print, 1901:162.
④ Clay Wood Holmes. *A Genealogy of the Lineal Descendants of William Wood Who Settled in Concord, Mass. , in 1638*[M]. Elmira: Advertiser Print, 1901:241.
⑤ Eben Putnam. *The Holden Genealogy, Vol. 2*[M]. Boston: Wright & Potter Printing Company, 1926: 68.
⑥ Francis Holden Wood[EB/OL]. [2018-04-09]. https://www.findagrave.com/memorial/129939359/francis-holden-wood.
⑦ Humphreys Farmer Wood[EB/OL]. [2018-04-09]. https://www.findagrave.com/memorial/129939398/humphreys-farmer-wood.
⑧ Samuel Holden Wood[EB/OL]. [2018-04-09]. https://www.findagrave.com/memorial/129619432/samuel-holden-wood.
⑨ John Henry Wood[EB/OL]. [2018-04-09]. https://www.findagrave.com/memorial/129622542/john-henry-wood.
⑩ John Henry Wood[EB/OL]. [2018-04-09]. https://www.findagrave.com/memorial/129622542/john-henry-wood.
⑪ Mary Anna Wood[EB/OL]. [2018-04-09]. https://www.findagrave.com/memorial/129622658/mary-anna-wood.

奥古斯都·伍德：1869 年 1 月 29 日出生在纽约州巴达维亚城。[①]他早年就读于巴达维亚城的一所学校，后考入康奈尔大学攻读机械工程专业，1892 年毕业。他早年曾在费城的贝蒙特-迈尔斯公司担任首席绘图员。[②]后来，他在俄亥俄州汉密尔顿城生活和工作了 42 年，娶妻格雷斯·科尔。1947 年 4 月 17 日，他在汉密尔顿城北 D 街 19 号的家中逝世。[③]

罗伯特·爱德华·伍德（韦德生）：1872 年 3 月 29 日出生在纽约州巴达维亚城，终身未婚。[④]他早年就读于巴达维亚城的公立学校[⑤]，后在康奈尔大学攻读文学专业。1894 年大学毕业后，他考入纽约协和神学院，至 1897 年毕业。1897 年 6 月，他被按立为巴达维亚城圣公会执事，1898 年 6 月升为神父。担任执事期间，他曾赴新泽西州特伦顿城传教。1898 年秋天，他由美国圣公会外国差会派往中国传教，长驻武昌。[⑥]第一次世界大战期间，因其在华传教的经验及对中国语言与人民的认识，他被派往法国担任牧师，为那里的中国劳工提供服务，前后两年。第一次世界大战结束后，他返回中国。1920 年，他担任武昌圣米迦勒教堂[⑦]主管牧师以及同仁医院驻院牧师。1940 年，他到龄退休，但他并未忘怀中国。1944 年，他重拾以前在武昌圣米迦勒教堂与同仁医院的工作职责，直到 1951 年春才返回美国。1952 年 11 月 10 日凌晨 5 时，他在纽约圣路加医院逝世。[⑧]

① Frederick Humphreys. *The Humphreys Family in America, Vol. 2*[M]. New York: Humphreys Print, 1885: 560−561; Clay Wood Holmes. *A Genealogy of the Lineal Descendants of William Wood Who Settled in Concord, Mass. , in 1638*[M]. Elmira: Advertiser Print, 1901:162.

② Clay Wood Holmes. *A Genealogy of the Lineal Descendants of William Wood Who Settled in Concord, Mass. , in 1638*[M]. Elmira: Advertiser Print, 1901:162.

③ Ohio Deaths, 1908−1953 [EB/OL].[2018−04−09]. https://www.familysearch.org/ark:/61903/3:1:S3HY−64GQ−TWZ？i=2967&cc=1307272.

④ Frederick Humphreys. *The Humphreys Family in America, Vol. 2*[M]. New York: Humphreys Print, 1885: 560−561; Clay Wood Holmes. *A Genealogy of the Lineal Descendants of William Wood Who Settled in Concord, Mass. , in 1638*[M]. Elmira: Advertiser Print, 1901:162.

⑤ Rev. Francis C. Lightbourn. 47 Years in China[J]. *The Living Church*, 1952, *150*(21): 9−10.

⑥ Clay Wood Holmes. *A Genealogy of the Lineal Descendants of William Wood Who Settled in Concord, Mass. , in 1638*[M]. Elmira: Advertiser Print, 1901:162.

⑦ 或称"圣迈克尔教堂"。具体参见：周洪宇. 不朽的文华——从文华公书林到文华图书馆学专科学校 [M]. 武汉：华中师范大学出版社，2013：67；吴晞. 图书馆史话 [M]. 北京：社会科学文献出版社，2015：85.

⑧ Rev. Francis C. Lightbourn. 47 Years in China[J]. *The Living Church*, 1952, *150*(21): 9−10.

图 1-1　晚年的韦德生 [1]

① Rev. Francis C. Lightbourn. 47 Years in China[J]. *The Living Church*, 1952, *150*(21): 9−10.

第二章　早年履历

第一节　断续求学，乐读不倦

由于史料有限，韦棣华的早年履历一直都显得模糊不清。

关于其早期求学经历，韦德生回忆称："我姐姐在公立学校接受教育，但她通过自己看书与学习所掌握的知识甚至还要更多。"[①] 裘开明与黄文宏均称："韦棣华女士上过一些私立与公立学校，包括巴达维亚中学。"[②] 温克尔曼称："在她那个遵循传统的年代，韦棣华留在家中，帮助母亲操持家务。她断断续续地上过一些公立与私立学校。成年以后，这种教育对她颇有助益。"[③] 程焕文称："韦棣华女士自幼恪守传统，在家帮助母亲操持家务，并先后上过私立和公立学校，包括巴达维亚中学。"[④] 此外，据《马萨诸塞州康科德镇伍德家族族谱》所载，在韦棣华兄妹

---

① Rev. Robert E. Wood. Reflections on My Sister[J]. *Boone Library School Quarterly*, 1931, *3*(3): 6. 原文如下："My sister received her education in our public schools but acquired even more by private reading and study."

② Edward T. James. *Notable American Women 1607−1950, Vol. 3*[M]. Cambridge: Belknap, 1971: 647; George W. Huang. Miss Mary Elizabeth Wood: Pioneer of the Library Movement in China[J]. *Journal of Library and Information Science*, 1975, *1*(1): 67. 原文如下："Miss Wood attended private and public schools, including the Batavia High School."

③ John H. Winkelman. Mary Elizabeth Wood（1861−1931）: American Missionary-Librarian to Modern China[J]. *Journal of Library and Information Science*, 1982, *8*(1): 63. 原文如下："In the time honored tradition of her day, Mary stayed home to assist her mother with the household chores. Intermittently she attended public and private schools. After she reached adulthood this education served her in good stead."

④ 程焕文. 文华精神: 中国图书馆精神的家园——纪念文华图专 80 周年暨宗师韦棣华女士和沈祖荣先生 [G]//马费成. 世代相传的智慧与服务精神——文华图专八十周年纪念文集. 北京: 北京图书馆出版社，2001: 230.

九人当中,除了夭折的两个人之外,弗兰克•司科特•伍德接受过普通学校教育,奥古斯都•伍德与韦德生接受过正规的中学与大学教育,其余四人均未接受过正规的学校教育。[①] 因此,可以推断,由于儿女众多、压力过大,爱德华夫妇没有能力送全部儿女去上学。也就是说,韦棣华当时并无条件接受正规的连续的学校教育。她只能断断续续地在一些私立与公立学校(包括巴达维亚中学)学习过若干时间。[②]

因为母亲玛丽单单是做家务就已经忙得不可开交,所以韦棣华不得不帮忙照看幼弟韦德生。她非常认真负责,在韦德生身上倾注了很多时间和精力。即便是去看望她的女性朋友们或一起玩槌球及其他游戏,她都会用小推车带上韦德生,以至于朋友们都开始抱怨韦德生的哭嚷坏了她们的大好兴致。韦德生长大上学后,韦棣华仍然继续监督和指导他的学习,一点都不放松。韦德生后来回忆称:"无论我对文学有何鉴赏力,都完全归功于她。当我大到可以自己看书的时候,她要确保我看的是该看的那种。或者,如果我心生叛逆,想为自己选择一些读物,她就让我静坐。她大声朗读,而我要做的就是听她朗读。"[③]

尽管无法接受完整的学校教育,但韦棣华非常热爱阅读,坚持不懈地读了大量书籍,所涉范围广泛,尤其是英国文学。韦棣华这种良好的阅读习惯及由此掌握的丰富知识为她后来从事图书馆管理工作提供了很大的帮助。[④]

第二节 初入邮局,再入圕[⑤]界

此前,研究者认为,韦棣华早年不得不遵循传统,长期待在家中帮助母亲处理家务、照顾弟弟。随着几个弟弟渐渐长大,她不必整日羁绊在家中。1899 年,她更是接受邀请,出任理奇蒙德纪念图书馆馆长一职,开始成为一名职业女性。[⑥]不过,根据当前掌握的资料,韦棣华更早之前就已经参加工作。1885 年 2 月 28 日,

① Clay Wood Holmes. *A Genealogy of the Lineal Descendants of William Wood Who Settled in Concord, Mass. , in 1638*[M]. Elmira: Advertiser Print, 1901: 162.

② 陈碧香. 韦棣华生平考辨 [J]. 大学图书馆学报,2013 (6):115.

③ Rev. Robert E. Wood. Reflections on My Sister[J]. *Boone Library School Quarterly*, 1931, *3*(3): 6.

④ Rev. Robert E. Wood. Reflections on My Sister[J]. *Boone Library School Quarterly*, 1931, *3*(3): 6.

⑤ 圕:"图书馆"三字的缩写。

⑥ 陈碧香. 韦棣华生平考辨 [J]. 大学图书馆学报,2013 (6):116.

《巴达维亚每日新闻报》第 3 版报道称："W. J. 蒂勒尔先生已经被任命为邮局副局长，以取代已逝的 H. B. 费伦；J. H. 伍德先生已经被提升为邮差，而丽琪•伍德女士也已经被任命为巴达维亚城邮局职员。"① 这篇报道中的"J. H. 伍德先生"即为韦棣华的弟弟约翰•H. 伍德，"丽琪•伍德女士"即为韦棣华。1885 年 3 月 6 日，《巴达维亚进步报》第 1 版亦报道称："本地的丽琪•伍德女士现在担任巴达维亚城邮局职员。"② 可见，至迟在 1885 年 2 月下旬，韦棣华就已经在巴达维亚城邮局工作了。

1889 年 1 月初，巴维亚城教育委员会任命韦棣华为巴达维亚协和学校图书馆馆长，以填补詹妮•海伍德女士辞职而留下的空位，同时任命萨拉•沃伦女士担任韦棣华的助手。③ 两人年薪都是 300 美元。④ 不过，两人都需要等到新图书馆竣工，才能正式受聘上任。⑤

巴达维亚协和学校，或称巴达维亚协和免费学校，是巴达维亚城的一所公立学校。该校的新图书馆其实就是理奇蒙德纪念图书馆。这是由玛丽•E. 理奇蒙德夫人为了纪念其早逝的幼子小迪恩•理奇蒙德而捐资兴建的⑥。该馆于 1887 年 7 月 11 日开始动工，至 1888 年 11 月初基本建成，但因为书架摆放等问题而延迟移交，以至于流言四起。⑦1889 年 1 月底，书架布置完毕。⑧1889 年 3 月 12 日晚，相关各方举行捐赠仪式，理奇蒙德纪念图书馆正式移交给巴达维亚城教育委员

---

① Mere Mentions[N]. *The Daily News* (*Batavia, N.Y.*), 1885-02-28(3). 原文如下："Mr. W. J. Tyrrell has been appointed Deputy Postmaster to take the place of the late H. B. Ferran; Mr. J. H. Wood has been promoted to be mailing clerk, and Miss Lizzie Wood has been installed as clerk in the Batavia postoffice."

② Local Record[N]. *Progressive Batavian*, 1885-03-06(1). 原文如下："Miss Lizzie Wood, of this place, is now acting as a clerk in the Batavia postoffice."

③ Notes From Many Towns[N]. *The Buffalo Evening News*, 1889-01-07(5); Neighborhood News[N]. *The Buffalo Express*, 1889-01-09(8); What We See and Hear[N]. *The Spirit of Times*(*Batavia, N.Y.*), 1889-01-10(1); Tour of the Town[N]. *Progressive Batavian*, 1889-01-11(3); What We See and Hear[N]. *The Spirit of Times* (*Batavia, N.Y.*), 1889-01-12(3).

④ Notes From Many Towns[N]. *The Buffalo Evening News*, 1889-01-07(5).

⑤ Neighborhood News[N]. *The Buffalo Express*, 1889-01-09(8). 原文如下："It is expected that the new library building will be opened shortly, when there will be employment for both appointees."

⑥ School and Church[N]. *The Journal* (*Batavia, N.Y.*), 1889-05-10(1).

⑦ The Richmond Library[N]. *The Daily News* (*Batavia, N.Y.*), 1888-11-14(1).

⑧ Mere Mentions[N]. *The Daily News* (*Batavia, N.Y.*), 1889-01-23(1).

会。①1889 年 3 月 13 日,巴达维亚协和学校图书馆与巴达维亚城图书馆协会的藏书开始转移到该馆并上架。②1889 年 4 月 6 日晚,该馆阅览室正式对外开放。③

理奇蒙德纪念图书馆由纽约州罗切斯特城的著名建筑师詹姆斯·G. 卡特勒设计并监督建造。该馆从一开始就确定将要移交给巴达维亚城教育委员会并由巴达维亚协和学校负责管理,所以该馆就建在离巴达维亚协和学校只有一箭之地的罗斯街西侧,占地面积为 150 英尺 ×170 英尺。该馆的定位是参考兼外借型图书馆,所以馆舍较大,正面宽度与纵深最长均达 87 英尺。它是一栋 T 字形石头建筑,前面一横为阅览室、大厅、办公室、卫生间,后面一竖则是书库。书库里安放着许多可调整式书架,预计可以容纳 20 000 册图书。④ 不过,令人遗憾的是,理奇蒙德纪念图书馆馆舍的质量并不令人满意。在其开放后不久的 1889 年 8 月 4 日,《巴达维亚每日新闻报》第 4 版就报道称:"理奇蒙德纪念图书馆下周将闭馆维修地板。"⑤1890 年 1 月 18 日晚,巴达维亚城教育委员会召开会议,一致认为有证据表明理奇蒙德纪念图书馆的建筑质量相当差劲,应当要求建筑师詹姆斯·G. 卡特勒立刻返工维修。⑥

---

① Western New York[N]. *The Buffalo Courier*, 1889−03−12(2); Donated to the Public[N]. *The Daily Times* (*Batavia, N.Y.*), 1889−03−13(1).

② Donated to the Public[N]. *The Daily Times* (*Batavia, N.Y.*), 1889−03−13(1).

③ Mere Mentions[N]. *The Daily News* (*Batavia, N.Y.*), 1889−04−06(1).

④ Donated to the Public[N]. *The Daily Times* (*Batavia, N.Y.*), 1889−03−13(1). 另:当前,理奇蒙德纪念图书馆的地址为巴达维亚城罗斯街 19 号。

⑤ Mere Mentions[N]. *The Daily Times* (*Batavia, N.Y.*), 1889−08−04(4). 原文如下:"The Richmond Library will be closed next week while repairs are being made to the floor."

⑥ Meeting of the School Board[N]. *The Daily News* (*Batavia, N.Y.*), 1890−01−20(1). 原文如下:"All the members of the Board of Education were present at the meeting held on Saturday evening, except Mrs. Kenney. A number of bills were audited, and the fact that the new Richmond Library building had begun to show evidences that it was poorly constructed was referred to. It was the opinion of the Board that Architect Cutler, who erected the building, should be called upon to make immediate repairs."

图 2-1　理奇蒙德纪念图书馆设计草图 [①]

1889 年 7 月 1 日,萨拉·沃伦女士获准辞职,转到盲人教育机构任职。韦棣华再次受聘为馆长,艾格尼丝·韦尔德女士同时受聘为馆员,填补了萨拉·沃伦女士辞职造成的人员空缺。[②] 两人的工资仍然是每年 300 美元。至迟到 1898 年,两人的年薪增加到每年 400 美元。[③] 大约在 1899 年 9 月 22 日或稍早数日,韦棣华递交辞呈,决意辞去理奇蒙德纪念图书馆馆长一职。[④] 其辞职请求很快就获得批准,并且于 10 月 15 日正式生效。[⑤] 至此,韦棣华在理奇蒙德纪念图书馆工作了近十年之久,成为该馆发展史上的重要人物。在此期间,她编了一本《巴达维亚协和学校图书馆藏书目录》,署名"伊丽莎白·伍德"。[⑥]

据称,韦棣华习惯身穿旧派服装,但品性优良。她很喜欢孩子。当时,理奇蒙德纪念图书馆每周都举办故事会。她在书库后面放了一个小架子,给参加故事会的孩子们制作热可可饮料。她甚至还允许孩子们在图书馆里玩捉迷藏,而她的助手艾格尼丝·韦尔德女士则绝不允许孩子们在馆内玩耍。[⑦] 韦棣华还曾于

---

① Donated to the Public[N]. *The Daily Times* (*Batavia, N.Y.*), 1889−03−13(1).

② Places in the Schools[N]. *The Daily News* (*Batavia, N.Y.*), 1889−06−19(1).

③ Public School Faculty[N]. *The Daily News* (*Batavia, N.Y.*), 1898−06−01(1).

④ Mere Mentions[N]. *The Daily News* (*Batavia, N.Y.*), 1899−09−22(4).

⑤ Mere Mentions[N]. *The Daily News* (*Batavia, N.Y.*), 1899−10−03(4).

⑥ 中国现代图书馆运动之皇后韦棣华女士生平图片展(组图) [EB/OL]. [2018−04−30]. http://blog.sina.com.cn/s/blog_4978019f0102e7a7.html.

⑦ Historical Sketch of the Richmond Memorial Library[EB/OL]. [2018−04−10]. http://www.batavialibrary. org/about/history. php.

1898 年 3 月 17 日下午带领十个孩子前往普特南村参观糖槭林。[①]

值得一提的是,理奇蒙德纪念图书馆归属巴达维亚协和学校管理,该馆工作人员也列入巴达维亚协和学校教职员工名录之中。[②] 但是,该馆不仅为学校师生提供服务,也对公众开放。换句话说,理奇蒙德纪念图书馆兼具学校图书馆与公共图书馆双重性质。韦棣华来华后创办的文华公书林不仅为文华书院(文华大学、华中大学)的师生提供服务,还对公众开放,被誉为中国"西洋式公共图书馆的嚆矢"。[③] 由此可略窥韦棣华在理奇蒙德纪念图书馆的工作经历对其后来人生产生的影响。

第三节 交际广泛,生活多彩

韦棣华年轻时热情开朗,喜欢交际、游玩。这跟她后来给人们留下的严肃、呆板的女传教士形象一点都不像。巴达维亚城及附近地方的报纸对韦棣华多有报道,呈现了她年轻时的多彩生活。

其一,结交朋友,往来交际。

1879 年 1 月 1 日,韦棣华在布法罗城与朋友共度元旦。[④]

1879 年 2 月中下旬,布法罗城的爱玛·戴金女士到巴达维亚城看望韦棣华,至 2 月 22 日才回家。[⑤]

1879 年 7 月下旬,韦棣华前往俄亥俄州曼斯菲尔德城看望朋友。[⑥] 她在那里待了数周,直到 9 月下旬才回到巴达维亚城。[⑦]

1882 年 7 月 26 日,阿提卡镇的爱丽丝·法纳姆女士到巴达维亚城看望韦棣华。[⑧]

1885 年 8 月 17 日,布法罗城的爱玛·戴金与刘易斯·戴金姐妹到巴达维亚城

---

① Mere Mentions[N]. *The Daily News* (*Batavia, N.Y.*), 1898−03−17 (4).

② Financial Statement of Batavia Union School[N]. *The Daily News* (*Batavia, N.Y.*), 1898−07−11(5).

③ 张锦郎. 中国图书馆事业论集 [M]. 台北:学生书局,1984:100.

④ Local Gossip[N]. *Daily Morning News* (*Batavia, N.Y.*), 1879−01−01(4).

⑤ Personal Gossip[N]. *Daily Morning News* (*Batavia, N.Y.*), 1879−02−23(4).

⑥ Personals[N]. *Daily Morning News* (*Batavia, N.Y.*), 1879−07−29(4).

⑦ Personals[N]. *Daily Morning News* (*Batavia, N.Y.*), 1879−09−25(4).

⑧ Mere Mentions[N]. *The Daily News* (*Batavia, N.Y.*), 1882−07−26(4).

看望韦棣华①,待了差不多一周②。

其二,参加酒会,举行派对。

1879年2月24日晚,阿提卡镇的伯蒂斯女士舞蹈学校举办了一场毕业酒会,韦棣华与哥哥弗兰克一同前往参加。③

1880年10月19日晚,韦棣华在杰克逊街的家中举办了一场派对,宾主尽欢。④

其三,加入社会团体,参与社会活动。

1879年5月10日晚,包括韦棣华及其两个兄弟威廉·伍德和弗兰克·司科特·伍德在内的巴达维亚城射箭俱乐部B队队员们集合开会,选举队长。⑤

1879年12月30日晚,筹备数周的作家狂欢节在巴达维亚城剧院举行。剧院内设有多个主题小间,包括《拉拉·露哈》主题小间、莎士比亚主题小间、西班牙主题小间、狄更斯主题小间、皇家孤儿主题小间、埃及主题小间、凡尔纳主题小间、司科特主题小间、《汤姆叔叔的小屋》主题小间和维也纳面包店主题小间。在西班牙主题小间,韦棣华等人穿上西班牙风情的男女服装,扮演《堂吉诃德》里的各种角色,并出售糖果。⑥

多年来,巴达维亚城形成了每逢元旦拜访亲朋好友的习俗。1881年1月1日,多位年轻女性自愿在各条街道接待到访的朋友与熟人。其中,韦棣华与另外一名女士在杰克逊街负责接待。⑦1882年1月1日,韦棣华同样参与了此类接待事务。⑧

1882年3月4日下午,巴达维亚城圣詹姆斯教堂女青年援助协会成立,并选

---

① Personal[N]. *The Daily News* (*Batavia, N.Y.*), 1885-08-17 (4).

② Local Record[N]. *Progressive Batavian*, 1885-08-21(3).

③ Local Gossip[N]. *Daily Morning News* (*Batavia, N.Y.*), 1879-02-25(4). 原文如下:"Frank Wood and Miss Lizzie Wood attended the closing reception of Miss Burtis' Dancing School in Attica last night. It was a very pleasant affair."

④ Mere Mentions[N]. *The Daily News* (*Batavia, N.Y.*), 1880-10-20(4). 原文如下:"Miss Lizzie Wood gave a very pleasant party at her home on Jackson Street last evening."

⑤ Archers Attention[N]. *Daily Morning News* (*Batavia, N.Y.*), 1879-05-10(4). 原文如下:"The members of Section B of the Archery Club are requested to meet at the usual place this evening to elect a Captain… "

⑥ The Authors' Carnival[N]. *The Daily News* (*Batavia, N.Y.*), 1879-12-31(1).

⑦ These Who Will Receive[N]. *The Daily News* (*Batavia, N.Y.*), 1880-12-31(1).

⑧ New Year[N]. *The Daily News* (*Batavia, N.Y.*), 1882-01-03(1).

举职员。S. E. 诺斯夫人当选为会长,惠特尼·威廉姆斯夫人为副会长,韦棣华为秘书,安娜·莱伊女士为司库。①

1882 年 10 月 13 日晚,巴达维亚城圣詹姆斯教堂教区志愿者协会成立,并选举职员。会长为 W. W. 威廉姆斯夫人,副会长为安娜·莱伊女士,秘书为哈蒂·E. 托德女士,司库为韦棣华。②

1897 年 4 月 28 日下午 3 时,巴达维亚城女性政治平等俱乐部负责主办的为期三天的古瓷展览在巴达维亚城剧院街区主街 107 号正式开放,并于当晚 10 时结束。后两天的开放时间是上午 10 时至晚上 10 时。本次展览展出了数百件精致瓷器,同时出售鲜花与盆栽。到了夜间,还提供各式茶点,包括茶、咖啡、巧克力与蛋糕。此时,巴达维亚城女性政治平等俱乐部执行委员会由七人组成,包括 S. A. 舍温夫人、F. G. 费林夫人、沃德·B. 惠特科姆夫人、L. B. 莱恩夫人、韦棣华、费伊·E. 布劳内尔夫人与艾米·霍奇斯夫人。③

1897 年 4 月下旬,巴达维亚城女性政治平等俱乐部在巴达维亚城剧院街区主街 107 号店中举办了一场借展,展出了一批稀有瓷器。其中,韦棣华提供了一只旧瓷碗,上面绘着新泽西州苏塞克斯郡汉堡镇的劳伦斯大厦及伦敦摄政公园的两处景点。④

1897 年 10 月 6 日下午,纽约州慈善委员会杰纳西郡视察委员会的几个成员,包括乔治·H. 霍尔登夫人、露西·霍尔登女士、W. T. 米尔克莱恩夫人、韦棣华、F. E. 布劳内尔夫人、J. F. 贝克尔夫人、M. O. 丹尼斯夫人与 L. L. 托齐尔夫人,一同前往位于贝瑟尼镇的杰纳西郡救济院视察。这是该委员会成立两年后首次

① Ladies' Aid Society [N]. *The Daily News* (*Batavia, N.Y.*), 1882−03−06(10). 原文如下:"The Young Ladies' Aid Society of St. James Church was organized Saturday afternoon by electing the following officers: President, Mrs. S. E. North; Vice-President, Mrs. Whitney Williams; Secretary, Miss Lizzie Wood; Treasurer, Miss Anna Lay."

② Thirty Years Ago. Items From the Times of October 14th, 1882[N]. *The Times* (*Batavia, N.Y.*), 1912−10−14(10). 原文如下:"The Parish Workers, members of St. James's Episcopal church, met last evening for the purpose of reorganizing. The following officers were elected: President, Mrs. W. W. Williams; Vice-President, Miss Anna Lay; Secretary, Miss Hettie E. Todd; Treasurer, Miss Lizzie Wood."

③ Rare Old China Displayed by the Women's Political Equality Club[N]. *The Daily News* (*Batavia, N.Y.*), 1897−04−28(1).

④ Rare China Treasures[N]. *The Daily News* (*Batavia, N.Y.*), 1897−04−29 (1). 原文如下:"An old bowl, loaned by Miss Lizzie Wood, has a picture of the Lawrence mansion, and two views of Regent park."

正式出去视察。①

1897 年 10 月 11 日晚,巴达维亚城女性政治平等俱乐部举行迁往多蒂大厦的乔迁庆宴。该俱乐部执行委员会委员,包括 S. A. 舍温夫人、阿曼达·西科德夫人、J. F. 里奇夫人、L. B. 莱恩夫人、韦棣华、沃德·B. 惠特科姆夫人、克拉丽莎·C. 布拉德利夫人、卡莉·道格拉斯女士与哈莉特·诺布尔斯女士,一同出席迎宾。②

其四,外出度假或旅行。

1879 年 6 月中旬,韦棣华与海蒂·莱伊女士一起到葡萄园度假一周。③

1892 年 8 月 17 日晚,韦棣华与弟弟约翰·H. 伍德及玛丽·安娜·霍尔登女士一同前往位于纽约州怀俄明郡卡斯提尔镇的银湖。她的哥哥弗兰克·司科特·伍德及其夫人与儿子弗雷德·伍德也将在那里与他们汇合。众人合租了一栋湖滨小别墅,一起度假十天。④

1897 年 7 月,韦棣华休假,艾格尼丝·韦尔德女士在理奇蒙德纪念图书馆值班。同年 8 月 1 日,韦棣华回馆值班,艾格尼丝·韦尔德女士则前往加拿大度假

---

① Visiting the County House[N]. *The Daily News* (*Batavia, N.Y.*), 1897−10−06 (4). 原文如下:"Mrs. George H. Holden, Miss Lucy Holden, Mrs. W. T. Mylcrane, Miss Lizzie Wood, Mrs. F. E. Brownell, Mrs. J. F. Baker, Mrs. M. O. Dennis and Mrs. L. L. Tozier, members of the Genese County Visiting Committee of the State Board of Charities, went to the County House in Bethany this afternoon to inspect the institution. This is the first formal visit to the almshouse that the committee has made in two years."

② Equality Club's Housewarming[N]. *The Daily News* (*Batavia, N.Y.*), 1897−10−11 (1). 原文如下:"The Political Equality club will hold its housewarming in the new quarters in the Doty building tonight, when Judge North will speak. The rooms were prettily decorated today. The hostesses will be the Executive committee, consisting of Mrs. S. A. Sherwin, Mrs. Amanda Seacord, Mrs. J. F. Rich, Mrs. L. B. Lane, Miss Lizzie Wood, Mrs. Ward B. Whitcomb, Mrs. Clarissa C. Bradley, Miss Carrie Douglass and Miss Harriet Nobles."

③ Personals[N]. *Daily Morning News* (*Batavia, N.Y.*), 1879−06−18(4). 原文如下:"Misses Hattie Lay and Lizzie Wood are spending the week at Vine Cottage."

④ Personal[N]. *The Daily News* (*Batavia, N.Y.*), 1892−08−18(4). 原文如下:"Miss Lizzie Wood, Miss Annie Holden and J. H. Wood drove to Silver Lake last evening, where they will be joined by District Attorney and Mrs. Wood and Fred Wood. They will occupy a cottage at the lake for the next ten days."

一个月。①

最值得一提的则是 1889 年暑假韦棣华及其朋友的欧洲之旅。早在 1889 年 5 月初,韦棣华就已经和加德纳•富勒夫妇、海伦•伍德科克女士、刘易斯•霍尔登女士、德兰西•克拉克商定共同组团前往欧洲旅行。② 他们的行程大致如下。

7 月 9 日,他们在纽约港乘坐"费尼西亚"号轮船前往欧洲。

7 月 20 日下午,他们在苏格兰首府格拉斯哥上岸,然后在那里逗留两天。

7 月 22 日,他们启程前往伦敦,在那里游玩了三天。

7 月 25 日,他们经法国西北部诺曼底地区的勒阿弗尔和迪耶普,直抵巴黎。他们在巴黎逗留了一个星期,其中三天参观巴黎世界博览会,一天参观卢浮宫画廊,另外三天则四处观光。

8 月 1 日,他们开始原路返回伦敦。途中,他们在诺曼底区的鲁昂逗留了一天,参观了鲁昂大教堂与世界上最美的哥特式建筑之一的圣旺教堂。回到伦敦后,他们又待了三天,参观了各大景点。

8 月 5 日,他们前往英格兰中部华威郡凯尼尔沃思,并于午餐后参观了凯尼尔沃思城堡。然后,乘坐马车前往莎士比亚的故乡——埃文河畔的斯特拉特福,入住莎士比亚小旅馆。那是一家古老但极有魅力的旅馆,所有客房都以莎士比亚的戏剧作品命名,到处都是弯弯曲曲的通道。傍晚 6 时,他们吃完晚餐后,参观了那家葬着莎士比亚的教堂。幸运的是,那里正好在举行夜祷活动。活动结束后,他们在月光下逛了一会教堂墓园,沿着埃文河走回了旅馆。

8 月 6 日清晨,他们步行前往肖特瑞,参观了莎士比亚之妻安妮•海瑟薇的故居。回到斯特拉特福后,他们又参观了莎士比亚出生时的那栋房子,随后,雇车前往华威郡。途中,他们经过托马斯•露西爵士在查理科特的鹿园,看到里面养着至少 1 000 只鹿。他们参观了华威古城堡,然后前往切斯特古城;抵达大湖区后,他们在鲍内斯住了一夜。

8 月 7 日,他们参观了华兹华斯的出生地、他经常去祈祷的那所教堂以及他与妻子和妹妹一同下葬的墓园,然后前往梅尔罗斯,入驻毗邻梅尔罗斯修道院的修道院汽车旅馆,并在月光下参观了梅尔罗斯修道院遗址。

---

① Personal[N]. *The Daily News* (*Batavia, N.Y.*), 1897−07−28 (4). 原文如下:"Miss Lizzie Wood, who has been resting during July from her duties as librarian, will resume her work August 1st, when Miss Wiard, who is now on duty, will take a month's vacation. She expects to spend the month in Canada."

② Personal[N]. *The Daily News* (*Batavia, N.Y.*), 1889−05−07 (4).

8月8日清晨,他们乘车前往沃尔特·司科特爵士的家乡阿伯茨福德,然后返回梅尔罗斯,再乘车前往爱丁堡。

8月9日,他们抵达爱丁堡,并且一直待到8月12日。在爱丁堡期间,他们参观了古城堡、荷里路德宫、玛丽女王故居及其他景点。8月11日,他们还前往苏格兰最古老的圣吉尔斯大教堂参加礼拜仪式。

8月15日,他们在格拉斯哥乘坐"埃塞俄比亚"号轮船,启程返回美国。

8月25日早上9时,他们抵达纽约港。不过,由于需要隔离检疫,直到8月26日早上,他们才得以上岸。①

8月27日早上,韦棣华与德兰西·克拉克一同回到巴达维亚城。此外,海伦·伍德科克女士已于8月26日晚从纽约前往韦尔斯维尔,加德纳·富勒夫妇与刘易斯·霍尔登女士则分别于8月27日晚与8月28日返回巴达维亚城。②

---

① 以上行程详见:Sight Seeing in Europe[N]. *The Daily News* (*Batavia, N.Y.*), 1889-08-29 (1).

② Personal[N]. *The Daily News* (*Batavia, N.Y.*), 1889-08-27 (4).

第三章　初到中国

第一节　幼弟来华，紧跟而至

　　韦棣华之所以辞职来华，跟其幼弟韦德生有着不小的关系。

　　据报载，1898 年 10 月初，韦德生已经确定将前往中国传教。[1]10 月 20 日上午 10 时，约翰·H. 伍德与玛丽·安娜·霍尔登在巴达维亚城家中举行婚礼，韦德生担任证婚人。上午 11 时，韦德生便从巴达维亚城出发前往旧金山。[2]10 月 29 日，他在旧金山乘坐"多里克"号轮船前往中国，并于 11 月 24 日抵达上海[3]。随后，他转乘江轮，顺长江而上，直抵武昌。[4]

---

① Vicinity News[N]. *The Attica News* (*N.Y.*), 1898−10−13(1). 原文如下："The Rev. Robert E. Wood of Batavia is going to China as a missionary. He will sail on October 29, from San Francisco."

② Wood-Holden[N]. *The Daily News* (*Batavia, N.Y.*), 1898−10−20(1). 原文如下："Miss Annie Holden, daughter of Mr. and Mrs. George H. Holden, and John H. Wood were quietly married at 10 a. m. today by the Rev. Robert E. Wood, brother of the groom. The Rev. Mr. Wood left at 11 a. m. for San Francisco, whence he will sail on the 29th for China. He expects to arrive at Shanghai on November 25th and will proceed 800 miles up the Yangtse Kiang river to Wu Chang, where he will engage in missionary work."

③ Announcements[J]. *The Spirit of Missions*, 1899, 64(1): 22.

④ Wood-Holden[N]. *The Daily News* (*Batavia, N.Y.*), 1898−10−20(1). 原文如下："Miss Annie Holden, daughter of Mr. and Mrs. George H. Holden, and John H. Wood were quietly married at 10 a. m. today by the Rev. Robert E. Wood, brother of the groom. The Rev. Mr. Wood left at 11 a. m. for San Francisco, whence he will sail on the 29th for China. He expects to arrive at Shanghai on November 25th and will proceed 800 miles up the Yangtse Kiang river to Wu Chang, where he will engage in missionary work."

1898 年 12 月 20 日，身在武昌的韦德生写信给圣彼得神学校，介绍了他初到武昌的若干情况："现在，我与谭立德神父先生[①]在武昌神学校的新校园里安顿了下来……谭立德先生和我被安排负责学校的住宿安排。我们每天还在文华书院上一小时的课程，另外还负责一个主日课程。不过，我们大部分的时间都用来学习中文……每周两次，巴修理先生会在夜间将所有新来者召集在一起，用饶有趣味的语言给我们上课，帮助我们了解中文的疑难之处。每天我们都会在住处的小礼拜堂里用中文进行晨祷，不过星期日和星期四例外，因为在这两天的同一时间段我们要到教堂举行圣餐礼。中午 12 时钟声响起时，我们要去教堂参加午祷，但只有传教士出席；晚上 6 时半，我们又要去教堂参加夜祷，两所学校的师生都要参加。除此之外，住在神学校的人在夜里临睡前还要聚在一起举行一个简短的祈祷仪式。"[②]

义和团运动兴起之后，西方民众对中国的局势忧虑重重，十分关注在中国工作与生活的西方人的安全问题。韦棣华逝世之后，韦德生写过一篇题为《关于吾姊之生平》的纪念文章。从这篇文章可以看出，韦棣华只是对韦德生进入教会并坚持远赴中国传教深感失望。虽然她觉得中国之行可能会是一场冒险，但她确实就只是想去看看韦德生在中国的真实情况而已。在韦棣华逝世后，美国地方报纸刊登的多篇报道同样只提到韦棣华 1899 年首次来华是为了看望韦德生，而未提及韦德生当时在中国是否遇到危险。[③] 如此看来，学界似乎不应过度解读韦棣华首次来华的原因。那应当只是一次在后世看来意义重大而在当时颇为普通的探亲之旅而已。

此前，学界一般认为韦棣华首次来华时并未打算在中国久待。但此说值得

---

① 陈忠. 武汉圣公会与"新学"媒介作用 [G]// 政协武汉市委员会文史学习委员会. 武汉文史资料文库　第 6 辑　社会民俗. 武汉：武汉出版社，1999：85；武汉地方志编纂委员会. 武汉市志·社会志 [M]. 武汉：武汉大学出版社，1997：318.

② Robert E. Wood. A Letter to St. Peter's Divinity School[J]. *The Spirit of Missions*, 1899, *64*(3): 121–122. 另：原文并无题名，此处为笔者自行添加。

③ Missionary Dead[N]. *The Saratogian*, 1931–05–02(1); Elderly Missionary Dies[N]. *Lockport Union-Sun and Journal*, 1931–05–02(10); Former Batavian Passes in China[N]. *Rochester Democrat and Chronicle*, 1931–05–03(10).

商榷。毕竟,假若韦棣华只是想到中国看望一下韦德生便返回美国,那么她完全没有必要辞职,只需请假一段时间即可。而事实上,在韦棣华启程前往中国之前的 1899 年 9 月 18 日,《巴达维亚每日新闻报》第 4 版就刊登报道称:"韦棣华预计离开美国五年。"①1899 年 11 月,《差传精神》第 64 卷第 11 期亦称:"韦棣华,在武昌传教的韦德生神父的姐姐,已经启程前往中国,进行一次长时探亲。"②1919 年 10 月 18 日,《巴达维亚每日新闻报》第 3 版选录了该报 20 年前同一天刊登的报道,其中指出:"韦棣华将在中国逗留至少两年,也可能是四年。"③由此可见,韦棣华当时已经计划要在中国待上数年,而不是匆匆一访便返回美国。同时,她并非来到中国之后才临时决定延期。

1899 年 10 月 18 日,韦棣华离开家乡巴达维亚城,前往旧金山。④抵达旧金山后,她顺便看望了住在那里的几个亲戚。⑤11 月 9 日,她在旧金山乘坐"中国"号轮船前往中国。⑥当天,韦棣华还给时任美国圣公会副秘书约书亚·金伯神父寄了一张定价为一美分的明信片。明信片的正面印着收信地址"纽约州纽约市第 4 大街与第 22 街交汇处美国圣公会会所"。背面则为韦棣华手写的"San Francisco, Cal, Nov. 9th. I sail today on the steamship 'China' for Shanghai. Very sincerely yours,Elizabeth Wood. "字样。⑦

---

① Personals[N]. *The Daily News* (*Batavia, N.Y.*), 1899−09−18(4). 原文如下:"Miss Wood expects to be absent about five years."

② Foreign Missions[J]. *The Spirit of Missions*, 1899, *64*(11): 584. 原文如下:"Miss Elizabeth Wood, sister of the Rev. Robert E. Wood, of Wuchang, has gone to China for a long visit."

③ Twenty Years Ago[N]. *The Batavia Times* (*Batavia, N.Y.*), 1919−10−18(3). 原文如下:"Miss Wood will remain at least two and perhaps four years and will assist her brother in the mission work in which he is engaged."

④ Foreign Missions[J]. *The Spirit of Missions*, 1899, *64*(11):584. 原文如下:"She left her home at Batavia, New York, October 18th, expecting to sail from San Francisco by the steamer 'China' on November 9th."

⑤ Twenty Years Ago[N]. *The Batavia Times* (*Batavia, N.Y.*), 1919−10−18(3). 原文如下:"Miss Elizabeth Wood left on October 18th, for San Francisco, and after a short visit with relatives there, will sail for China to join her brother, Rev. Robert E. Wood, at Wuchang, a city of about 600 miles in the interior of the Chinese Empire."

⑥ Foreign Missions[J]. *The Spirit of Missions*, 1899, *64*(11):584; Miss Wood's Safe Arrival in China[N]. *The Daily News* (*Batavia, N.Y.*), 1900−01−18(1).

⑦ 程焕文. 先驱之精神(组图一)[EB/OL]. [2007−08−27]. http://blog. sina. com. cn/s/blog_4978019f010009os. html.

图 3-1　韦棣华寄给约书亚·金伯神父的明信片（正面）①

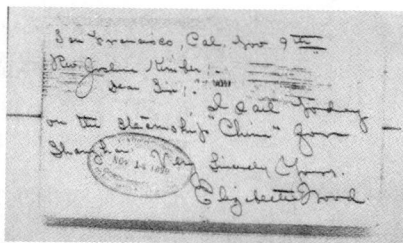

图 3-2　韦棣华寄给约书亚·金伯神父的明信片（背面）②

韦棣华乘坐"中国"号汽轮西行,途经檀香山、横滨、长崎,最后抵达上海。随后,她转乘江轮,溯长江而上,终于在 1899 年 12 月 15 日抵达武昌,与韦德生团聚。③

第二节　初入文华,教授英语

文华书院创办于 1871 年,其英文校名为"The Boone Memorial School"。④因该校旨在纪念圣公会驻华的第一位主教文惠廉,所以有不少学者称其为思文学校。⑤

1900 年 10 月,《差传精神》第 65 卷第 10 期刊载了雷德礼神父撰写的《付出

---

① 程焕文. 先驱之精神(组图一)[EB/OL]. [2007-08-27]. http://blog. sina. com. cn/s/blog_4978019f010009os. html.

② 程焕文. 先驱之精神(组图一)[EB/OL]. [2007-08-27]. http://blog. sina. com. cn/s/blog_4978019f010009os. html.

③ Miss Wood's Safe Arrival in China[N]. *The Daily News (Batavia, N.Y.)*, 1900-01-18(1).

④ 张安明,刘祖芬. 江汉昙华林——华中大学 [M]. 石家庄:河北教育出版社,2003:5.

⑤ 程焕文. 中国图书馆学教育之父——沈祖荣评传 [M]. 台北:学生书局,1997:4.

代价的传教投资：过去一年的文华书院》一文，内称："如果不是韦棣华女士——她是韦德生神父的姐姐，去年来此看望他——好心相助，那么我们当前的情况将会很糟。她同意至少留下一年，每天教授英语四个小时。这对于其他传教士来说是一大安慰，因为他们不得不花费很多时间来学习汉语，因而没时间来我们学校教书。我们学校的英语教学任务是如此之重，但我们所能依靠的这些男人女人却要忙于其他事务，只能抽出一小点时间用于教学。这是一大限制。现在，有了韦棣华女士慷慨而高效的帮助，我们在这个方面变得轻松了；但是，我们几乎无望让她永远留在这里。"① 在其逝世之后不久，曾有报纸指出，韦棣华是在弟弟韦德生的建议之下进入文华书院执教启蒙班学生的。② 此后，亦有不少学者持类似说法。比如，程焕文称："应韦德生的要求，闲居的韦棣华女士同意在思文学校（文华大学的前身）担任基础英语教员，以缓解学校师资的严重匮乏状况。"③ 又如，陈碧香称："当时，思文学校缺乏师资。在韦德生的鼓动之下，韦棣华同意受聘为该校英语教员。"④

　　不过，前引这些说法明显有误。事实上，韦棣华在来华之前就已经跟美国圣公会联系妥当，准备以美国圣公会世俗传教士的身份留在中国工作数年，而美国圣公会也确实为其做好了相关安排。⑤ 在与韦德生团聚后不久，韦棣华便留在武昌从事传教⑥ 及教育事业⑦。此后将近七年间，尽管韦棣华一直在汉口教区工作，

---

① The Reverend Lawrence B. Ridgely. A Paying Missionary Investment: The Record of the Last Year at Boone School[J]. *The Spirit of Missions*, 1900, 65(10): 644−649.

② Former Batavian Passes in China[N]. *Rochester Democrat and Chronicle*, 1931−05−03(10). 原文如下："At her brother's suggestion, Miss Wood took a primer class at Boone mission school."

③ 程焕文. 文华精神：中国图书馆精神的家园——纪念文华图专 80 周年暨宗师韦棣华女士和沈祖荣先生 [G]//马费成. 世代相传的智慧与服务精神——文华图专八十周年纪念文集. 北京：北京图书馆出版社, 2001：231.

④ 陈碧香. 韦棣华生平考辨 [J]. 大学图书馆学报, 2013（6）：117.

⑤ Foreign Missions[J]. *The Spirit of Missions*, 1899, *64*(11): 584.

⑥ Twenty Years Ago[N]. *The Batavia Times (Batavia, N.Y.)*, 1919−10−18(3). 原文如下："Miss Wood will remain at least two and perhaps four years and will assist her brother in the mission work in which he is engaged."

⑦ Foreign Missions[J]. *The Spirit of Missions*, 1899, *64*(11): 584. 原文如下："While there, by an arrangement made in the field, she is to be employed in the educational work."

但美国圣公会一直未曾发布正式任命。[①]1906年11月3日,美国圣公会差传总部在纽约美国圣公会会所召开会议,主教才同意任命韦棣华为世俗传教士[②],并且该任命的生效时间从韦棣华首次加入传教队伍的1900年1月1日算起[③]。

　　进入文华书院执教不久,韦棣华就组织学生用英文给她在美国的亲友写信。比如,1900年4月25日,《巴达维亚每日新闻报》第1版刊登了一则题为《韦棣华女士的学生给其在巴达维亚城的哥哥写信》的报道。这篇报道摘录了韦棣华与韦德生在文华书院的多位学生写给其哥哥弗兰克·司科特·伍德写的英文信件。这些信件文笔优美,内容也很有趣,展现了这些中国学生在韦棣华等美国教师的教导之下取得的巨大进步以及他们对义和团运动的观感。与此同时,韦棣华也给弗兰克·司科特·伍德写了一封信,并在信中高度评价了她的学生:"最近,我在文华书院教的第一个班级中的一些男生正在写一些跟中国有关的文章。他们全部支持皇帝,赞成引进外国的先进机器,渴望了解并且愿意接受外国的进步思想。这些男生十分踏实。因此,如果我要以他们为样本对中国人进行评判的话,

① Personals[J]. *The Churchman*, 1906, *94*(21): 809; Announcements Concerning the Missionaries[J]. *The Spirit of Missions*, 1906, *71*(12):1039.

② Personals[J]. *The Churchman*, 1906, *94*(21): 809. 原文如下:"Miss M. Elizabeth Wood, who has served the Hankow mission for seven years without appointment, was at the meeting of the Board of Missions on Nov. 13th, with the approval of the bishop, made a regular missionary of the Board, the appointment to date from the day she first joined the staff. She continues to be a W.A.U.O. worker."

③ Announcements Concerning the Missionaries[J]. *The Spirit of Missions*, 1906, *71*(12): 1039. 原文如下:"Miss M. Elizabeth Wood, who has served the Hankow mission continuously for about seven years, having never received an appointment, on November 13th was appointed, with the approval of the bishop, a regular missionary of the Board, said appointment to date from January 1st, 1900, the time when she joined the staff."

我会给出很高的评价。"①

第三节　庚子事变，逃亡日本

1900 年夏，义和团运动愈演愈烈。在湖广总督张之洞的辖治下，湖北民众对外国人的态度显得较为开明，但还是会有排洋、反洋举动发生。②1900 年 6 月 24 日，韦棣华在武昌给 C. 克利夫顿·布拉德利夫人写了一封信，称湖北的形势亦有些动荡，但张之洞已经下令保护外国人。她指出："在这里，中国人对外国人似乎态度友好，因此我们从未想过自己会害怕。我希望我们能够迅速回归以往的那种状态。"③

随着事态益发严重，美国圣公会江苏教区主教郭斐蔚命令各地传教士立刻前往上海，以防不测。④接到命令后，韦棣华等人于 1900 年 7 月 2 日乘船离开武昌，沿长江而下，于 7 月 6 日上午抵达上海。随后，她们又从上海乘船前往日本。⑤

---

① Pupils of Miss Lizzie Wood Send Letters to Her Brother in Batavia[N]. *The Daily News* (*Batavia, N.Y.*), 1900−04−25(1). 另:韦棣华此信部分内容如下:"We are in a considerable state of excitement here in Wuchang. They have very strong suspicions that the Emperor (or rather former Emperor) of China is imprisoned here in our Viceroy's Yamen, the name given to his official residence. The mysterious personage has been in Wuchang since Christmas time. Of this one thing they are sure that he is someone high up in rank for he wears the Imperial yellow jacket, a garment allowed only to those of title. When this person refused to reveal himself, he was severely beaten. A second time he was brought before the tribunal, but refusing to make a confession, he was beaten 500 times. Now the rumor is about that they are going to torture him to death. It seems there is some old law in China that an Emperor can never be put to instant death, but if they can slowly bring this about they can make it legal. Recently some of the boys in my first class in the Boone school have been writing essays about China. They one and all favor the Emperor and are in favor of foreign machinery and ideas that are progressive, and are all so eager to learn about foreign ways and willing to adopt them. These boys are such substantial ones that if I should judge of the people from them I should have a very good opinion of them."
② Late News From China[N]. *The Daily News* (*Batavia, N.Y.*), 1900−07−24(1).
③ Late News From China[N]. *The Daily News* (*Batavia, N.Y.*), 1900−07−24(1).
④ Report That China Will Sue for Peace[N]. *The Brooklyn Daily Eagle*, 1900−08−10(1−2). 另:郭斐蔚或被称为美国圣公会中国教区主教、上海教区主教或上海及长江下游平原教区主教等。
⑤ Letter From Miss Wood (Written at Shanghai, While on Her Way to Japan)[N]. *The Daily News* (*Batavia, N.Y.*), 1900−08−10(1).

　　1900 年 7 月 15 日,从上海出发的 21 人终于抵达日本东京。这 21 人包括郭斐蔚夫人及其两个小孩、卜舫济夫人及其四个小孩、卡特赖特女士及与之同行的库珀夫人的两个小孩、道森女士、理奇蒙德女士、奥斯古德女士、雷德礼夫人及其母亲奥格登夫人、格伦顿博士、亨廷顿女士、麦库克女士、沃诺克女士以及韦棣华。他们先被安排到东京圣路加医院及当地传教士家中休养,待身心恢复后,他们当中的一部分人留在东京,另外一部分人则被送往日本山区。①

　　在东京短暂逗留期间,韦棣华结识了一位长期居住在日本本州岛最北端青森县传教的巴贝科特女士,并被其说服,随之前往青森县住了一段时间。韦棣华发现,青森县是座小城,人口不多,但已经开始向现代化发展,不仅有电灯,也有警察、邮递员等。韦棣华还和巴贝科特女士一起乘坐火车出去旅行。途中,她们在福岛的一家普通的日式小旅馆住了一夜。虽然那里的住宿条件不是很好,但店主和帮佣十分得体的礼仪给韦棣华留下了深刻印象。②

---

① Report That China Will Sue for Peace [N]. *The Brooklyn Daily Eagle*, 1900-08-10(1-2).

② The Past and Present[N]. *The Daily News* (*Batavia, N.Y.*), 1900-09-08(5).

第四章 再续图缘

第一节 在圣约翰,整理藏书

韦棣华在其于 1900 年 7 月 24 日写给兄弟的信中提到,前中国主教郭斐蔚认为,义和团运动不会很快就结束,因此女性们等到两年后再返回中国工作会比较安全。如果此说属实,那么她将会留在日本工作。[①] 不过,1900 年 7—8 月,英、德、俄、法、英、美、日、意、奥等国军队攻入北京,义和团运动被中外反动势力迅速镇压了下去。于是,在日本过完夏天后,韦棣华获准重返中国。

1900 年秋冬之际,韦棣华来到上海圣约翰书院(后改称圣约翰学校、圣约翰大学)短暂地执教了一段时间[②],并且主动帮助该校藏书室整理书籍及建立编目制度[③]。对此,圣约翰大学校史资料中有所记载。1923 年 9 月,黄维廉在《新教育》第 7 卷第 1 期上发表《约翰大学图书馆》一文,内称:"一九〇〇年冬,现任武昌文华大学图书馆馆员韦女士(Miss M. E. Wood)因事留沪,遂秉其热诚,为约校藏书室整理书籍,编目之制由是始。"[④]1924 年 1 月,黄维廉又在《约翰声》第 35 卷第 2 期英文版发表《罗氏图书馆史(1894—1923)》一文,内称:"一九〇〇年冬,因义和团运动爆发而来到圣约翰大学的武昌文华大学图书馆的韦棣华女士

---

① The Past and Present[N]. *The Daily News* (*Batavia, N.Y.*), 1900-09-08(5).

② Clay Wood Holmes. *A Genealogy of the Lineal Descendants of William Wood Who Settled in Concord, Mass. , in 1638*[M]. Elmira: Advertiser Print, 1901:162.

③ 周文骏. 图书馆学百科全书 [M]. 北京:中国大百科全书出版社,1993:515-516;吴仲强. 中国图书馆情报学档案学人物大辞典 [M]. 香港:亚太国际出版有限公司 , 1999:35.

④ 黄维廉. 约翰大学图书馆 [J]. 新教育,1923,7(1):47.

热心地承担了本校图书馆的重组工作。"①1929 年,圣约翰大学大学生出版委员会编印的《圣约翰大学五十年史略(一千八百七十九年至一千九百廿九年)》则称:"一九〇〇年秋,文华大学图书馆长吴美利女士因避拳乱,寓居本校。自行提议,欲为本校图书馆工作。工作之结果,为第一次印行图书目录,翌年出版。"② 各种资料互证,确定"吴美利"就是韦棣华。不过,当时尚无圣约翰大学只有圣约翰书院,而且该校当时亦只有藏书室而无真正意义上的图书馆③。此外,由于资料有限,目前尚无法呈现韦棣华当时究竟做了哪些具体工作,也不清楚她编印的图书目录的真实面貌,实在是令人遗憾。

第二节　重回文华,开始募捐

大约在 1901 年初,韦棣华回到武昌,继续在文华书院执教。她很快就得到了中国学生的爱戴,被尊称为"敬爱的老师"。④

1894 年进入文华书院就读⑤、1906 年从文华大学文科毕业⑥的陈宗良在《可爱的韦棣华师》一文中较为详细地介绍了韦棣华采取的教学方法:"她采取的两种教学方法仍然让我印象深刻——用问答法教授英国文学,用图表法教授英语语法。通过她的介绍,我们首先了解了乔叟、斯宾塞、莎士比亚和其他许多著名作家。她还让我们明白,如果我们不能把一个句子拆成恰当的几个部分,那么这个句子在语法上就是不正确的。这些强制性练习在当时看来十分乏味,但确实

---

① V. L. Wong. Low Library: A History (1894−1923)[J]. *St. John's Echo*, 1924, *35*(2): 60. 原文如下:"In the winter of 1900, Miss M. E. Wood of the Boone University library, Wuchang, who was at St. John's as a refugee on account of the Boxer Uprising, kindly undertook the work of organizing the library."

② 圣约翰大学大学生出版委员会. 圣约翰大学五十年史略(一千八百七十九年至一千九百廿九年) [M]. 上海:圣约翰大学,1929:39.

③ 关于圣约翰书院(圣约翰学校、圣约翰大学)藏书室(图书馆)的发展历程,详见:郑锦怀. 中国现代图书馆先驱戴志骞研究 [M]. 青岛:中国海洋大学出版社,2017:56−64.

④ Archie T. L. Tsen. Miss Wood, Our Beloved Teacher[J]. *Boone Library School Quarterly*, 1931, *3*(3): 4−5. 原文如下:"It was not before long that she began to assume the title of Our Beloved Teacher."

⑤ Archie T. L. Tsen. Miss Wood, Our Beloved Teacher[J]. *Boone Library School Quarterly*, 1931, *3*(3): 4−5.

⑥ 华中大学. 私立武昌华中大学历届毕业同学录 [M]. 武昌:华中大学,1935:1.

帮助我们理解得更加到位。"①

　　1901年开始进入文华书院就读②的沈祖荣则在其撰写的《韦棣华女士略传》一文中更加详细地列举了韦棣华在文华书院执教期间的种种举动。从中可以看出,韦棣华对学生宽严并济。在教学方面,她循循善诱、诲人不倦,对于学生的发音、书写、文章或书信等都严格把关,随时纠正,以期对方有所提高。在生活方面,她对学生和蔼可亲。每逢节假,她制作茶点,邀请学生到家中做客,给以慰藉。对于留在武汉工作的毕业生,她组织读书会,举行演讲、演文明剧、播放电影、讲故事、游艺等活动。"文学学生于他教授则或忘之,至言女士则未有不倾心悦慕爱戴终身者也。"③

　　在实际教学过程中,韦棣华发现学生需要课外阅读材料,于是写信给她在美国的朋友们,请对方帮忙收集旧书,并筹集资金购买新书。如果某种书籍的复本过多,她就会采取拍卖的形式——陈宗良在校期间就一直充当拍卖人的角色——将多余的图书复本售卖给需要之人,然后将所得钱款用于购买新书。④

　　目前尚不清楚韦棣华从何时起开始向身在美国的亲友征求赠书与捐款。不过,1901年6月7日,《巴达维亚每日新闻报》第1版摘登了韦棣华写回美国的一封信件,另取题名为《呼吁在中国创办一个图书馆》。根据当时的交通与通信条件,韦棣华此信无疑是随轮船从中国寄往美国的。当时,轮船从中国前往美国西海岸城市(如旧金山、洛杉矶、西雅图)或从美国西海岸城市前往中国大约需要1个月,所以韦棣华极可能是在1901年4月底或5月初寄出此信的。

　　韦棣华在信中称她将努力征集书籍,以便在文华书院创办一个图书馆。她简要介绍了文华书院的办学情况,称该校现有100多名男生,年龄从8岁到18

① Archie T. L. Tsen. Miss Wood, Our Beloved Teacher[J]. *Boone Library School Quarterly*, 1931, *3*(3): 4–5. 原文如下:Two of her ways of teaching still remain very vividly with me—the teaching of English Literature by questions and answers and the teaching of Grammar by diagrams. We first made our acquaintance with Chaucer, Spencer, Shakespeare and many more of the famous through her introduction. We were also made to see that if we could not pull a sentence apart into its proper parts, the sentence could not be grammatically correct. These compulsory exercises seemed at that time to be very tedious, but they helped to enable us to make ourselves better understood."

② 程焕文. 中国图书馆学教育之父——沈祖荣评传 [M]. 台北:学生书局,1997:20.

③ 沈祖荣. 韦棣华女士略传 [J]. 武昌文华图书科季刊,1931,3(3):283–284.

④ Archie T. L. Tsen. Miss Wood, Our Beloved Teacher[J]. *Boone Library School Quarterly*, 1931, *3*(3): 4–5.

岁不等；他们都需要学习英语，而且大多对西学极感兴趣。因此，她欢迎美国友人捐赠任何种类、品相的书籍，包括面向儿童的玩具书与故事书，以及游记、小说、科学或历史类书籍等。她还指出，捐赠者可以将书籍放到她的弟弟约翰·H. 伍德在巴达维亚城主街 80 号的店中。①

　　韦棣华此信刊登后，在巴达维亚当地引起了广泛反响。当地居民积极响应韦棣华的呼吁，踊跃捐书捐款。1901 年 6 月 13 日，《巴达维亚每日新闻报》第 5 版刊登了一则题为《为一个中国图书馆捐赠许多图书》的报道，内称："巴达维亚城的韦棣华女士现在是中国武昌文华书院的一名教师。她呼吁大家捐赠大量书籍，以便她在该校创办一个图书馆。这一呼吁取得了相当大的成功。已经有大约 75 本书籍放在主街 80 号约翰·H. 伍德店中。一旦停止接受捐赠，这些书就将立即转交给文华书院。"②

　　1901 年 6 月 21 日，《巴达维亚每日新闻报》第 6 版又刊登了一则题为《大约200 本书籍捐给中国》的报道："巴达维亚城的韦棣华女士现在是中国武昌文华书院的一名教师。此前，她呼吁大家捐书，以便她在那里创办一个图书馆。这一呼吁继续获得慷慨回应。她的弟弟约翰·H. 伍德已经收到大约 200 本书籍以及大批杂志。想要捐出的书籍可以放到主街 80 号他的店中。"③

　　1901 年 8 月 27 日，韦棣华在武昌致信《传教士》的编辑。该信后以"为中国男生征集书籍"为题，刊登在 1901 年 11 月 9 日出版的《传教士》第 84 卷第19 期（总第 2964 期）中。该信与 1901 年 6 月 7 日《巴达维亚每日新闻报》第 1版所载《呼吁在中国创办一个图书馆》大致相同。可见，韦棣华并不满足于只向家乡的亲朋好友征集书籍，而是尝试拓展其他的征集渠道。④

---

① Appeal for a Library in China[N]. *The Daily News* (*Batavia, N.Y.*), 1901−06−07(1).

② Many Books for a Chinese Library[N]. *The Daily News* (*Batavia, N.Y.*), 1901−06−13(5). 原文如下："The appeal of Miss Elizabeth Wood of Batavia, a teacher in the Boone School at Wuchang, China, for books for a library at the school, is meeting with considerable success. Already about 75 books have been left with John H. Wood at No. 80, Main Street and will be forwarded to the school as soon as contributions cease to be received."

③ About 200 Books for China[N]. *The Daily News* (*Batavia, N.Y.*), 1901−06−21(6). 原文如下："The appeal of Miss Elizabeth Wood of Batavia, who is a teacher in the Boone School at Wuchang, China, for books for the formation of a library at that place, continues to meet with a liberal response. Her brother, John H. Wood, has received about 200 books, besides a large number of magazines. Contributions may be left at his store, No. 80 Main Street."

④ Books Wanted for Chinese Boys[J]. *The Churchman*, 1901, *84*(19): 607.

1902 年 1 月中旬,韦棣华收到了巴达维亚城居民捐赠的大批书籍。这批书籍也成为她在文华书院创办图书馆的起点。①

1902 年 5 月 17 日,《传教士》第 85 卷第 20 期(总第 2991 期)刊登了韦棣华写给该刊编辑的一封信,另取题名为《美国圣公会差会文华书院》。韦棣华在信中指出,已有许多书籍寄至文华书院,她希望以此创办一个阅览室。她还列出了一份特别需要的报刊名单,包括《哈泼斯杂志》《世纪杂志》《斯克里布纳杂志》《展望》《圣尼古拉斯杂志》《哈泼斯圆桌杂志》《青年伴侣》《哈泼斯周刊》《莱斯莉周刊》《纽约星期日论坛报》等,并恳请订阅了这些报刊的美国友人将其寄赠给文华书院。②

1902 年 8 月 9 日,《巴达维亚每日新闻报》第 5 版刊登了一则报道,称韦棣华刚刚来函介绍情况。据韦棣华所说,文华书院此时的藏书数量已经增加到近 900 册,而且还将继续增加。不过,她对巴达维亚城居民捐赠的一箱书籍及其表现出来的兴趣最为感激。③值得一提的是,住在巴达维亚城高地公园的阿舍•S. 戴维斯夫妇的小儿子诺顿•S. 戴维斯捐赠了一包书籍,其中一本写有其姓名和地址。因此,在 1903 年年中(大约 5 月或 6 月),一位文华书院学生特地给诺顿•S. 戴维斯写了一封感谢信,落款是"你最亲爱的中国朋友"。他在信中介绍了文华书院的情况与自己参加的野外活动,并且恳请诺顿•S. 戴维斯或其他人给他写信。④

---

① The Past and Present[N]. *The Daily News* (*Batavia, N.Y.*), 1902−08−09(5). 原文如下:"Miss Elizabeth Wood of Batavia, who is teaching in the Boone mission school in Wuchang, China, writes that the large quantity of books donated to her school by Batavians, which reached her the middle of last January, made the beginning of an library which has since grown to nearly 900 volumes, with more to follow. 'But of all the donations received,' she says, 'I appreciated particularly the box from Batavia friends and the interest they showed in the plan.'"

② Elizabeth Wood. Boone School, American Church Mission[J]. *The Churchman*, 1902, *85*(20): 620.

③ The Past and Present[N]. *The Daily News* (*Batavia, N.Y.*), 1902−08−09(5). 原文如下:"Miss Elizabeth Wood of Batavia, who is teaching in the Boone mission school in Wuchang, China, writes that the large quantity of books donated to her school by Batavians, which reached her the middle of last January, made the beginning of an library which has since grown to nearly 900 volumes, with more to follow. 'But of all the donations received,' she says, 'I appreciated particularly the box from Batavia friends and the interest they showed in the plan.'"

④ Chinese Boy's Letter[N]. *The Daily News* (*Batavia, N.Y.*), 1903−07−01(1).

第三节　征八角亭，建藏书室

　　裘开明在其所撰写的《文华公书林的过去、现在与将来》一文中指出："实际上，文华公书林的历史远不止十年。它可以追溯到 1894 年。现在充当文华大学合唱团训练大厅的八角亭当时扮演着阅览室的角色，并且被其使用者称为'八角亭图书馆'。里面的大多数书籍可以归入宗教类，另有少数被归入杂项。只有外国传教士和少数神学科学生可以利用这个图书馆。"[①]1921 年文华大学编印的英文版《文华大学（1871—1921）》则指出，在 1896 年左右，"校园生活不像早期那样单调。周六下午不上课。男生们除了玩中国（传统）游戏，还学会了踢足球和打棒球。星期天晚上，男生们列队走进八角亭。当时，八角亭扮演着图书馆的角色。他们一排排地坐在里面，看各种插图杂志上的图片。每看完一本杂志，他们就互相交换。但是，那些年龄稍大一点或资历略深一点的男生经常欺骗年少或新来的学生，只给他们看那些较旧的或者插图较少的杂志。"[②] 可见，在韦棣华来到中国之前数年，文华书院就有了图书馆的雏形，而且就设在八角亭。

　　裘开明还指出："1901 年，已故的翟雅各神父接管了文华书院。他意识到需要有一个学校图书馆，所以立刻拨出一个房间充当图书馆。"[③]《文华大学（1871—1921）》中记载了 1901 年，文华书院成立了基督教青年会。该会成立之后，开展

---

① Alfred K. M. Chieo. Boone University Library Past, Present and Future[J]. *The Boone Review*, 1920, *15*(4): 327-330. 原文如下："The history of the Boone University Library really covers more than ten years. It dates way back to the year 1894, when the Eight-Angle Pavilion now used as the Boone Glee Club Hall served the purpose of a reading room, which was called the Octagon Library by those who used it. Most of the books were catalogued under the subject of 'religion,' with a few exceptions which were classified as miscellaneous. The foreign missionaries and the handful of theological students alone had access to this library."

② Boone University. *Boone University 1871-1921*[M]. Wuchang: Boone University, 1921: 4. 原文如下："School life too was not so monotonous in this period as in the early days. There was no school on Saturday afternoons. Aside from the Chinese games, they were now taught how to play football and baseball. On Sunday evenings，the boys marched into the Octagon which then served as a sort of library where they sat in rows looking at pictures in various illustrated magazines which were to be exchanged and passed on to one another after each copy had been gone through. But the bigger and older boys used to cheat the small and new comers by giving them only old copies and those containing few pictures."

③ Alfred K. M. Chieo. Boone University Library Past, Present and Future[J]. *The Boone Review*, 1920, *15*(4)：327-330.

了多种活动,其中就包括协助管理校内的一个中文图书馆。① 从时间上来判断,基督教青年会协助管理的这个中文图书馆应当就是翟雅各拨出房间创办的那个图书馆。

不过,无论是始于 1894 年的八角亭图书馆,还是 1901 年创办、基督教青年会协助管理的那个中文图书馆,都跟韦棣华本人发起创办的图书馆及后来的文华公书林没有直接的联系。事实上,《文华大学(1871—1921)》明确指出:"文华公书林始创于 1902 年。"②1925 年 1 月 10 日,《大陆报》第 1—2 版所载《第一流女说客从华盛顿归来》一文在介绍韦棣华时亦称:"1902 年,她在那里创办了一个图书馆,至 1910 年向公众开放。"③再综合前文所述,可以推断,自其于 1902 年1 月中旬收到从美国寄来的巴达维亚城居民的赠书以后④,韦棣华开始着手在文华书院独立创办一个图书馆。不过,该馆起初相当简陋,仅占用了 1921 年充当三年级教室的那个房间的一半。⑤1908 年,从文华大学文科毕业并获文学士学位⑥ 的郑和甫在其于 1931 年 4 月 11 日写给沈祖荣的信件中亦指出:"当我回首我的学生时代时,我仍然清楚地记得后来发展起来的文华公书林的小开端。那时,它还只是一个书架,就放在现在与多玛堂相连的南楼西端那个教室的角落里。我每天都在那间教室上韦棣华女士的课,学习英语语法;她教了我们如此之多的语法图,那对中国学生学习英语真的很有帮助。因为生性迟钝,我恐怕已经忘了她在英语课上教的许多东西,但我无法忘怀她为创办图书馆都做了些什么。每天放学后,因为害怕被她叫去那小藏书室里干活,所以我们总是远离她。不过,当我们被她叫住时,她会说:'孩子们,这不是我的图书馆。这是你们的图书馆。过来帮忙吧!'她动人的话语和慈母般的语气使得我们尽管有些勉强,但

---

① Boone University. *Boone University 1871−1921*[M]. Wuchang: Boone University, 1921: 6. 原文如下:"The Chinese Library in the School Department is conducted under the auspices of this organization…"

② Boone University. *Boone University 1871−1921*[M]. Wuchang: Boone University, 1921:10. 原文如下:"The Boone Library, started in 1902…"

③ Champion Woman Lobbyist Returns From Washington[N]. *The China Press*, 1925−01−10(1−2). 原文如下:"Miss Wood has lived in China for 25 years, all of which time she has spent in library work at Boone University. She established a library there in 1902 which was opened to the public in 1910 and had the honor of starting the first school for the training of librarians in China."

④ The Past and Present[N]. *The Daily News* (*Batavia, N.Y.*), 1902−08−09(5).

⑤ Boone University. *Boone University 1871−1921*[M]. Wuchang: Boone University, 1921:10.

⑥ 华中大学 . 私立武昌华中大学历届毕业同学录 [M]. 武昌:华中大学,1935:1.

还是愿意给她帮忙，不管是写字，或是粘贴标签，或是抄写，或是写信。为了给创办图书馆寻求帮助，她常常给数以百计的美国人寄信。"① 显然，韦棣华创办的"文华公书林"的雏形远远称不上是一个独立的图书室或藏书室，更别说是一个真正的图书馆了。

1903 年，文华书院增设大学部，学制三年，称"正馆"；原有中学部与补习班则称"备馆"。② 韦棣华于 1906 年撰文指出："三年前，大学部成立，第一届学生将于明年元旦毕业。大部分课程都是采用英语，因为那是学生来此求学的主要目的。既然开设了此类课程，图书馆就不可或缺。如果没有向我们提供书籍，那么学校的发展就将遭遇重大阻碍。"③ 随着办学层次的提升，文华书院对图书馆的需求变得更为迫切。④ 为此，韦棣华再次致函《传教士》的编辑，以便加大宣传力度，征集更多的赠书。

1903 年 5 月 2 日，《传教士》第 87 卷第 18 期（总第 3041 期）刊登了韦棣华的来函，另取题名为《中国武昌文华书院图书馆》。目前所见，这是韦棣华首次使

---

① Lindel P. Tseng. Miss Mary Elizabeth Wood: A Letter of Appreciation[J]. *Boone Library School Quarterly*, 1931, 3(3): 14−15. 原文如下："As I look back to my school days I can still see in my mind very clearly the small beginning of the later developed Boone Library. It was then no more than a small shelf of books standing in the corner of the classroom on the west end of the South Building now connected with Thomas Hall. I was in that room everyday learning English Grammar in Miss Wood's class and she taught us so much Grammar Diagrams which was a real help to Chinese students learning English. I am afraid, being a dull student, I must have forgotten a great deal of what she taught in English, but I cannot forget what she did in developing the Library. Everyday after school hours we used to keep away from her for fear of being asked to work in the then little book room. But when we were caught by her she would say, 'Boys, this is not my library; it is yours, come and help!' Her appealing words and motherly tone made us reluctantly willing to help her either in writing or pasting labels or copying or addressing letters. She used to send letters by the hundreds to America for help for the Library."

② 张安明, 刘祖芬. 江汉昙华林——华中大学 [M]. 石家庄：河北教育出版社，2003：11；彭敏惠. 文华图书馆学专科学校的创建与发展 [M]. 武汉：武汉大学出版社，2015：60.

③ Starting a Library in a Chinese City[J]. *The Churchman*, 1906, 93(9): 323−324. 原文如下："Three years ago a college department was formed and the first class will be graduated at China New Year. The larger part of the work is taken in English, for that is what students come here for especially. With such courses of study, a library is a necessity, and if books had not been given us, the progress of the school would have been much impeded."

④ Alfred K. M. Chieo. Boone University Library Past, Present and Future[J]. *The Boone Review*, 1920, 15(4): 327−330.

用"文华书院图书馆"（对应英文为"Boone School Library"）这一专有名词。这似乎表明，韦棣华直到此时才正式开始在文华书院创办图书馆事业。韦棣华在信中指出，她以一间教室充当藏书室兼阅览室，里面已经拥有1 200多册书籍。每天下午放学后，学生就聚集在那里看书；放假时，他们也会借些书籍带回家中。她认为，这个小小的藏书室对学校和学生都起到了很大的帮助。但她也指出，文华书院即将建成科学馆并增开科学课程，所以需要征集化学、物理学、地质学、天文学、自然历史等领域的书籍；高年级学生开始学习英国文学，所以需要征集英国文学或其他国家文学方面的书籍；藏书室缺少史籍和传记，所以特别需要西奥多·蒙森的《罗马史》、爱德华·吉本的《罗马帝国衰落史》、乔治·格洛特的《希腊史》以及普鲁塔克的《希腊罗马名人传》等书。此外，文华书院是一所教会学校，所以她还专门列举了一份神学书单，包括德奥比涅的《十六世纪宗教改革史》，弗雷德·霍维·艾伦的《写给青年的宗教改革史》、威廉·史密斯的《史密斯圣经词典》、亨利·哈特·米尔曼的《犹太人史》、乔治·罗林森的《以色列国王和犹大》、詹姆斯·弗里曼·克拉克的《十大宗教》、威廉·麦克卢尔·汤姆森的《圣地与圣经》以及阿尔弗雷德·爱德生的《耶稣的生平与时代》。[1]

随着从美国收到的赠书越来越多，最初征用的那半个教室渐渐不敷使用。于是，韦棣华征用了多年前就已经充当过图书馆或藏书室角色的那个八角亭。后世研究者干脆将其称为"八角亭图书室"[2]。不过，韦棣华在1908年以"华棣"之名自刊的《文华书院藏书室》小册子中，只称"藏书室"而不称"图书馆"或"图书室"[3]。因此，将其称为"八角亭藏书室"可能会更加准确。

八角亭藏书室面积很小，只有"十余平方米"[4]或"不足二十平方公尺"[5]。不

---

① Elizabeth Wood. China. Boone School Library, Wuchang[J]. *The Churchman*, 1903, *87*(18): 597.

② 陈碧香. 韦棣华生平考辨 [J]. 大学图书馆学报,2013（6）:117.

③ 华棣. 文华书院藏书室 [M]. 武昌:华棣自刊,1908. 另:《文华书院藏书室》并未标注日期，但应当是1908年1月韦棣华从美国返回武昌之后才刊印的。

④ 程焕文. 文华精神:中国图书馆精神的家园——纪念文华图专80周年暨宗师韦棣华女士和沈祖荣先生 [G]// 马费成. 世代相传的智慧与服务精神——文华图专八十周年纪念文集. 北京:北京图书馆出版社,2001:231.

⑤ 周洪宇. 不朽的文华——从文华公书林到文华图书馆学专科学校 [M]. 武汉:华中师范大学出版社,2013:6.

过，毕竟它拥有专门的藏书与阅览空间，所以《文华大学（1871—1921）》称之为
"第一个文华图书馆"。①

图 4-1　八角亭藏书室②

在韦棣华的努力下，至 1906 年初，八角亭藏书室已经有 1 500 多册书籍，其中多数是对韦棣华创办图书馆计划感兴趣的美国朋友的赠书③。1907 年 5 月左右，八角亭藏书室的藏书量增加到 3 000 多册④。尽管空间过于狭窄，馆藏也不够丰富，但八角亭藏书室对于文华书院学生来说无疑具有极大的吸引力。而且，它也确实为文华书院的教学活动提供了不小的助力。据韦棣华自述："无论是在学期中还是在假期内，学生持续不断地使用这些书籍，而流动书库也已经开始创

① The First Boone Library[G]//Boone University. *Boone University 1871-1921*. Wuchang: Boone University, 1921: No Paging（第 28-29 页之间）.

② The First Boone Library[G]//Boone University. *Boone University 1871-1921*. Wuchang: Boone University, 1921: No Pag ing（第 28-29 页之间）.

③ Starting a Library in a Chinese City[J]. *The Churchman*, 1906, *93*(9):323-324. 原文如下："From these gifts, made by friends interested, and with a very little help from other sources, has been built up gradually a library of over 1,500 volumes."

④ Mary Elizabeth Wood. Library Work in a Chinese City[J]. *Bulletin of the American Library Association*, 1907, *1*(4): 84-87. 原文如下："So from these various sources, an English library of over 3,000 volumes has been built up."

办，随时都可以发挥作用。如果这个小小的图书馆没有建立起来的话，文华书院的教育事业早就遇到重重障碍了。"①

图 4-2　八角亭藏书室里的读者（1906 年）②

　　除了为文华书院的师生提供服务，韦棣华还致力于将八角亭藏书室的影响力扩展到文华书院的校园之外。1907 年前后，她就开始积极地为武昌地区其他学校的学生提供教育领域的服务，包括举办科学讲座等，极受欢迎。后来，她又试着开放了一间备有中文期刊的阅览室，也取得了巨大的成功。③

---

① Mary Elizabeth Wood. Library Work in a Chinese City[J]. *Bulletin of the American Library Association*, 1907, *1*(4): 84-87. 原 文 如 下："The students have made constant use of these books, both during the school term, and the vacations, and the traveling library has been made to play its part also whenever possible. The educational work of the college would have been much impeded if this small library had not come into existence. "

② Starting a Library in a Chinese City[J]. *The Churchman*, 1906, *93*(9): 323-324. 另：这张照片又载于 1907 年 1 月《差传精神》第 72 卷第 1 期（具体参见：Miss M.E. Wood. A Christian Library for Central China[J]. *The Spirit of Missions*, 1907, *72*(1): 9-14.）中，其下标注 "A Corner of Boone College Library"（直译为"文华书院图书馆一角"）。

③ Mary Elizabeth Wood. Library Work in a Chinese City[J]. *Bulletin of the American Library Association*, 1907, *1*(4): 84-87.

第五章　首次返美

第一节　首次返美，全家团圆

1903年，文华书院开始增设大学部。不过，此后三年，该校的英文校名仍然使用"Boone School"。1906年1月14日，文华书院大学部首届七名学生毕业，意味着该校走完了从中等学校升格为专科学校的历程。[①] 此后，文华书院的英文校名更多地改用"Boone College"。

随着学校办学层次的提升，文华书院的学生越来越多，再加上藏书数量日渐增加，八角亭藏书室的狭小空间渐渐无法满足馆藏发展与读者阅览的需要。此外，武汉地区的其他教会学校与公立学校同样发展得十分迅速，学生总数飞速增长。这都对图书馆事业的发展提出了更高要求。1906年2月，《差传精神》第71卷第2期所载《美国圣公会汉口教区的政策与当前需要》一文在介绍汉口教区的神学教育时就指出："现在的建筑已经够用了。少量拨款就足以应付目前的开支。但是非常需要一个完备的图书馆。这应当不只是一个神学图书馆，而是一个普通图书馆，拥有大量的英语标准图书。除了利用收入逐年增购新书外，还应当接受捐赠。"[②] 针对此种形势，韦棣华决定筹款建设一栋全新的、独立的图书馆

---

① The Reverend Laurence B. Ridgely. The First Commencement Day at Boone College, Wuchang[J]. *The Spirit of Missions*, 1906, 71(5): 355−357. 原文如下："Boone School is now completely embarked on its career as Boone College."

② The Policy and Present Needs of the American Church Mission in the District of Hankow[J]. *The Spirit of Missions*, 1906, 71(2): 125. 原文如下："The present building is sufficient. A small appropriation is enough for current expenses. But there is great need of a thoroughgoing library. This should be not merely theological but general, a large collection of standard works in English, and should have an endowment from the income of which new books can be added year by year."

大楼,以满足文华书院师生及武昌其他学校师生与普通民众日益增长的阅览需求。她开始通过各种途径在美国宣传其筹建计划。

1906 年 3 月 3 日,《传教士》第 93 卷第 9 期(总第 3 189 期)刊登了一篇题为《在一座中国城市创办一个图书馆》的文章。该文并无署名,但文中介绍了在文华书院创办图书馆的重大意义。① 而且,1906 年 4 月 10 日,《巴达维亚每日新闻报》第 2 版刊登了一篇题为《在中国创办图书馆》的报道,其中提到韦棣华最近向《传教士》投稿介绍其在文华书院创办图书馆的计划。② 可见,《在一座中国城市创办一个图书馆》一文实为韦棣华所撰。

韦棣华在《在一座中国城市创办一个图书馆》一文中指出,文华书院藏书室此时已经拥有 1 500 多册藏书。但是,随着文华书院办学规模的不断扩大,藏书室也需要进一步扩充。而且,武昌的教育事业十分发达,学校多,学生也多。因此,她想要创办一个既能满足文华书院需求,又可以有条件地向武昌民众开放的图书馆。③

韦棣华此文很快就收到了成效。从第 72 卷第 3 期(1907 年 3 月)到第 75 卷第 5 期(1910 年 5 月),几乎每期《差传精神》刊登的《认捐致谢》都记载了美国各地居民或团体捐给韦棣华在武昌创办图书馆的具体款项(详见表 5-1)。这些捐款或注明是"专供在武昌创办图书馆"(对应英文为"Sp. For Library, Wuchang, Hankow"),或注明是"专供韦棣华女士在武昌创办图书馆"(对应英文为"Sp. For Miss Wood for Library at Wuchang"),或直接注明是"文华书院图书馆基金"(对应英文为"Boone College Library Fund"),等等。

---

① Starting a Library in a Chinese City[J]. *The Churchman*, 1906, *93*(9): 323–324.

② Library Building in China[N]. *The Daily News* (*Batavia, N.Y.*), 1906−04−10(2). 原文如下:
"Miss Elizabeth Wood, a well-known Batavian who is engaged in educational work in China, being connected with Boone school at Wuchang, contributes to *The Churchman* an interesting article, accompanied by illustrations, concerning the building up of a library for the school, and the need of and plans for a large public library in the city."

③ Starting a Library in a Chinese City[J]. *The Churchman*, 1906, *93*(9): 323–324.

表 5-1 《差传精神》(1907—1910 年)所见文华公书林建设专项捐款

卷号(期号)/出版时间	捐款金额(单位:美元)
72(3)/1907 年 3 月	153
72(4)/1907 年 4 月	43
72(5)/1907 年 5 月	180
72(6)/1907 年 6 月	845.2
72(7)/1907 年 7 月	188
72(8)/1907 年 8 月	72
72(9)/1907 年 9 月	66.91
72(10)/1907 年 10 月	85.21
72(11)/1907 年 11 月	125
72(12)/1907 年 12 月	116.4
73(1)/1908 年 1 月	1 706
73(2)/1908 年 2 月	692.5
73(3)/1908 年 3 月	840.7
73(4)/1908 年 4 月	250
73(5)/1908 年 5 月	1 174.68
73(6)/1908 年 6 月	169.63
73(7)/1908 年 7 月	22.6
73(8)/1908 年 8 月	150.61
73(9)/1908 年 9 月	10
73(10)/1908 年 10 月	6
73(11)/1908 年 11 月	25
73(12)/1908 年 12 月	50
74(1)/1909 年 1 月	6
74(3)/1909 年 3 月	1 030
74(4)/1909 年 4 月	5
74(5)/1909 年 5 月	586.85
74(6)/1909 年 6 月	517
74(7)/1909 年 7 月	36.75
74(8)/1909 年 8 月	6
74(9)/1909 年 9 月	10
74(12)/1909 年 12 月	25
75(1)/1910 年 1 月	275
75(4)/1910 年 4 月	45
75(5)/1910 年 5 月	60
总计	9 575.04

与此同时,韦棣华决定亲自返回美国推进筹建工作。她征得美国圣公会差会的批准,获得了为期一年的假期。[①] 在她休假期间,文华书院成立了一个以翟雅各为主席的图书馆委员会负责管理相关事务。[②]

1906年7月7日,《巴达维亚每日新闻报》第4版刊登了一则题为《即将从中国归来》的报道,内称:"巴达维亚城的韦棣华已经在中国的一所由圣公会创办的教会学校里执教七年。她于6月27日离开中国,启程返回巴达维亚城。她将于7月20日从日本乘船返回美国,于8月10日左右抵达巴达维亚城。"[③] 此处的"她于6月27日离开中国"当为误记。韦棣华应当是于1906年6月27日离开武昌,乘江轮前往上海,再乘坐海轮东行,途中经停日本,又于7月20日在日本重新启程前往美国,并计划于8月10日左右回到家乡巴达维亚城。

不过,1906年8月8日,《罗切斯特城民主纪事报》第4版刊登了一篇题为《韦棣华女士从中国归来》的报道,内称:"巴达维亚城8月7日讯:韦棣华女士在离开七年之后终于回到了本城。她是前任理奇蒙德纪念图书馆馆长,后一直在中国武昌从事传教工作,归属美国圣公会监管。她对其工作充满了热情。当有人问她是什么使得一名年轻女性到中国工作时,她回答称美国人并不了解中国。当有人问她中国是否正在觉醒,她说:'它当然正在觉醒,而且它正在变得无比清醒。'她预计将在美国待上一年,然后返回东方继续自己的工作。"[④] 考虑到新闻

① Mission Library in Wu Chang to Be Run on American Plan[N]. *The Brooklyn Daily Eagle*, 1906-11-25(6). 原文如下:"She has been granted a year's leave of absence by the Board of Episcopal Missions."

② Alfred K. M. Chieo. Boone University Library Past, Present and Future[J]. *The Boone Review*, 1920, 15(4): 327-330.

③ Coming Home From China[N]. *The Daily News* (*Batavia, N.Y.*), 1906-07-07(4). 原文如下: "Miss Elizabeth Wood of Batavia, who has been a teacher in an Episcopal mission school in China seven years, left that country, for Batavia on June 27th. She will sail for the United States from Japan on July 20th and will arrive in town about August 10th."

④ Miss Wood Home From China[N]. *Rochester Democrat and Chronicle*, 1906-08-08(4). 原文如下:"Batavia, Aug. 7-Miss Mary Elizabeth Wood, formerly librarian of the Richmond Library, who has been engaged in missionary work, under the supervision of the American Episcopal Mission, at Wu Chang, China, has returned to this village, after an absence of seven years. Miss Wood is enthusiastic in regard to her work and when asked what could induce a young woman to take up a career in China, replied that the Americans do not know the country. In reply to the question as to whether China was awakening or not. She said, 'It certainly is, and very wide awake it is becoming, too.' She expects to remain in this country for a year, when she will return to the Orient and resume her work."

报道的时效性,韦棣华应当是于 1906 年 8 月 7 日回到巴达维亚城的。

1907 年夏,韦棣华又与韦德生一同返回巴达维亚城。两人的其他兄弟,包括住在塞尼卡福尔斯城的威廉·伍德、住在费城的乔治·弗雷德里克·伍德、住在俄亥俄州汉密尔顿城的奥古斯都·伍德也都陆续携带家人回来。这样一来,伍德家族七兄妹(姐弟)终于团圆。1907 年 7 月 8 日下午,他们一起到巴达维亚城北的惠特尼湖野餐。①

大约在 1907 年 11 月 1 日,韦德生一人先行返回中国。②1907 年 12 月 23 日晚上,韦棣华从巴达维亚城出发,先去俄亥俄州汉密尔顿城,再转往加利福尼亚州旧金山市。③1908 年 1 月 20 日,韦棣华从旧金山乘船返回中国。④从 1906 年 8 月至 1908 年 1 月,韦棣华在美国逗留了大约 18 个月。恰如温克尔曼所述:"1906 年,韦棣华返回美国。她此行有两大任务,即为计划建设的图书馆大楼筹集资金并将自己训练为一名专业的图书馆员。关于前者,无论受邀至何处,她都发表演讲,以便筹集资金。至于后者,她则是前往纽约布鲁克林的普拉特学院进修。她在美国待了大约 18 个月,全身心地投入到这两大任务中去。"⑤

第二节　入普拉特,进修圕学

在巴达维亚城与亲朋团聚一段时间后,韦棣华于 1906 年 9 月前往纽约市布鲁克林区普拉特学院图书馆学院进修。对此,1906 年 11 月 25 日,《布鲁克林每

① Wood Family Reunion[N]. *The Daily News* (*Batavia, N.Y.*), 1907-07-08(1).

② Talk by Miss Wood Full of Interest[N]. *The Daily News* (*Batavia, N.Y.*), 1907-12-23(4). 原文如下:"Her brother, the Rev. Robert E. Wood, was also in this country, but returned to China about November 1st."

③ Talk by Miss Wood Full of Interest[N]. *The Daily News* (*Batavia, N.Y.*), 1907-12-23(4). 原文如下:"She will leave Batavia tonight for Hamilton, O. , proceeding to San Francisco, Cal. , whence she will call for China early in January."

④ A Library in Sight for Wuchang[J]. *The Spirit of Missions*, 1908, *73*(1): 53. 原文如下:"MISS M. E. WOOD, of the District of Hankow, is returning to China on January 20th."

⑤ John H. Winkelman. Mary Elizabeth Wood (1861-1931): American Missionary-Librarian to Modern China[J]. *Journal of Library and Information Science*, 1982, *8*(1): 63. 原文如下:"In 1906 she returned to the United States and undertook the dual task of raising funds for the proposed library building and training herself as a professional librarian. The former she did by speaking wherever she was invited and the later at Pratt Institute in Brooklyn, New York. She remained in the United States for about eighteen months engaged in these tasks."

日鹰报》第 6 版刊登了一篇题为《传教士将按照美国式计划在武昌创办图书馆》的报道,指出:"韦棣华女士目前是普拉特学院图书馆学院的一名学生。她正在为一个职位作准备。这个职位跟注册学习该课程的多数年轻女性的目标截然不同。她在此学习是为了让自己成为中国武昌一个图书馆的馆长。这个图书馆将按照一份经过严格审核的美国式计划进行运作。"这篇报道还摘录了韦棣华之前某天对其工作情况所作的介绍。韦棣华首先提到了她到普拉特学院进修的目的:"我于 9 月来到普拉特学院,为的是学习如何让我们自己的图书馆变得更加系统化。可能我没有必要读完整个课程,因为在前往中国之前,我在本州自己家乡那里就有一些在图书馆工作的经验。因此,在这一年假期的最后一段时间里,我希望自己能够将时间用于让人们对我们的图书馆产生兴趣。我们的想法是最终创办一个公共图书馆。"然后,她详细地介绍了八角亭藏书室的相关情况,包括藏书都是英文书籍;拥有一个装修得很好期刊阅览室;暑假期间允许学生将书籍借回家中阅览;创办了巡回文库,为派驻山区和内陆的传教士服务。[①] 这篇报道还附有韦棣华的一张照片(见图 5-1)以及一张多名学生在八角亭藏书室里看书的照片。后者此前已经出现在 1906 年 3 月 3 日《传教士》第 93 卷第 9 期(总第 3189期)刊登的《在一座中国城市创办一家图书馆》一文中 [②]。

Miss Wood.

图 5-1　韦棣华照片 [③]

　　关于韦棣华在普拉特学院的学习经历,目前仍知之不详。据《普拉特学院免费图书馆年度报告(截至 1907 年 6 月 30 日)》,在 1906—1907 财政年度,普拉特

---

① Mission Library in Wu Chang to Be Run on American Plan[N]. *The Brooklyn Daily Eagle*, 1906-11-25(6).

② Starting a Library in a Chinese City[J]. *The Churchman*, 1906, *93*(9): 323-324.

③ Mission Library in Wu Chang to Be Run on American Plan[N]. *The Brooklyn Daily Eagle*, 1906-11-25(6).

学院免费图书馆每周四晚上都会举办故事会，并邀人来馆讲故事，以便吸引少年儿童。韦棣华出现在这份年度报告所载的"1906年10月—1907年5月故事会名录"中，可惜未标注具体日期。她的故事主题是《在华生活》，共有30个小孩前来听讲。值得注意的是，其姓名之前居然还以符号注明她当时是普拉特学院图书馆学院的职员，不知究竟何意。①

此外，1907年1月30日中午，普拉特学院图书馆学院校友会年度午餐会像往常一样在纽约市切尔西酒店举行。共有77人参加了本次午餐会，跟往年相比要多上许多。主讲人是当时在纽约公共图书馆工作的鲍士伟，其演讲主题是《纯文学中的公共图书馆》。韦棣华亦参加了本次午餐会，并且为校友们介绍了其规划中的文华书院图书馆，声称该馆不仅将为文华书院学生提供服务（作为大学图书馆），亦将为整个城市（武昌）提供服务（作为公共图书馆）。②1907年2月，美国《图书馆杂志》第32卷第2期所载《图书馆学校与培训班》中收有一份普拉特学院图书馆学院的报告，其中亦提到了韦棣华："中国武昌文华书院图书馆馆长、普拉特学院图书馆学院特别生韦棣华女士已经完成在校学习的任务，现在正将剩余假期用于为其图书馆征集赠书。该馆计划为文华书院及官立学校的本地学生与普通百姓做些新的工作，并改进服务。文华书院的医学课程将使用英语进行教学，因此，该馆迫切需要得到英国与美国的医学书籍。对韦棣华女士的激情与作出的牺牲有所了解的人们都非常希望她的事业能够取得成功。赠书可以寄到纽约第四大道281号圣公会差会会所，由其转交给韦棣华女士。"③综合来看，韦棣华应当是于1907年1月底或2月初结束了她在普拉特学院图书馆学院的进修任务。

第三节　四处宣讲，积极募捐

1907年1月，在即将离开普拉特学院图书馆学院之前，韦棣华在《差传精神》第72卷第1期上发表了《为华中地区创办一个基督教图书馆》一文，大力宣传其图书馆计划。她指出，纽约哥伦比亚大学前校长塞思·罗博士已经同意捐资，因为他相信在武昌创办一个高水平的图书馆将给中国和中国人民带来巨大

①　Isabel Ely Lord. *Report of Pratt Institute Free Library, for the Year Ending June 30, 1907*[M]. New York: The Marion Press, 1907: 12–13.

②　Library Schools and Training Classes[J]. *Library Journal*, 1907, *32*(2): 86–89.

③　Library Schools and Training Classes[J]. *Library Journal*, 1907, *32*(2): 86–89.

助益。①同期还刊登了一篇题为《一个有趣的建议》的短文,对《为华中地区创办一个基督教图书馆》进行了推介:"现在,通过本期登载的韦棣华女士撰写的这篇文章,吴德施主教建议教会明智地考虑扩建文华书院学生使用的那个小图书馆的可能性,直到它变成一个不但在武昌而且在华中地区的绝大多数地方都名副其实的公共图书馆……吴德施主教第一个建议在武昌这样重要的教育中心创办一个图书馆,既为整个社会提供服务,又可以充当中国人在全国各地其他城市自己创办图书馆的一种典范……吴德施主教称:'我希望华中地区的某些具有公益精神的朋友可以向这个图书馆捐赠足够的财物,以便我们能够让它既为文华书院也为更大范围的民众提供服务。'"②韦棣华后来还将《为华中地区创办一个基督教图书馆》与《一个有趣的建议》一起抽印成一本小册子,封面另附中文题名《文华书院》,正文不变,文末标注"*The Spirit of Missions*, January,1907"(见图5-2)。

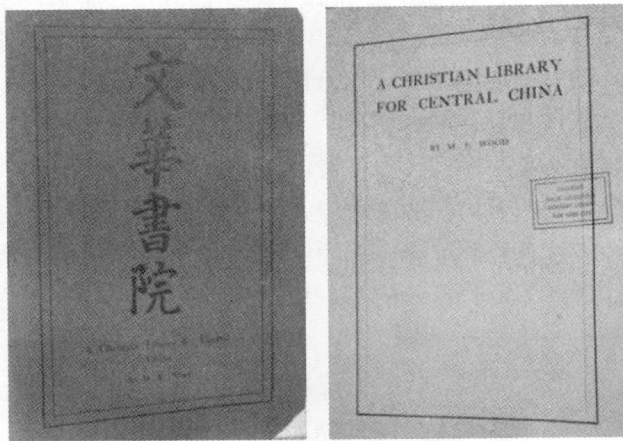

图 5-2 　《文华书院》书影（1907 年）

　　离开普拉特学院图书馆学院后,韦棣华充分利用自己的世俗传教士的身份及其与美国圣公会的紧密联系,到各地教堂与教会社团发表演讲,宣传其图书馆

---

① Miss M. E. Wood. A Christian Library for Central China[J]. *The Spirit of Missions*, 1907, 72(1): 9-14. 另:笔者曾将该文译成中文,并于 2014 年 2 月 25 日发表在笔者的科学网博客上,题为《一座中国城市的图书馆事业——韦棣华著述中译之一》(网址:http:// blog. sciencenet. cn/blog-672397-770752. html)。此外,1907 年,韦棣华以"华棣"之名自刊的《文华书院藏书室》中亦载有 "Library Work in a Chinese City" 的中文节译,但译者不详。具体参见:华棣. 文华书院藏书室[M]. 武昌:华棣自刊,1908:2-4.

② An Interesting Suggestion[J]. *The Spirit of Missions*, 1907, 72(1): 8.

计划,并积极募捐。据说,韦棣华此次返美共计发表了大约 130 次演讲。[①] 对此,美国报纸上多有报道。

1907 年 2 月 19 日下午,纽约克林顿大道公理教会传教士协会召开会议。韦棣华在会上激情澎湃地讲述了她在中国的工作情况,令与会者对其征集书籍创办图书馆的努力深感兴趣。[②]

1907 年 5 月 23—29 日,美国图书馆协会在北卡罗来纳州阿什维尔城召开第 29 届年会。韦棣华应当就是在此期间以文华书院教职员的身份加入了美国图书馆协会,会员编号是 4112。[③]

韦棣华原定于 1907 年 5 月 25 日宣读《一座中国城市的图书馆事业》,但因故取消。1907 年 5 月 27 日上午 9 时半,本次年会第三次大会在阿什维尔城巴特利公园酒店鲍尔厅举行,韦棣华在会上宣读了《一座中国城市的图书馆事业》一文。1907 年 7 月,《美国图书馆协会会报》第 1 卷第 4 期("七月号")整期刊登了《美国图书馆协会第 29 届年会(1907 年 5 月 23—29 日,北卡罗来纳州阿什维尔城)文件与议事录》,其中,全文收录了韦棣华的《一座中国城市的图书馆事业》。[④]

1907 年 7 月 20 日,《展望》第 86 卷第 126 期刊登了韦棣华撰写的一篇题为《作为传教工作一个阶段的图书馆》的短文。她在文中指出,中国采用西方的学校制度、教科书和教学方法,却忽略了教育事业中最为重要的因素之一——公共图书馆。因此,圣公会中国差会正努力争取各界的同情与支持,以便在武昌创办一家公共图书馆,收藏西学原著及其中文译本,以便持续影响中国人的思想。[⑤]

---

① Arthur Selden Llyod. The Seventy-Third Annual Report of Foreign Missions[G]//*The Annual Report of the Board of Missions 1907-08. Foreign Section*. New York: The Domestic and Foreign Missionary Society of the Protestant Episcopal Church in the United States of America, 1908: 29.

② Missionary Societies[N]. *The Brooklyn Daily Eagle*, 1907-02-23(3). 原文如下:"Miss Wood, who has been engaged in missionary work in China, gave a glowing account of her work there, and interested the members in her efforts to procure books for a library."

③ List of Members[J]. *Bulletin of the American Library Association*, 1907, 1(5): 63. 原文如下:Wood, Mary E.,Boone College, Wuchang, China. 4112.

④ 笔者曾将该文译成中文并于 2014 年 2 月 25 日发表在笔者开通的科学网博客上,题为《一座中国城市的图书馆事业——韦棣华著述中译之一》(网址:http://blog. sciencenet. cn/blog-672397-770752. html)。另:1907 年,韦棣华以"华棣"之名自刊的《文华书院藏书室》中亦载有 "Library Work in a Chinese City" 的中文节译,但译者不详。具体参见:华棣. 文华书院藏书室 [M]. 武昌:华棣自刊,1908:2-4.

⑤ Mary Elizabeth Wood. Library as a Phase of Mission Work[J]. *The Outlook*, 1907, 86(126): 18.

1907年10月15日下午,在吉布森主教家中,先由吴德施主教向在场众人介绍韦棣华。然后,韦棣华发表讲话,用极其生动有趣的语言介绍了她在中国武昌的传教工作。韦棣华女士的讲话给弗吉尼亚州里士满城的里士满青少年协会留下了深刻印象。后者于1907年10月22日以茶会的形式进行募捐,并将所得款项捐给文华书院,供其创办图书馆。①

1907年11月28日(感恩节当天),塞斯·罗和纽约格雷斯教堂的亨廷顿博士分别向文华书院捐赠了1 000美元和250美元,供韦棣华创办图书馆。②塞斯·罗的这笔1 000美元捐款被后世研究者认为是韦棣华此次返美之行收到的第一笔捐款。③

1907年12月7日,《华盛顿论坛报》第9版刊登了一篇题为《韦棣华女士将在圣约翰牧区教堂演讲》的报道,内称:"韦棣华女士将于下周一(1907年12月9日——笔者注)早上11时在圣约翰牧区教堂发表演讲,介绍这份一直跟文华书院联系在一起的教育领域的特殊工作。她打算在文华书院创办一个公共图书馆,以便接触汇聚在武昌这个中国中部地区文化中心的大批中国学生。"④

1907年12月19日下午4时,韦棣华在罗切斯特城圣路加教堂为圣公会妇女援助会会员演讲《武昌文华书院图书馆》⑤。当天晚上8时,罗切斯特城基督堂男子俱乐部在劳恩街教堂举行了一次开放会议,韦棣华莅临发表演讲。⑥其主题应当仍是介绍其图书馆计划以及吁请听众捐书。

---

① Several New Bishops to Be Elected at Meeting This Morning[N]. *Times Dispatch*, 1907−10−17(3). 原文如下:"In the home of Bishop Gibson in the afternoon Miss Wood, of China, was introduced by Bishop Roots, and gave a most interesting talk on the subject of her mission work at Wuchang, China. The Richmond Juniors, who have been much impressed by Miss Wood's talks, will devote the proceeds of a tea served by them on Tuesday to the library fund of the boy's mission college at Wuchang."

② Miss Wood to Speak at St. Johns Parish House[N]. *The Washington Herald*, 1907−12−07(9).

③ 程焕文.文华精神:中国图书馆精神的家园——纪念文华图专80周年暨宗师韦棣华女士和沈祖荣先生[G]//马费成.世代相传的智慧与服务精神——文华图专八十周年纪念文集.北京:北京图书馆出版社,2001:232;陈传夫.韦棣华传略[G]//马费成.世代相传的智慧与服务精神——文华图专八十周年纪念文集.北京:北京图书馆出版社,2001:253.

④ Miss Wood to Speak at St. Johns Parish House[N]. *The Washington Herald*, 1907−12−07(9).

⑤ Today's Doings[N]. *Rochester Democrat and Chronicle*, 1907−12−19(14); Missionary From China to Speak[N]. *Rochester Democrat and Chronicle*, 1907−12−19(14); Center of Learning in China[N]. *Rochester Democrat and Chronicle*, 1907−12−20(18).

⑥ Missionary From China to Speak[N]. *Rochester Democrat and Chronicle*, 1907−12−19(14).

1907 年 12 月 21 日晚，韦棣华在巴达维亚城埃利科特礼堂为速记员与簿记员、俱乐部成员及其他人介绍她在中国的传教事业。①

1907 年 12 月 22 日晚，韦棣华前往布法罗城林伍德大道与北大街交汇处的阿森松教堂参加礼拜仪式。礼拜仪式即将结束时，她发表了以东方民族的教育与文化事业为主题的演讲。从"提升其道德与心智"一语来看，其中应当涉及图书馆的教育功能。②可见，韦棣华此次其实是向听众宣传其图书馆计划。

1908 年 1 月 11 日，《传教士》第 97 卷第 2 期刊登了韦棣华撰写的《武昌：一座拥有众多学校的城市》。③

1908 年 1 月，《差传精神》第 73 卷第 1 期刊登了一篇题为《武昌有望创办一个图书馆》的短文，内称："汉口教区的韦棣华女士将于 1 月 20 日返回中国。在美国休假期间，她一直在努力筹款，创办一个隶属于武昌文华书院的图书馆。她预计需要 15 000 美元，现在已经收到大约 4 800 美元的捐款。纽约哥伦比亚大学前校长塞思·罗阁下也捐了款……尽管尚未筹到所需全部款项，但吴德施主教提议现在就开始建造一栋待后续捐款到账就可以随时扩建的图书馆大楼。尽管这个计划既不经济亦不令人满意，但在这种情况下，它无疑是最好的。无疑还有许多朋友听说过并且打算帮助推进这项事业。如果想要提供帮助，现在正当其时。捐款可以寄给纽约第 4 大道 281 号美国圣公会差会司库乔治·C. 托马斯。"④

此外，值得注意的是，不知是否得到了韦棣华的建议，陈宗良曾于 1906 年 9 月 21 日在武昌写信给《差传精神》的编辑，对向文华书院捐赠书刊或钱款的美国友人表示感谢，并且希望他们能够继续提供帮助。该信后载于 1906 年 12 月《差传精神》第 71 卷第 12 期，另取题名为《文华书院图书馆》。⑤

---

① Talk by Miss Wood Full of Interest[N]. *The Daily News* (*Batavia, N.Y.*), 1907−12−23(4).

② Missionary to Speak[N]. *The Buffalo Courier*, 1907−12−21(5). 原文如下："Miss M. E. Wood of Boone College, Wu Chang, China, will give an address at the close of the service at the Church of the Ascension, North Street and Linwood Avenue, Sunday evening. She will tell of the education of the oriental races and of the literary work that is being done there to elevate the moral and mental condition of the race. The Rev. Mr. Richards, pastor of the church, gave Miss Wood permission to speak to the audience after the regular service."

③ Mary Elizabeth Wood. Wuchang: A City of Schools[J]. *The Churchman*, 1908, 97(2): 49−51.

④ A Library in Sight for Wuchang[J]. *The Spirit of Missions*, 1908, 73(1): 53.

⑤ Archie T. L. Ts'en. The Boone School Library[J]. *The Spirit of Missions*, 1906, 71(12): 1030.

第六章　建公书林

第一节　重返中国，继续筹备

　　1908 年 1 月 20 日，韦棣华从旧金山乘船前往中国。平安返回武昌后，韦棣华继续积极宣传和筹备建馆事宜。1908 年 8 月，她在文华书院的校园出版物《文华温故集》中发表了《文华书院图书馆》一文。1909 年 1 月 31 日，《巴达维亚星期日时报》第 6 版以《武昌需要图书馆》为题转载了该文。1909 年 2 月，美国《图书馆杂志》第 34 卷第 2 期同样转载了该文，题名改为《中国武昌文华书院图书馆》。韦棣华指出，她已经收到了一笔 7 000 多美元（相当于 15 500 个墨西哥鹰洋）的捐款。另外还有其他人承诺捐款。一旦这些承诺兑现，将至少增加 16 000 个墨西哥鹰洋。韦棣华还介绍了其工作进展，包括正在洽购土地用于建造图书馆大楼，及聘请在汉口执业的建筑师德希斯设计图书馆大楼图纸等。根据德希斯的设计图，这栋图书馆大楼包括上、下两层。一楼辟有多间阅览室、书库、参考室等；二楼充当大礼堂，可以容纳 600—700 人。不过，当时已经收到的捐款只够用来购买土地及建造一楼，所以韦棣华必须再筹集 4 000 美元用于建造二楼，以免不能一次建成，留下麻烦。①

　　与此同时，韦棣华还以"华棣"之名自刊了一本题为《文华书院藏书室》的小册子。该书卷首载有"文华书院藏书室前面图"（见图 6-1）与"文华书院藏书室内部平面图"（见图 6-2），即德希斯的设计图稿。正文载有一份《藏书室启》以及不知何人完成的《一座中国城市的图书馆事业》的中文节译版本；最后还附

---

① Mary Elizabeth Wood. Boone College Library, Wuchang, China [J]. *Library Journal*, 1909, *34*(2): 54–55.

有文华书院藏书室印制的捐书证书（见图6-3）。《藏书室启》使用古雅中文撰成，当非韦棣华自撰。

图6-1　文华书院藏书室前面图 [①]

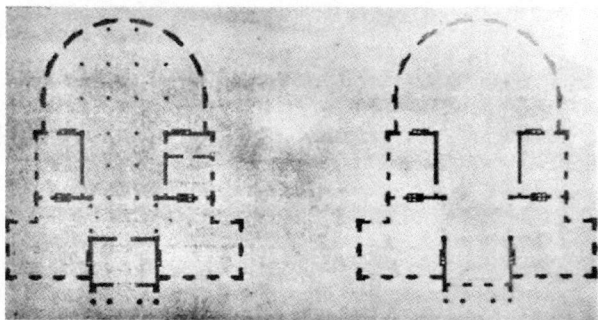

图6-2　文华书院藏书室内部平面图 [②]

---

① 文华公书林，今夜让我们再次将你忆起！[EB/OL].[2016-04-26]. https:// kknews. cc/ culture/p8rrx8. html. 另：此图跟《文华书院藏书室》（华棣.文华书院藏书室[M].武昌：华棣自刊，1908：卷首）和《江汉昙华林——华中大学》（张安明，刘祖芬.江汉昙华林——华中大学[M].石家庄：河北教育出版社，2003：17）刊登之图一样，但后二者较为模糊，此处不用。

② 张安明，刘祖芬.江汉昙华林——华中大学[M].石家庄：河北教育出版社，2003：17.另：此图与《文华书院藏书室》刊登之图（华棣.文华书院藏书室[M].武昌：华棣自刊，1908：卷首）一样，但后者较为模糊，此处不用。

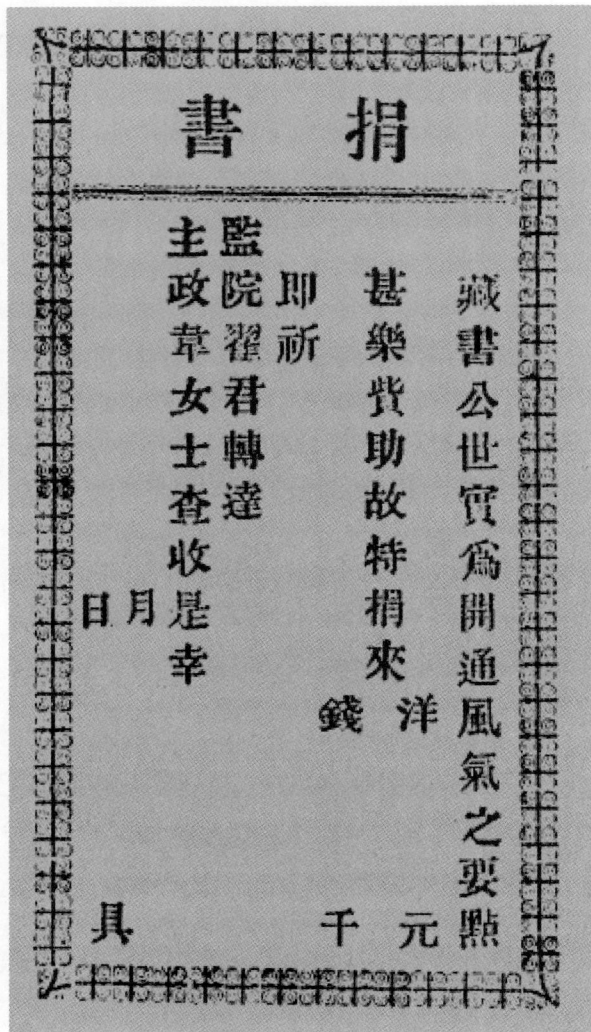

图 6-3 文华书院藏书室捐书证书 [①]

此外,韦棣华的亲朋好友及美国妇女援助会、美国圣公会教会期刊俱乐部等团体捐赠的书刊仍源源不断地自美国寄往文华书院[②]。比如,1908年,美国圣公会

① 华棣.文华书院藏书室[M].武昌:华棣自刊,1908:5.

② Samuel T. Y. Seng. Miss Mary Elizabeth Wood, The Queen of the Modern Library Movement in China [J]. *Boone Library School Quarterly*, 1931, *3*(3): 9.

教会期刊俱乐部波士顿以马内利教堂分部就捐赠了一箱现代历史方面的书籍①。各方捐款也一直在持续增加。

1908 年下半年，韦棣华终于在思殷堂（文华书院大学部教学楼）附近购得了一块好地②，即龚家花园③，作为建造图书馆大楼的用地。

第二节　书林落成，艰难起步

1909 年，文华书院正馆将学制改为四年，并于当年年底在美国立案，定名为"文华大学校"（英文校名为"Boone University"，一般简称"文华大学"）；备馆则改称"文华大学校中学部"，后来又独立办学，称"文华中学"。④ 为了适应学校升格后面临的新形势、新要求⑤，图书馆大楼（为表述方便起见，下文直接称之为"文华公书林"）的开工建设提上了日程。1909 年春，签订了建设合同⑥。1909 年 6 月 1 日⑦（或称是在 1909 年 6 月 2 日⑧），举行了奠基典礼（见图 6-4）。当天，空中乌云密布，在举行奠基典礼的过程中突遇暴雨，但这些没有减弱众人的热情。文华大学铜管乐队、文华大学（包括中学部）的 370 名学生、唱诗班和神职人员、吴德

---

① Miss Madeline Reynold. The Church Periodical Club, Emmanuel Church Branch [G]// *The Yearbook of Emmanuel Parish, Boston, Year Ending Advent, 1908*. Boston: Emmanuel Parish, 1908: 108−111.

② Alfred K. M. Chieo. Boone University Library Past, Present and Future [J]. *The Boone Review*, 1920, 15(4): 327−330. 原文如下："A very nice piece of land near the present Ingle Hall was bought in the latter half 1908…"

③ 全廉. 韦棣华与"文华公书林"[G]// 武汉地方志编纂委员会办公室. 春兰秋菊集——《武汉春秋》二十年文存. 武汉: 武汉出版社, 2003: 12.

④ 彭敏惠. 文华图书馆学专科学校的创建与发展[M]. 武汉: 武汉大学出版社, 2015: 60.

⑤ 程焕文. 文华精神: 中国图书馆精神的家园——纪念文华图专 80 周年暨宗师韦棣华女士和沈祖荣先生[G]// 马费成. 世代相传的智慧与服务精神——文华图专八十周年纪念文集. 北京: 北京图书馆出版社, 2001: 233.

⑥ Edward M. Merrins. Boone University Library: A Step Forward [J]. *The Spirit of Missions*, 1910, 75(8): 673.

⑦ Rev. S. H. Littell. The First Public Library in China [J]. *The Spirit of Missions*, 1909, 74(10): 851; 程焕文. 文华精神: 中国图书馆精神的家园——纪念文华图专 80 周年暨宗师韦棣华女士和沈祖荣先生[G]// 马费成. 世代相传的智慧与服务精神——文华图专八十周年纪念文集. 北京: 北京图书馆出版社, 2001: 233.

⑧ Edward M. Merrins. Boone University Library: A Step Forward [J]. *The Spirit of Missions*, 1910, 75(8): 673; Alfred K. M. Chieo. Boone University Library Past, Present and Future [J]. *The Boone Review*, 1920, 15(4): 327−330.

施主教等先后入场。雷德礼神父主持奠基仪式,韦棣华容光焕发地忙前忙后。[①]吴德施主教铺下奠基石[②]。值得一提的是,这块奠基石内嵌的盒子里装着各式各样的东西:一本英文《圣经》;一本中文祈祷书;一本写有捐赠者名录、文华大学教职员名录、文华公书林及文华大学发展简史的记录簿;文华大学各科系学生名录;文华校园照片;美国图书馆协会会员合影;当时流通使用的中国钱币,包括一串铜钱;当时流通使用的邮票;《差传精神》1909 年 4 月号;《文华温故集》和《文华学界》。[③]

图 6-4　文华公书林奠基典礼[④]

　　由于承建方的经验不足[⑤],经过将近一年的辛苦建设(见图 6-5),几经延误,文华公书林最终落成[⑥]。它从整体上抛弃了封闭式的中国传统庭院模式,其入口

---

① Rev. S. H. Littell. The First Public Library in China[J]. *The Spirit of Missions*, 1909, *74*(10): 851.

② Rev. S. H. Littell. The First Public Library in China[J]. *The Spirit of Missions*, 1909, *74*(10): 851; Edward M. Merrins. Boone University Library: A Step Forward[J]. *The Spirit of Missions*, 1910, *75*(8): 673; Alfred K. M. Chieo. Boone University Library Past, Present and Future[J]. *The Boone Review*, 1920, *15*(4): 327-330.

③ Rev. S. H. Littell. The First Public Library in China[J]. *The Spirit of Missions*, 1909, *74*(10): 851.

④ Rev. S. H. Littell. The First Public Library in China[J]. *The Spirit of Missions*, 1909, *74*(10): 850.

⑤ Edward M. Merrins. Boone University Library: A Step Forward[J]. *The Spirit of Missions*, 1910, *75*(8): 673.

⑥ Alfred K. M. Chieo. Boone University Library Past, Present and Future[J]. *The Boone Review*, 1920, *15*(4): 327-330.

朝向人来人往的街巷,而非文华大学的教学区或操场。[①] 大楼外观采用的是希腊神殿式建筑风格,端庄凝重[②](见图6-6与图6-7)。大楼内部装饰则是中外融合,令人印象深刻。楼内隔成一个个房间,起支撑作用的柱子由从新加坡购回的柚木制成,能够有效防止白蚁的侵袭。二楼是一个能够容纳650人的大礼堂,由奥利维亚·E. 菲尔普斯·斯托克斯女士为纪念其一年多前过世的妹妹卡罗琳·菲尔普斯·斯托克斯女士捐建而成,即一般所称的"司徒厅"。概而言之,文华公书林在当时中国的同类建筑中最大、最美。[③]

图6-5　建设中的文华公书林（右侧为思殷堂）[④]

图6-6　落成后的文华公书林（侧面）[⑤]

① 赵冰,刘卫兵. 公书林兴衰[G]// 何镜堂,郭卫宏. 多元校园绿色校园人文校园——第六届海峡两岸大学的校园学术研讨会会议论文集. 广州:华南理工大学出版社,2007:177-178.

② Edward M. Merrins. Boone University Library: A Step Forward[J]. *The Spirit of Missions*, 1910, 75(8): 673.

③ Edward M. Merrins. Boone University Library: A Step Forward[J]. *The Spirit of Missions*, 1910, 75(8): 675.

④ Rt. Rev. Logan H. Roots. Winning the Middle Kingdom[J]. *The Churchman*, 1909, 100(19): 674.

⑤ Edward M. Merrins. Boone University Library: A Step Forward[J]. *The Spirit of Missions*, 1910, 75(8): 672.

图6-7　落成后的文华公书林（背面）①

1910年5月15日晚,文华同门会(后改称"文华同学会")举行招待会,邀请中外人士出席,以庆祝文华公书林即将对外开放。文华同门会会长张祖绅②代表该会赠送了一块题写着"异苔同岑"四个大字的漂亮匾额(见图6-8),文华大学教员合送了两副对联,益智会赠送了一面龙旗,文华大学基督教青年会赠送了一册用中文编写的文华公书林简史。③

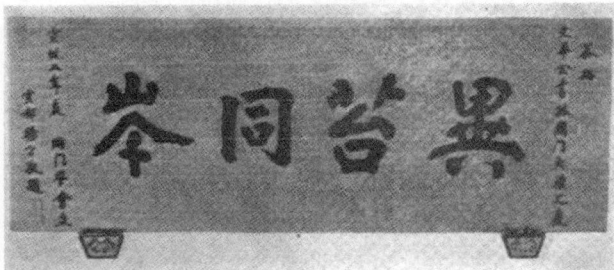

图6-8　文华同门会所赠"异苔同岑"匾额④

1910年5月16日上午,文华大学举行圣餐礼,为文华公书林及其捐赠者进

---

① Rear View of Boone University Library [J]. *The Boone Review*, 1920, *15*(4): No Paging (第 358–359 页之间).

② 张祖绅为1906年文华书院大学部第一届毕业生之一,后于1914年被补授文学士学位。具体参见:马敏,黄晓玫,汪文汉. 华中师范大学校史(1903—2013)[M]. 武汉:华中师范大学出版社,2013:10.

③ Edward M. Merrins. Boone University Library: A Step Forward [J]. *The Spirit of Missions*, 1910, *75*(8): 675.

④ Edward M. Merrins. Boone University Library: A Step Forward [J]. *The Spirit of Missions*, 1910, *75*(8): 673.

行祈祷。当日下午,天气晴朗,众多来宾汇聚在二楼大礼堂,参加文华公书林的开放庆典。吴德施主教与翟雅各校长站在讲台中央,两旁站着多位中国籍嘉宾及几位外籍神职人员与教职员。时任湖广总督的瑞澂(1863—1915)因病未能亲至,便派时任湖北省提学使的王寿彭(1875—1929)出席,另有 21 名官佐和仆人随行。此外,还有圣公会桂湘教区班为兰主教(1855—1928);几位英国籍神职人员;来自其他差会的代表;军政要员(见图 6-9);来自汉口等地,与差会无关但对其事业进展感兴趣的男女来宾以及文华大学的 420 名学生。康明德指挥的文华大学铜管乐队和萨缪尔·赵博士(音译)指挥的合唱团都进行了演奏和表演。①

图 6-9　出席文华公书林开放仪式的军政要员②

在本次开幕典礼上,吴德施主教、武昌教育会代理会长(姓名待查)、王寿彭、胡兰亭③先后进行了讲话。

吴德施对韦棣华及为文华公书林捐款或服务的其他人,尤其是康明德、小霍华德·理查德、惠勒女士及建筑师等人表示了感谢。最后,他还希望华中地区所有差会团结起来,努力创办一所基督教大学。④

武昌教育会代理会长指出,图书馆将给中国人带来巨大而持久的利益,因为它们将使中国人更广泛地了解世界和人类历史,从而帮助中国跟上其他发达国

---

① Edward M. Merrins. Boone University Library: A Step Forward [J]. *The Spirit of Missions*, 1910, *75*(8): 675.

② Edward M. Merrins. Boone University Library: A Step Forward [J]. *The Spirit of Missions*, 1910, *75*(8): 674.

③ 胡兰亭为胡庆生之父。

④ Edward M. Merrins. Boone University Library: A Step Forward [J]. *The Spirit of Missions*, 1910, *75*(8): 675–677.

家的步伐,直到全世界实现和平、友谊、团结。在场的学生听得非常认真,并为之热烈鼓掌。①

王寿彭表示对自己的所见所闻感到非常高兴,并且希望学生以后能够充分利用图书馆。可惜他的发言过于古雅,不易理解。②

胡兰亭简要介绍了文华公书林的起源与发展情况,敦促学生在学习西学的同时不要忽视学习国学。他还指出,作为一名女性,韦棣华为文华公书林的创办与发展作出了如此巨大的贡献,所以大家应当努力工作,让文华公书林的事业一直兴旺发达下去。③

之后,吴德施主教为众人祝福,然后举行茶叙,最后散会。④

值得注意的是,文华公书林弃用了最初设计图稿上面标注的中文名称"文华书院藏书室"。一般认为,"文华公书林"含有"公之于众而非为文华独有"的初衷。其英文全称为"Boone Library, Boone University",一般简称为"Boone Library"。尽管在名义上归属文华大学,但文华公书林从一开始便按照公共图书馆的方式进行运营,既为文华大学师生服务,也免费向民众开放。⑤恰如裘开明在《韦师棣华女士传略》一文中所说:"公书林者,民众化之公开的图书馆也。其馆址虽附设于文华,实非文华所私有,故不名'文华图书馆'而名为'公书林',盖欲以其所藏之图书公诸武汉各界之人士也。"⑥正因如此,文华公书林才会被誉为中国第一座真正意义上的公共图书馆。⑦

文华公书林落成之际,恰逢沈祖荣从文华大学文科毕业。⑧韦棣华力邀自己

---

① Edward M. Merrins. Boone University Library: A Step Forward [J]. *The Spirit of Missions*, 1910, *75*(8): 677.

② Edward M. Merrins. Boone University Library: A Step Forward [J]. *The Spirit of Missions*, 1910, *75*(8): 677.

③ Edward M. Merrins. Boone University Library: A Step Forward [J]. *The Spirit of Missions*, 1910, *75*(8): 677.

④ Edward M. Merrins. Boone University Library: A Step Forward [J]. *The Spirit of Missions*, 1910, *75*(8): 677.

⑤ 程焕文. 文华精神:中国图书馆精神的家园——纪念文华图专80周年暨宗师韦棣华女士和沈祖荣先生[G]//马费成. 世代相传的智慧与服务精神——文华图专八十周年纪念文集. 北京:北京图书馆出版社,2001:233-234.

⑥ 裘开明. 韦师棣华女士传略[J]. 中华图书馆协会会报,1931,6(6):7-9.

⑦ 吴晞. 图书馆史话[M]. 北京:社会科学文献出版社,2015:83.

⑧ 华中大学. 私立武昌华中大学历届毕业同学录[M]. 武昌:华中大学,1935:2.

的这位爱徒担任文华公书林协理(即副馆长),她本人则亲任总理(即馆长)。① 当时,中国的大学毕业生数量甚少,他们大多能够找到条件优裕、前途光明的工作。因此,当沈祖荣决定到文华公书林工作时,其亲戚朋友都表示反对。他后来回忆称:"当荣之方决定就公书林职事时,亲朋戚友谁都不赞成。当面阿谀,则说'方今各处需才孔亟,以你大学毕业,何事不可为?仍作此招护书籍的事业,不其长才短驭?'背地议论,非说某'毫无远志',即说某'学识平庸,不能充当学校的教员,不能做洋行的买办或写字,只有溷迹书丛,做书班的事业,这种整理书籍的工作,花费数元,雇一个失业的书贾担任足矣,何以在大学毕业之后,反去做这种工作,真是不可解。'似此热嘲冷讽,在风气未开的当时,固觉不堪,很难为情;但明眼有识者闻此不过付之一笑,所以当时在我并不为大困难。"② 可见沈祖荣当时面临着多么巨大的压力。好在沈祖荣意志坚定,毅然决然地步入了图书馆界,而且终生不渝,成为中国图书馆事业史与图书馆学教育史上的传奇人物。

大约在 1911 年四、五月间,沈祖荣就已经向美国图书馆协会申请入会③,并且很快获得批准,编号为 5106④。他由此成为加入美国图书馆协会的第一个中国人。⑤ 当时,他的英文名字为"Seng Tso Yüen",其身份是文华公书林中文部馆员。⑥

由于文华大学的经费有限,所以一开始的时候,文华公书林的职员极少,只有韦棣华跟沈祖荣两个人。韦棣华在文华大学身兼教职,所以文华公书林其实是由沈祖荣一人负责管理。"书林只荣一个人掌理,不似今日之有数同事……工作甚繁,很难办治。"⑦ 而且,沈祖荣虽然是文华大学毕业生,但他毕竟从未接受过正规的、系统的图书馆学专门教育与训练,对图书馆事务十分陌生,不明其中要理。他甚至以为,图书馆员的工作不过就是"惟保藏书籍,典司出纳"。⑧ 对于很多事务,他只能亦步亦趋,模仿美国图书馆界的既有做法。比如,在图书分类与

---

① 查启森,赵纪元. 文华公书林纪事本末[J]. 图书情报知识,2008(5):110.

② 沈祖荣. 在文华公书林过去十九年之经验[J]. 武昌文华图书科季刊,1929,1(2):160-161.

③ Notes and News [J]. *Bulletin of the American Library Association*, 1911, 5(3): 46.

④ New Members [J]. *Bulletin of the American Library Association*, 1911, 5(3): 43-44.

⑤ Notes and News [J]. *Bulletin of the American Library Association*, 1911, 5(3): 46.

⑥ Notes and News [J]. *Bulletin of the American Library Association*, 1911, 5(3): 46; Members [J]. *Bulletin of the American Library Association*, 1911, 5(5): 348. 原文如下:"In. Chinese Dept. Boone University L."

⑦ 沈祖荣. 在文华公书林过去十九年之经验[J]. 武昌文华图书科季刊,1929,1(2):167.

⑧ 沈祖荣. 在文华公书林过去十九年之经验[J]. 武昌文华图书科季刊,1929,1(2):162.

编目方面,他就是依据美国国会图书馆提供的目录卡片,依样画葫芦。[①] 但是,即便想要依样画葫芦,也得有现成的葫芦可以模仿才行。当时文华公书林可资利用的工具书只有一本《杜威十进分类法》第6版。[②] 要知道,《杜威十进分类法》始创于1876年,此后每隔若干年就推出新版。其中1899年推出第6版,1911年、1913年又分别推出第7版和第8版,[③] 可见《杜威十进分类法》第6版早已过时,"已经够资格排到古物陈列所去"。[④] 又如,当时文华公书林采用的出纳方法并不科学,"流水记账式,清查统计既不易,又很费时间"。[⑤] 此外,还存在其他问题。这使得文华公书林的运营与管理举步维艰。

辛亥革命期间,文华公书林也遇到了困难,一度关闭。[⑥]

第三节　派员赴美,专攻圕学

韦棣华深知,沈祖荣是文华公书林的实际管理者,如果他不能接受专门的图书馆学教育与训练,文华公书林就很难取得重大发展。因此,她决定资送沈祖荣赴美国深造,攻读图书馆学专业。对此,不仅外人深感疑惑,就连沈祖荣都心存疑虑:"管理图书馆的职务,不就止保藏图籍,司理借还吗?此行赴美,有何研究?"[⑦]

1914年8月2日,沈祖荣在上海乘坐"丹波丸"号轮船前往美国。[⑧]8月27日,沈祖荣抵达美国华盛顿州西雅图港。[⑨]9月14日,纽约公共图书馆附属图书馆学校(一般简称为"纽约公共图书馆学校")实际上已经开学,但直到9月28日才

---

① 沈祖荣. 在文华公书林过去十九年之经验[J]. 武昌文华图书科季刊,1929,1(2):161.

② 沈祖荣. 在文华公书林过去十九年之经验[J]. 武昌文华图书科季刊,1929,1(2):161.

③ Dewey Decimal Classification [EB/OL]. [2018-10-30]. https://en. wikipedia. org/wiki/Dewey_Decimal_Classification.

④ 沈祖荣. 在文华公书林过去十九年之经验[J]. 武昌文华图书科季刊,1929,1(2):161.

⑤ 沈祖荣. 在文华公书林过去十九年之经验[J]. 武昌文华图书科季刊,1929,1(2):162.

⑥ M. E. Wood. The Chinese Revolution Halts Work in Boone Library[J]. *The Spirit of Missions*, 1912, 77(3):217-220.

⑦ 沈祖荣. 在文华公书林过去十九年之经验[J]. 武昌文华图书科季刊,1929,1(2):162.

⑧ Washington, Seattle, Passenger Lists, 1890-1957[EB/OL]. [2018-07-03]. https://www. familysearch. org/ark:/61903/3:1:33S7-95NC-VJK? i=555&cc=1916081.

⑨ Washington, Seattle, Passenger Lists, 1890-1957[EB/OL]. [2018-07-03]. https://www. familysearch. org/ark:/61903/3:1:33SQ-G5NC-KGF? i=557&cc=1916081.

正式举行开学典礼。沈祖荣注册入读该校初级班。[①]他由此首开中国人赴美国攻读图书馆学的先河。1915 年 6 月,沈祖荣在纽约公共图书馆学校获得结业证书。[②]

1914—1915 学年沈祖荣的课程学习与课外实习情况详见表 6-1 与表 6-2。

表 6-1　1914—1915 学年沈祖荣修习课程及成绩一览表[③]

序号	课程名称	课程成绩		备注
		上学期	下学期	
1	图书选择	A-		
2	编目	B	B	
3	分类	B-	B+	
4	小说专题讨论	B		
5	索引	A		A——优秀
6	图书馆建筑		C+	B——良好
7	图书馆经营	B+	B+	C——一般
8	期刊	A-		D——较差
9	参考工作	A-	B+	E——不及格
10	主题标目	A	A-	
11	专业德语	B+		
12	书业目录	B+		
13	美国公文	B-		

① New York Public Library. *Annual Report of the Library School for the Year Ending June 30, 1915* [M]. New York: New York Public Library, 1915: 3.

② New York Public Library. *Annual Report of the Library School for the Year Ending June 30, 1915* [M]. New York: New York Public Library, 1915: 24.; New York Public Library. *Library School of the New York Public Library Annual Report 1917–1918* [M]. New York: New York Public Library, 1918: 27.

③ 郑丽芬. 民国时期的图书馆学教育 [D]. 北京:北京大学博士学位论文,2015:97-98. 另: 本表主要依据《民国时期的图书馆学教育》中的"表 8　沈祖荣于纽约公共图书馆学校 1914—1915 初级学年修读课程及成绩",但部分课程的中文译名有变动。

表 6-2　1914—1915 学年沈祖荣实习情况一览表 ①

实习日期	实习地点	实习内容	实习时长
第一学期的某个时间段	Pub. Socs. 东方部（具体待查②）	借书	11 小时
		还书	7 小时
		文献传递	2 小时
		读者注册	9 小时
		备书	1 小时
		字母顺序归档	8 小时
		书架整理	9 小时
		杂项	7 小时
		小计	54 小时
1914 年 10 月 1 日—12 月 8 日（每周二、四下午）	纽约公共图书馆且林士果广场分馆	图书借还、读者注册、图书上架整理、字母顺序归档、图书馆事务性工作等	每次 3 小时

　　1915 年 9 月 14 日,纽约公共图书馆学校实际上已经开学,但直到 9 月 27 日才正式举行开学典礼。②沈祖荣注册入读该校高级班。③本学年,该校面向高级班学生开设的课程包括中学和大学图书馆、高等参考和编目、图书馆行政、儿童图书馆学。沈祖荣"主要修读了图书馆行政（B）和图书 Bn's（B）",并且到纽约公共图书馆且林士果广场分馆和哥伦比亚大学东方系进行了两次实习。④与此同时,沈祖荣注册成为哥伦比亚大学哥伦比亚学院(即哥伦比亚大学本科生院)大学四年级学生⑤,同时到哥伦比亚大学图书馆进行无偿实习⑥。1916 年 6 月 7

---

① 郑丽芬.民国时期的图书馆学教育[D].北京:北京大学博士学位论文,2015:97-98.另:本表主要依据《民国时期的图书馆学教育》中的"表 8　沈祖荣于纽约公共图书馆学校1914—1915 初级学年修读课程及成绩",但部分课程的中文译名有变动。

② New York Public Library. *Annual Report of the Library School for the Year Ending June 30, 1916*[M]. New York: New York Public Library,1916: 3.

③ New York Public Library. *Annual Report of the Library School for the Year Ending June 30, 1916*[M]. New York: New York Public Library,1916: 4.

④ 郑丽芬.民国时期的图书馆学教育[D].北京:北京大学博士学位论文,2015:98.

⑤ Columbia University. *Catalogue 1915-1916*[M]. New York: Columbia University, 1916: 325.

⑥ New York Public Library. *Annual Report of the Library School for the Year Ending June 30, 1915*[M]. New York: New York Public Library, 1915: 24.

日①，他在哥伦比亚大学哥伦比亚学院获得理学士学位②；6月9日，他又在纽约公共图书馆学校获颁毕业文凭③。随后，他启程回国，"带回了一些工具，如美国目录U.S. Catalogue、客特氏著者三字号码法、Pittsburgh以及其他几个大图书馆的目录"④，重返文华公书林服务。

在美国求学的两年间，沈祖荣大开眼界："始知向日所见，浅陋已极。图书馆的工作有行政、组织、参考、编目、经营、扩充……图书馆的种类，又有儿童的、专门的。利用图书馆的方法，五花八门，诚非浅易短时研究，可以穷尽之事。"⑤1915年，他以文华公书林副馆长（协理）的身份成为美国图书馆协会的终身会员，编号是5106。⑥1916年6月26日—7月1日，美国图书馆协会在新泽西州阿斯伯里公园城召开第38次年会。沈祖荣出现在本次年会的参会者登记簿中。⑦这是中国图书馆学人首次出现在美国图书馆协会年会的舞台上。

学习之余，沈祖荣还结合实际情况，对中国图书馆事业进行了深入思考，撰写并发表了多篇文章。1916年1月，他在《中国留美学生月报》第11卷第3期上发表《中国对图书馆的需求》。⑧1916年6月，他在美国《图书馆杂志》第41卷第6期上发表了《美国图书馆体系能否适用于中国？》。⑨该文后来又作为印

---

① Columbia University. *Catalogue 1916–1917* [M]. New York: Columbia University, 1917: 282.

② Columbia University. *Catalogue 1916–1917* [M]. New York: Columbia University, 1917: 261–262.

③ New York Public Library. *Library School of the New York Public Library Annual Report 1917–1918* [M]. New York: New York Public Library, 1918: 27. 原文如下："Seng, Samuel Tsu Yung, 1914–1916. Certificate, 1915; Diploma, 1916. Associate Librarian, Boone University Library, Wuchang, China."

④ 沈祖荣. 在文华公书林过去十九年之经验 [J]. 武昌文华图书科季刊, 1929, 1(2): 162.

⑤ 沈祖荣. 在文华公书林过去十九年之经验 [J]. 武昌文华图书科季刊, 1929, 1(2): 162.

⑥ List of Members [J]. *Bulletin of the American Library Association*, 1915, *9*(5): 391, 472, 539. 原文如下："Seng, Samuel Tsu-Yung, assoc. In. Boone Univ. L., Wuchang, China. 5106. Life member."

⑦ Attendance Register [J]. *Bulletin of the American Library Association*, 1916, *10*(4): 570. 原文如下："Seng, S. T. Y., asst. Boone Univ. L., Wuchang, China."

⑧ S. T. Y. Seng. The Need for Libraries in China [J]. *The Chinese Students' Monthly*, 1916, *11*(3): 171–172.

⑨ S. Tsu-Yung Seng. Can the American Library System Be Adapted to China? [J]. *Library Journal*, 1916, *41*(6): 384–389.

刷品提交给纽约公共图书馆学校。[①]他还向纽约公共图书馆学校提交了一份毕业论文,题为《中国图书馆事业的难题》。[②]此外,1916年12月、1917年1月,《中国留美学生月报》第12卷第1、3期分两次刊登了沈祖荣撰写的《中国图书馆员面临的若干难题》。[③]此时,沈祖荣已经返回中国,但该文应当就是他早先向纽约公共图书馆学校提交的毕业论文,只是对题名作了变动。

在沈祖荣留美深造期间,韦棣华又挖掘出一个对图书馆事业感兴趣的人才——胡庆生。1915年1月,胡庆生从文华大学理科毕业,并获理学士学位[④],随即留在文华大学中学部充任教员[⑤]。教学之余,胡庆生亦到文华公书林帮忙。

1916年夏,沈祖荣回到文华公书林。他本以为自己在美国专攻图书馆学,学会了西方最先进的图书馆学理论与方法,又带回了一批工具,足以解决他赴美之前在分类、编目方面遇到的种种困难。然而,中国与西方诸国的国情不同,语言文字之间的差异更是巨大,"自未可一概因袭模仿"。有鉴于此,沈祖荣与胡庆生合作,"于民国六年,根抵新法,混合中西,创为仿杜威十类法,以类分书籍。"[⑥]两人合作的成果即1917年10月圣教书局出版的《仿杜威书目十类法》。该书"取杜威之法,参以己见斟酌损益,编为一册,付印二百本"。[⑦]1918年7月,美国《图书馆杂志》第43卷第7期就提到了《仿杜威书目十类法》:"前文提到这位毕业生沈祖荣先生返回中国后完成了杜威十进分类法的一种翻译与改编版

---

① New York Public Library. *Annual Report of the Library School for the Year Ending June 30, 1916* [M]. New York: New York Public Library, 1916: 9.

② New York Public Library. *Annual Report of the Library School for the Year Ending June 30, 1916* [M]. New York: New York Public Library, 1916: 12–13.

③ Tsu-Yung Seng. Difficult Problems of the Librarian in China(To be continued)[J]. *The Chinese Students' Monthly*, 1916, *12*(1): 19–24; T. Y. Seng. Difficult Problems of the Librarian in China (Concluded From p. 24)[J]. *The Chinese Students' Monthly*, 1917, *12*(3): 161–166.

④ 华中大学. 私立武昌华中大学历届毕业同学录[M]. 武昌:华中大学,1935:4.

⑤ 鄂行胡庆生自述[J]. 海光,1932,4(11):57–58. 另:或称胡庆生在"1915年毕业于文华大学医科之生物专业,毕业后留校教英语。"具体参见:汤旭岩,李波. 退出图书馆界的名人——记我国早期留美图书馆学硕士胡庆生[J]. 图书馆,2001(1):77.

⑥ 沈祖荣. 在文华公书林过去十九年之经验[J]. 武昌文华图书科季刊,1929,1(2):162–163.

⑦ 胡庆生,沈祖荣. 新序[G]// 沈祖荣,胡庆生. 仿杜威书目十类法. 武昌:文华公书林,1922:3–4.

本。"①1918年10月,美国《图书馆杂志》第43卷第7期刊登《中国的图书馆扩充已经开始》,同样介绍了《仿杜威书目十类法》,并且影印插入了该书"十类总目"与"历史地理"的部分细目。②等到1919年胡庆生留美归来后,两人又对该书进行了修订,并由文华公书林于1922年1月刊印。

在《仿杜威书目十类法》尚未出版之前,韦棣华已经筹划派遣胡庆生赴美深造,专攻图书馆学。1917年5月21日,胡庆生向纽约公共图书馆学校递交了入学申请表。圣公会湘鄂教区主教吴德施和时任文华大学校长翟雅各分别为他撰写了推荐信。同年6月21日,纽约公共图书馆学校致函吴德施和翟雅各,旨在了解胡庆生的相关情况,包括他是否胜任图书馆工作,开展工作的准确性、方法和判断力,是否接受过比较系统的教育,是否阅读广泛,有何不足等。胡庆生还参加了纽约公共图书馆学校组织的入学考试(详见表6-3)。③

表6-3　胡庆生入学考试科目及成绩一览表④

序号	科目	成绩
1	历史	A-
2	文学	A+
3	时事	A+
4	常识	A-
5	法语	免考
6	德语	免考

1917年7月30日,胡庆生在上海乘坐"西伯利亚丸"号轮船前往美国留学。⑤

---

① *Library Journal*, 1918, *43*(7): 465. 原文如下:"A translation and adaptation of the Dewey Decimal classification into Chinese has been published from Wuchang by Mr. Seng, the graduate first referred to, since his return to China."

② Library Expansion in China Begun [J]. *Library Journal*, 1918, *43*(10): 764-765.

③ 郑丽芬. 民国时期的图书馆学教育 [D]. 北京:北京大学博士学位论文, 2015:99.

④ 郑丽芬. 民国时期的图书馆学教育 [D]. 北京:北京大学博士学位论文, 2015:99. 另:部分中文译名有所变动。

⑤ California, San Francisco, Passenger Lists, 1893-1953 [EB/OL]. [2018-07-04]. https://www.familysearch.org/ark:/61903/3:1:33S7-95GW-BGW？i=624&cc=1916078.

其旅费由韦棣华支付,目的地是纽约公共图书馆学校。[1] 8 月 24 日,胡庆生抵达美国旧金山港。[2] 随后,他转赴纽约,入纽约公共图书馆学校就读两年,其 1917—1918 学年修习课程及成绩见表 6-4。

表 6-4　1917—1918 学年胡庆生修习课程及成绩一览表[3]

第一学期					第二学期				
序号	课程名称	平时成绩	考试成绩	最终成绩	序号	课程名称	平时成绩	考试成绩	最终成绩
1	编目与主题标目	B+	A	A-	1	编目与主题标目	A	A-	A-
2	参考工作			B	2	参考工作			A-
3	图书选择	B	A	A-	3	图书选择	B	A	A-
4	图书馆行政			A-	4	图书馆行政		A-	A
5	分类	B+	B+	B+	5	目录学			A
6	美国图书馆概况			B	6	现代史			B+
7	书籍装订与修补				7	印刷和索引	A+	A	A
					8	专业法语和德语			
					9	实习			B
					10	参观图书馆			B

1918 年 6 月 7 日上午 11 时,纽约公共图书馆学校举行毕业典礼,向学生颁发结业证书和毕业文凭。尽管胡庆生完成了一整年的学业,但"由于入学语言条件未被取消,而在这些条件保持不变的情况下,课程的某些部分无法完成,故未

---

[1] California, San Francisco, Passenger Lists, 1893−1953 [EB/OL]. [2018−07−04]. https://www. familysearch. org/ark:/61903/3:1:33S7−95GW−BKF？i=623&cc=1916078. 另:或称"1917 年,受韦棣华女士指派,胡庆生赴美国专攻图书馆学。留学经费,据胡佑盛老人说,出自返还的庚子赔款,由韦棣华女士负责。胡庆生抵美次年,不知何故,后续经费中断,只有勤工俭学,洗过盘子,生过壁炉。尽管如此,胡庆生除坚持研读图书馆专业,尚修教育学一年,最终获得图书馆学学位,1919 年学成归国。"具体参见:汤旭岩,马志立. 孤光自照 表里澄澈——胡庆生先生二三事[J]. 图书情报论坛,2008(4):10.

[2] California, San Francisco, Passenger Lists, 1893−1953 [EB/OL]. [2018−07−04]. https://www. familysearch. org/ark:/61903/3:1:33S7−95GW−BKF？i=623&cc=1916078.

[3] 郑丽芬. 民国时期的图书馆学教育 [D]. 北京:北京大学博士学位论文,2015:101. 另:部分中文译名有所变动。

能获得结业证书。"①

　　1918 年 9 月，胡庆生进入哥伦比亚大学师范学院（或译为"哥伦比亚大学教育学院"）攻读硕士学位，其研究方向是教育心理学②，其修习课程及成绩见表6-5。

表 6-5　1918—1919 学年胡庆生修习课程及成绩一览表③

第一学期			第二学期		
序号	课程名称	成绩	序号	课程名称	成绩
1	图书选择	A-	1	图书选择	A
2	参考工作	A	2	社区图书馆	A+
3	公文	C	3	专门图书馆	B+
4	图书馆行政	B-	4	艺术与图书	参加了 14 场讲座中的 13 场
5	儿童图书馆学	无考试			

　　此外，胡庆生还参加了各种实习活动。比如，1918 年 2 月 11—18 日，他到警察局实习，包括为其挑选图书，整理人名档案及进行装订，核对收书记录等。④1918 年，他还以纽约公共图书馆学校学生的身份加入了美国图书馆协会，其会员编号是 7573。⑤

　　1919 年 6 月 4 日，哥伦比亚大学举行毕业典礼⑥，胡庆生获颁教育与实用艺

---

① Library School of the New York Public Library. *Annual Report 1917−1918* [M]. New York: Library School of the New York Public Library, 1918: 10−11. 原文如下："Barbara Bartlett and Thomas Ching-Sen Hu remained until the close of the year, but failed to qualify for the certificate because language entrance conditions were not removed and because certain sections of the course could not be completed while these conditions remained." 另：郑丽芬称胡庆生参加了纽约公共图书馆学校的入学考试。"由于之前未曾学习过德语及法语，除了英语，他只会一点点拉丁语。校方将他作为特别生，免去了德语和法语入学考试，而考察了其目录学方面的知识。"（郑丽芬. 民国时期的图书馆学教育 [D]. 北京：北京大学博士学位论文，2015：99.）此说应当有误。

② Columbia University. *Catalogue 1918−1919* [M]. New York: Columbia University, 1919: 394.

③ 郑丽芬. 民国时期的图书馆学教育 [D]. 北京：北京大学博士学位论文，2015：101−102. 另：部分中文译名有所变动。

④ 郑丽芬. 民国时期的图书馆学教育 [D]. 北京：北京大学博士学位论文，2015：102.

⑤ List of Members [J]. *Bulletin of the American Library Association*, 1918, *12*(4): 453. 原文如下："Hu. Thomas Ching Sen, stud. L. Sch. of the New York P. L., N.Y. City. 7573."

⑥ Columbia University. *Catalogue 1919−1920* [M]. New York: Columbia University, 1920: 287.

术专业的文科硕士学位 ①。同在 6 月初,胡庆生亦在纽约公共图书馆学校获得结业证书与毕业文凭。②1919 年 6 月 12 日,《纽约公共图书馆员工消息》第 9 卷第 24 期称:"胡庆生先生本月在纽约公共图书馆学校获得毕业文凭,同时在哥伦比亚大学获得文科硕士学位。他将返回中国文华大学,与沈祖荣先生(1916 届毕业生)一起致力于在中国创办巡回文库。他现在需要各种好书。校友会已经任命了一个委员会来帮助他通过募捐获得所需好书。该委员会主席为格蕾丝·汤姆森女士,其助手有纳尔逊·麦康布斯先生、杰克逊女士、斯图尔女士和瓦格尔女士。如果校友会能够在 6 月 30 日前募集 200 本书籍,那么美国圣公会差会总部将免费将其用船运到武昌。校友会对此全力支持,同时也欢迎其他人的赠书。最好是教育类书籍及英美经典书籍,但不需要轻小说。"③

　　1919 年夏,胡庆生从美国学成归来,入文华公书林工作。与此同时,文华公书林又添聘了一两个助理。不过,文华公书林事务繁杂,人手不足分配仍然是其面临的一大问题。因此,文华公书林还聘请学生到馆勤工俭学,按月或按小时给予津贴。这些学生主要帮助做些机械性的工作,如抄写书签、书片和目录卡。④

---

① Columbia University. *Catalogue 1919−1920* [M]. New York: Columbia University, 1920: 283.

② Library School of the New York Public Library. *Student Register 1911−1923* [M]. New York: New York Public Library, 1924: 12. 原文如下:"Hu, Thomas Ching-Sen, 1917−19. Certificate and diploma, 1919." 另:或称"胡庆生的学习同样分为两个学年,第一学年为初级班的学习,他于 1917 年 9 月注册,1918 年 6 月 4 日获得证书。""1918 年 10 月 1 日,胡庆生注册了纽约公共图书馆学校高级学年的课程,并于 1919 年 6 月 6 日获得图书馆学学士学位。" 具体参见:郑丽芬. 民国时期的图书馆学教育[D]. 北京:北京大学博士学位论文,2015:100−101.

③ Library School[J]. *The New York Public Library Staff News*, 1919, *9*(24): 83. 原文如下:"Mr. Thomas Ching-Sen Hu took his diploma at the Library School and the degree of Master of Arts at Columbia University this month, and goes back to Boone University, China, to work with Mr. Samuel Tsu Yung Seng (class of 1916) in the establishing of travelling libraries in China. He has need of good books, and the following committee of Alumni has been appointed to help him obtain them through gifts: Miss Grace Thomson, Chairman, assisted by Mr. Nelson McCombs, Miss Jackson, Miss Stull, and Miss Wagar. The Church Missions House is ready to ship, free of charge to Wuchang, books to the number of 200, if this number can be collected by the Alumni. A box has been placed on the large table in the Library School for the receipt of books until June 30. The Alumni have pledged their support, and gifts from others will be welcome. Educational books and English and American classics are preferred. Light fiction is not desired."

④ 沈祖荣. 在文华公书林过去十九年之经验[J]. 武昌文华图书科季刊,1929,1(2):167.

第七章 发展历程

第一节 校园内外，推广服务

现代意义上的图书馆与中国传统藏书楼的重大区别就在于是否开放阅览。传统藏书楼是封闭的。它注重搜集和保藏图书，但基本不对公众开放，只有少数人能够接触和利用其中的藏书。现代图书馆则是开放的。它以吸引普通大众到馆借阅为要旨。到馆人数越多，借阅量越大，就越能彰显其存在价值。

1910年5月16日开馆之后，文华公书林就在是否实行开架制这个问题上引起了争执。开架是现代图书馆的必然要求，但也难免导致书籍遗失。因此，时任文华大学校长的翟雅各等人极力反对文华公书林实行开架制，以免带来财物方面的损失。不过，韦棣华则坚持实行开架制。"女士觉得行公开制虽不免有书籍损失的事，可是对于阅者利益要大，终毅然决然地行了公开制。"这场争执令翟雅各十分不快。他后来甚至在遗嘱上声明要将自己的藏书送给上海圣约翰大学图书馆，而不是送给文华公书林。①1924年2月，黄维廉在《罗氏图书馆史（1894—1923）》一文中称："在此期间，还收到了一些私人图书馆的珍贵藏书。其中，已故的汤卜逊执事长和已故的前文华大学校长翟雅各博士的藏书尤其值得一提。翟雅各藏书包括3 000册精挑细选的中英文书籍，涵盖神学、历史、传记、英语文

---

① 沈祖荣. 在文华公书林过去十九年之经验[J]. 武昌文华图书科季刊，1929，1（2）：169.

学和科学等不同学科。"①

　　尽管实行开架制，但文华公书林在开放之初遇到的首要问题就是到馆阅览的读者太少。按沈祖荣在《在文华公书林过去十九年之经验》一文中所说："公书林初成之后，一切设备规模粗具。这时第一要务，就是要人前来阅览，以符辅助教育的宗旨。不料那时来馆阅书的人，寥若晨星，几乎门可罗雀，真是大大的失望。"于是，韦棣华和沈祖荣不得不认真研究如何才能吸引更多读者到馆。他们首先从文华大学校内学生入手，努力吸引他们到馆阅览。对于到馆的每个学生，韦棣华和沈祖荣"口讲指画，如学校内的教师；应接周到，又好像旅行社的堂倌"。不过，由于中国的图书馆事业刚刚起步，学生们不清楚图书馆的功能与作用，也没有养成在图书馆认真研读的习惯，所以通常只是在图书馆翻看一些报纸杂志，"茫然而来，轰然而去"。②

　　针对这种情况，韦棣华和沈祖荣改变了方式方法。"我们又改变方针，去运动教员，请他们鼓吹学生到图书馆，并将与各教员所教授有关系的书名揭示出来，以便他们前来参考。又要求教员将所出的论文题，先行告知我们，我们就将关乎那论文的书籍、参考材料，检出陈置一处，以使学生不费翻寻之劳，而得逢源之乐。"如此一来，文华大学的教学效果获得了提高，不仅教员乐于鼓动学生到文华公书林阅览，学生也渐渐积极主动到文华公书林查阅图书。③

　　韦棣华十分清楚，自己募资创办文华公书林的目的并非仅为文华大学师生服务。随着校内读者渐多，韦棣华决定开展第二步行动，"要使武昌各官立学校都到公书林来阅览。"有了文华大学校内推广的前车之鉴，韦棣华与沈祖荣选择从武昌各官立学校的校长和教职员入手。他们每季度都会到武昌各官立学校访问一次，向各校校长与教职员介绍创办文华公书林的意义所在，并敦请他们鼓动学生到文华公书林阅览。不过，对方表面上对文华公书林对外开放表示非常钦佩，并且也答应会让学生前去阅览，但事后并未采取实际行动。如此一来，武昌各官立学校的学生很少到文华公书林阅览。即便有，他们也都是自己主动前往，

---

① V. L. Wong. Low Library: A History (1894−1923) [J]. *St. John's Echo*, 1924, *35*(2): 64. 原文如下："Several very valuable collections of books from private libraries were also received during this period. Among these, the collections of the late Archdeacon Thomson and of the late Rev. Dr. James Jackson, former President of Boone University, Wuchang, are worthy of especial mention. The Jackson library consisted of 3,000 well selected books, in English and Chinese, on a variety of subjects—theology, history, biography, English literature and science."

② 沈祖荣. 在文华公书林过去十九年之经验[J]. 武昌文华图书科季刊, 1929, 1（2）: 171.

③ 沈祖荣. 在文华公书林过去十九年之经验[J]. 武昌文华图书科季刊, 1929, 1（2）: 171.

而不是受到各校校长与教职员的鼓动。韦棣华与沈祖荣调查发现,官立学校学生之所以很少到文华公书林阅览,主要是因为他们不明了文华公书林的性质。毕竟,文华公书林位于文华大学校园之内。文华大学是教会大学,而韦棣华既是美国人,又是圣公会的世俗传教士,所以他们不免心存疑虑:"天地间安有这好的事,他们从美国捐钱来买书,给中国人读,恐怕当中总含有别的臭味,不是招揽学生的方法,就是作引人入教的阶梯。"①

　　韦棣华曾撰有《访问中国官立学校》一文,发表在 1919 年 1 月的《差传精神》第 84 卷第 1 期中。她在文中介绍了她到武昌城内各官立学校推广巡回文库和拓展讲座的相关情况,同时继续征集图书,尤其是各国领导人(如利文斯顿、华盛顿、林肯、格莱斯顿、布赖特)的传记以及科学、历史、文学类书籍等。她着重指出,文华大学学生的英语水平有限,所以不需要太过艰深的书籍;文华公书林正在向武昌的中小学派出巡回文库,所以亟须适应中小学学生阅读需求的少儿图书。②

　　由于在向官立学校推广图书馆服务方面遇到困难,韦棣华决定改用其他方法来吸引官立学校的学生。首先是举行拓展讲座,也就是"敦请中西名人或道过武汉的专家,在公书林定期演讲。先期分送入座券各校,请他们的学生们都来赴会。像这样的会,每月总要举行二次。"③第一次拓展讲座于 1911 年 3 月 25 日在文华公书林司徒厅④举行。自那以后,每年某些时期,文华公书林每两周就在星期六晚上举办一次拓展讲座,由各界名人演讲宗教、科学或社会上最热门的普通主题。⑤具体题目包括《疾病是如何传播的?》《预防失明》《国际法与中立》等。每次拓展讲座开始之前或结束之后,一些文华书院的学生会充当引导员,将到场听众分成一个个小组,引导他们参观文华公书林,让他们了解文华公书林的性

---

① 沈祖荣. 在文华公书林过去十九年之经验[J]. 武昌文华图书科季刊,1929,1(2):171–172.

② Mary Elizabeth Wood. Visiting Chinese Government Schools[J]. *The Spirit of Missions*, 1919, *84*(1): 35–38.

③ 沈祖荣. 在文华公书林过去十九年之经验[J]. 武昌文华图书科季刊,1929,1(2):171–172.

④ 司徒厅经常充当报告厅或大礼堂的角色。

⑤ Alfred K. M. Chieo. Boone University Library Past, Present and Future[J]. *The Boone Review*, 1920, *15*(4): 327–330. 原文如下:"These lectures are religious, scientific and on general subjects and questions of the day."

质、馆里的空间布局、架上图书的分类等。① 如此一来,关于文华公书林"招揽学生,引人入教"的流言渐渐消解,各官立学校学生渐渐更为积极主动地到文华公书林阅览。②

　　其次是设立分馆及巡回文库。虽然前往文华公书林阅览的各官立学校学生渐增,但韦棣华还是觉得文华公书林覆盖范围较为狭窄。这主要是因为文华公书林地处武昌城东北隅,较为偏僻,往来不便。有鉴于此,韦棣华"设立分馆于长街适中地点,以便人就近阅览。"③

　　截至1920年,文华公书林已经设立了三个公共阅览室。第一个于1914年春开放,位于武昌城另一端的圣米迦勒教堂(或称"圣迈克尔教堂"④),主要为该教区的信徒与普通百姓服务,但湖北武备学堂的士兵和学生也经常到那里看书。第二个于1917年春天⑤ 开放,就设在文华公书林二楼,平均每天有50人左右前来阅览,但大多数是学生。读者可以利用文华公书林的全部中文馆藏,即大约9 000册中文图书⑥。第三个设在武昌城中心地带的三一教堂(或称"三一堂""垂尼提教堂")。其开设时间可能是在1919年底或1920年初,因为1920年1月出版的《文华温故集》第15卷第2期报道称:"本书林前往本城芝麻岭三一堂分设之书报室,自开幕以来,甚受社会之欢迎。每日阅者,平均百余人。只以地位过狭,

① S. Tsu-Yung Seng. Can the American Library System Be Adapted to China□ [J]. *Library Journal*, 1916, *41*(6): 388.

② 沈祖荣. 在文华公书林过去十九年之经验[J]. 武昌文华图书科季刊,1929,1（2）:171–172. 另:不过,基督教人士仍认为文华公书林举行大学扩充演讲是一种传教良法:"文华书林之设,本为搜藏百氏之典籍,以及各种之报章,为考古证今之一助。办事职员,热心公益,怀己己人,己达达人志。每届礼拜六,特请中西名人,或演哲学,或演格致,或演伦理。继乃证明耶稣是基督,是世人当依之救主。是为导引上流社会得明福音真道之良法焉。"具体参见:范廷元. 公书林之良法[J]. 通问报,1912（528）:6.

③ 沈祖荣. 在文华公书林过去十九年之经验[J]. 武昌文华图书科季刊,1929,1（2）:173.

④ 周洪宇. 不朽的文华——从文华公书林到文华图书馆学专科学校[M]. 武汉:华中师范大学出版社,2013:53–54.

⑤ 或称其开放时间为1918年春天。具体参见:Library Expansion in China Begun[J]. *Library Journal*, 1918, *43*(10): 764–765.

⑥ Library Expansion in China Begun [J]. *Library Journal*, 1918, *43*(10): 764–765; Library Extension Work[J]. *The Chinese Recorder*, 1918, *49*(4): 217.

后至者几无立足之地，故阅者颇有争先恐后之势。"①那里人口最为密集，所以每周约有 600 个读者，大多是附近的商人和店员。②可以看到，设在圣米迦勒教堂和三一教堂的两个公共阅览室应当就是韦棣华所设的"分馆"。

同在 1914 年，韦棣华开始设立巡回文库③，也就是"将各种适用书籍，五十册至一百册，装箱分至欲借书学校机关陈列，以便就近阅览。他们起初不敢收纳，恐怕一有损毁，要负赔偿责任。经向他们再三声明，说书籍之损失，若非出于有心，并不负赔偿之责。这样才得他们认可。"1914 年，文华公书林仅仅在三所官立学校设立巡回文库，学生可以将书籍借回家中阅览。到了 1915 年底，文华公书林已经设立了十个巡回文库。④另据调查，1915—1916 年，文华公书林总共设立了 18 个小型巡回文库，向公立学校、中医诊所、教会学校、军营、煤矿等处送去了近 1 800 册图书。每个巡回文库都使用箱子装书，用绳子绑好，插上竹竿或木杆，由两个男子抬去目的地。箱内所装图书既有英文书籍，也有中文书籍。后者主要是英文书籍的中文译本，也包括商务印书馆出版的带有中文注释的英语文学经典。英美政治家传记、历史类图书、政治类图书与小说最受读者欢迎。此外，文华公书林还会为部分学校有针对性地提供宗教书籍，其目的不言自明。⑤

1917 年，文华公书林在武汉地区的各个差会、官立学校及其他机构设立了 23 个巡回文库，共送出了 2 085 册图书，涵盖神学、历史、传记、科学、文学等领域。⑥此后，文华公书林所设巡回文库的数量再无增长。1920 年，巡回文库的数

---

① 或称："1914 年，公书林在圣·迈克尔教堂（St. Michael's Church）和垂尼提教堂（Trinity Church，即三一教堂）设立两个公共阅览室，一个向居民、学生和军人开放，一个为商人和店员服务，以便人们就近阅读。"具体参见：周洪宇. 不朽的文华——从文华公书林到文华图书馆学专科学校[M]. 武汉：华中师范大学出版社，2013：53—54.

② Alfred K. M. Chieo. Boone University Library Past, Present and Future [J]. *The Boone Review*, 1920, *15*(4)：327—330. 另：裘开明在文中指出，文华公书林的这三个公共阅览室覆盖了武昌城中最为重要的三个阶层，即商人、士兵与学生。通过这三个公共阅览室，文华公书林不仅能够开展教育工作，还能开展传教工作。

③ Alfred K. M. Chieo. Boone University Library Past, Present and Future [J]. *The Boone Review*, 1920, *15*(4)：327—330.

④ S. Tsu-Yung Seng. Can the American Library System Be Adapted to China□ [J]. *Library Journal*, 1916, *41*(6)：388.

⑤ *American Library Annual 1917-1918* [M]. New York: Office of the Publishers' Weekly, 1918：84.

⑥ Library Extension Work [J]. *The Chinese Recorder*, 1918, *49*(4)：217.

量仍为 23 个。[1]1929 年,巡回文库依然只有 23 个,但覆盖的范围有所扩充,遍及武昌城内外各学校、团体以及外地邮路通达之处。[2]

此外,文华公书林还积极拓展业务范围。比如,文华公书林在馆内设立了一个标本室,收藏了不少矿物、植物、动物等的标本,以及各种极具中国特色的大小物件:"湖北乡试纸数张,妇女木底鞋数具,文官之执照、武弁之功牌二三纸,其他如顶戴、补服、烟灯、赌具,几无一不备。"[3]可以看到,这个标本室就相当于一个小博物馆。

在韦棣华的努力下,文华公书林持续稳定地发展着。1920 年 6 月 26 日,文华大学在文华公书林司徒厅举行了第 49 届(文华大学第 13 届[4])毕业典礼。在本次毕业典礼上,文华大学向韦棣华授予了荣誉文学硕士学位,以表彰她对文华大学(及其前身文华书院)教育工作二十年如一日的奉献。这是文华大学首次颁发荣誉学位,足见文华大学校方对韦棣华所作贡献的认可。[5]胡庆生专门撰文介绍了韦棣华多年以来及当前开展的工作,并且高度评价了文华大学授予其荣誉硕士学位的积极意义:"这个荣誉学位特别重要,因为这是文华大学授予的第一个荣誉学位,是文华大学授予女性的第一个学位,也是文华大学授予西方人的第一个学位;而她也是从文华大学获得荣誉学位的第一个教职员。这个学位可以用来纪念她在文华为中国人服务的二十年,以及文华公书林开放十年——这是她不懈努力的成果。"[6]

---

① News and Notes [J]. *The Spirit of Missions*, 1920, *85*(12): 793.

② 沈祖荣. 在文华公书林过去十九年之经验 [J]. 武昌文华图书科季刊, 1929, 1(2): 173.

③ 螺隐. 文华公书林之所见 [N]. 时报, 1919-04-14(11).

④ News From Central China [N]. *The China Weekly Review*, 1922-07-15(276).

⑤ News From Central China [N]. *The China Weekly Review*, 1920-07-10(332).

⑥ T.C.S. Hu. A Great Surprise on Last Boone Commencement Day [J]. *The Boone Review*, 1920, *15*(4): 344-345. 原文如下:"What is of special significance in this honorary degree is that this is the First Honorary degree ever conferred by the University, the First degree ever conferred on a Lady, and the First degree ever conferred on a Westerner, and she is the first member of the staff who ever received an Honorary degree from the University. It is a degree which commemorates her twentieth year of service to the Chinese, at Boone, and the tenth anniversary of the opening of the Boone University Library, the fruit of her persevering toil and untiring labor."

第二节 沈胡讲演,鼓吹圖业 ①

1915 年 2 月 20 日—12 月 4 日,首届巴拿马－太平洋万国博览会在旧金山举行。美国图书馆协会在本次博览会上利用幻灯片展示了美国最为先进的图书馆管理方法。博览会结束后,美国图书馆协会将这套幻灯片转赠给设在上海的中华基督教青年会全国协会。1916 年 6 月左右,沈祖荣获悉,原美国普渡大学教授、时任中华基督教青年会全国协会干事兼该会讲演部创始人饶伯森计划利用美国图书馆协会转赠的这套幻灯片在中国开展一场图书馆运动。②

1916 年夏,沈祖荣从美国学成归来。当时,韦棣华与沈祖荣已经注意到,中国民众"多不知道图书馆之需要,不知道应用图书馆"。于是,在韦棣华的大力支持下,沈祖荣开始积极宣传和鼓吹图书馆事业:"与基督教青年会全国协会合作,制造各种仪器,揭示于人,使人明了今日之图书馆,非如昔日官府之藏书楼;今日图书馆所藏书,是要供公众阅览的,而非作书蠹之运动场、大餐馆。又用设计法,具体的方法,并携美国赠送之各种关于图书馆之各种展览品,至国内各大城市游行演讲图书馆事业之重要组织并经营大概。"③1919 年夏,胡庆生从美国学成归来后,亦加入其中。他们的行踪遍及湖北、湖南、江西、江苏、浙江、河南、山西、直隶各省④,其演讲影响了一大批听众,少数人后来还成长为图书馆学专家⑤。对此,金敏甫在《中国现代图书馆概况》一书中指出:"民国六七年,沈祖荣氏由美国回国,赴各省都演讲图书馆之重要与方法,是为提倡图书馆之先声。"⑥严文郁亦评价称:"民 6 以后,沈祖荣由美返国,到各省都会演讲图书馆之重要与方法,是为

① 关于沈祖荣对图书馆事业的宣传活动,吴稶年与高荣撰有专文《沈祖荣对新图书馆运动的启蒙与宣传》(详见:吴稶年,高荣.沈祖荣对新图书馆运动的启蒙与宣传[J].图书馆,2015(4):24-30.)。可惜的是,该文仅仅援引中文史料,故而未能注意到沈祖荣在江西发表的系列讲演。

② S. Tsu-Yung Seng. Can the American Library System Be Adapted to China□ [J]. *Library Journal*, 1916, *41*(6): 388.

③ 沈祖荣.在文华公书林过去十九年之经验[J].武昌文华图书科季刊,1929,1 (2):173–174.

④ 沈祖荣.韦棣华女士略传[J].武昌文华图书科季刊,1931,3 (3):283–285.

⑤ 沈祖荣.在文华公书林过去十九年之经验[J].武昌文华图书科季刊,1929,1 (2):173–174.

⑥ 金敏甫.中国现代图书馆概况[M].广州:广州图书馆协会,1929:29.另:原书并未断句,此处系笔者自行断句。

西洋图书馆学流入中国之先声。"①

目前所见,沈祖荣的图书馆宣传活动主要集中在 1917 年和 1919 年。其中,1917 年系列讲演的主题为《中国对公共图书馆的需要》②,但各种报刊进行报道时说法各异。这可能是因为不同记者的关注点不同。

1917 年 4 月 26—28 日,交通部上海工业专门学校举行其前身南洋公学创办 20 周年纪念会,时称"南洋公学廿周纪念会",前后持续三日③。4 月 27 日下午3 时④(或称是下午 3 时半⑤),该校在健身房举行演讲会⑥,由校长唐文治亲自主持,"略谓沈祖荣先生于图书馆最有经验,先生曾在美国游学,考察欧美各国图书馆情形,并携有各国图书馆之照片及各国图书馆之比较表,并演讲图书馆的各种模型。今特请先生演讲云云。旋由沈君登台演讲,述图书馆之功用与教育农工商各界之关系。即出各标本,按纲说明,并谓中国图书馆之幼稚,以现在所有之图书馆之数之经费之书籍,比之美德诸国,尚不能及其百一,令人感愧云云。"⑦沈祖荣还在讲演中介绍了创办图书馆的两大关键问题,即组织与管理。关于组织,沈祖荣介绍了通俗图书馆与学校图书馆的机构设置。关于管理,沈祖荣介绍了统系(组织系统)、部居(空间分配)、书架、采书、登记、分类、位置(排架)、书签(卡片)、借券(借书证)与装订。⑧

1917 年 5 月 1 日下午 4 时半(或称是下午 4 时),应江苏省教育会与寰球学生会的邀请,沈祖荣在上海西门外江苏省教育会会所演讲《图书馆之功用及办

---

① 严文郁. 中国图书馆发展史——自清末至抗战胜利[M]. 台北:"中国图书馆学会",1983:198.

② Library Expansion in China Begun[J]. *Library Journal*, 1918, *43*(10): 764–765; Marian Dec. Ward. A Book for Boone[J]. *The Spirit of Missions*, 1921, *86*(3): 171–174; The Far East[J]. *New York Library Club Bulletin*, 1921, *9*(5): No Paging.

③ 南洋公学廿週纪念会纪盛[N]. 寰球,1917,2(2):(学界要闻)11–14. 另:原刊称南洋公学廿週纪念会的举行时间为 1917 年 4 月 27—29 日。但据《申报》等报纸报道,南洋公学廿週纪念会的举办时间实为 1917 年 4 月 26—28 日。此处迳改之。

④ 南洋公学廿週纪念会纪盛[N]. 寰球,1917,2(2):(学界要闻)13.

⑤ 南洋公学二十週纪念第二日之盛况[N]. 申报,1917-04-28(10).

⑥ 上海交通大学校史编纂委员会. 上海交通大学纪事(1896–2005)(上)[M]. 上海:上海交通大学出版社,2006:94;陆阳. 唐文治年谱[M]. 上海:上海三联书店,2013:212–213.

⑦ 南洋公学廿週纪念会纪盛[N]. 寰球,1917,2(2):(学界要闻)13.

⑧ 柴福沅笔述. 沈绍期先生图书馆讲演纪要[J]. 交通部上海工业专门学校学生杂志,1919,3(2):41–49.

法》(或称《图书馆之功用及设立种种方法》)①。

1917年5月2日晚上8—10时,沈祖荣应邀到上海基督教青年会演讲《图书馆之功用》,数百人出席。本次演讲跟他在江苏教育会会所的演讲内容大致相同。演讲结束后,他还用"电光戏片"(幻灯片)介绍西方图书馆发展情况,并一一加以详细说明。②

1917年5月3日下午3—6时,沈祖荣(沈绍期)应邀在上海四马路望平街口96号报界俱乐部讲演图书馆事业,到场听讲的报界俱乐部会员及外界来宾甚多。沈祖荣在讲演中提到了图书馆与藏书楼的区别,并且列举了欧美图书馆事业发达的具体数据,以说明图书馆与教育的密切关系。他还详细指出开办图书馆的方法,如图书馆的组织、图书的分类。③从内容上来看,沈祖荣此次讲演跟他在交通部上海工业专门学校健身房所作讲演基本相同。

1917年5月6日,沈祖荣转赴南京。次日,他应邀在南京花牌楼南京青年会"演讲图书馆为富国强民之基础,并佐以仪器表式,尤易明了。不但听者忘倦,实足以启发国人之聋聩,使知非亟组织图书馆,不足以完教育而巩国基。"沈祖荣本日讲演内容经时任金陵大学图书馆副馆长洪有丰记录,以《图书馆问题》为题,分两次连载于《出版界》第44期(1917年11月)与第45期(1918年初,未标注具体出版时间)。④

值得一提的是,1918年10月美国《图书馆杂志》第43卷第7期所载的《中国的图书馆扩充已经开始》一文进行了简要介绍:"去年,文华公书林副馆长沈祖荣先生结束了在纽约公共图书馆学校的两年课程,返回(武昌)。很快,他就有机会将自己所学知识用于直接服务。美国图书馆协会向中华基督教青年会全国协会赠送了该会在首届巴拿马-太平洋万国博览会上使用的展览用品。这些展览用品,以及中华基督教青年会全国协会讲演部提供的特殊工具,使得沈先生能够

① 演讲图书馆之功用及办法[N]. 时报,1917-04-29(10);图书馆功用办法之演讲会[N]. 新闻报,1917-04-30(9).

② 乐. 青年会演讲图书馆[N]. 时报,1917-05-03(9).

③ 报界俱乐部消息[N]. 民国日报,1917-05-04(9);报界俱乐部之演说会[N]. 民国日报,1917-05-04(8);报界俱乐部之演说会(二)[N]. 民国日报,1917-05-05(8);报界俱乐部之演说会(三)[N]. 民国日报,1917-05-06(8);报界俱乐部之演说会[J]. 寰球,1917,2(2):(学界要闻)15-16;沈绍期君在报界俱乐部演说图书馆事业[J]. 东方杂志,1917,14(6):190-193.

④ 洪有丰. 图书馆问题(未完)[J]. 出版界,1917(44):7-11;洪有丰. 图书馆问题(未完)[J]. 出版界,1918(45):11-14.

准备一个关于《这个国家(中国)对公共图书馆的需要》的生动讲演。他先后在上海和南京作了这个讲演,共有 2 500 多人莅临听讲。稍后不久,沈先生被江苏省教育会——一个政府机构——请回上海,举办一个图书馆讲习会①,旨在让青年人能够从事中小学和大学图书馆事业。所有费用均由江苏省教育会支付。"②

图 7-1　沈祖荣讲演《中国对公共图书馆的需要》③

　　1919 年 4 月 9 日下午,沈祖荣在南昌的江西基督教青年会会所为时任江西省教育厅厅长的许寿裳等人举行了一场不对外开放的讲演。许寿裳等人对沈祖荣的讲演内容表示赞同,并承诺将尽一切可能去发展图书馆事业。当天晚上,沈

---

① 目前只知沈祖荣应邀于 1917 年 5 月 1 日下午在江苏省教育会会所讲演《图书馆之功用及办法》(或称《图书馆之功用及设立种种方法》),未见他有开办图书馆讲习会(a library training institute)之举。

② Library Expansion in China Begun [J]. *Library Journal*, 1918, *43*(10): 764-765. 原文如下: Last year Samuel T. Y. Seng, associate librarian at Boone, returned from a two-year's course at the Library School of the New York Public Library, and almost immediately the opportunity came to him to put his knowledge to direct service. The A.L.A. had given to the Y.M.C.A. in China one-half of its exhibits from the Panama Exposition, and this material, with the special apparatus provided by the Y.M.C.A.'s lecture bureau, enabled Mr. Seng to prepare a very telling lecture on "The need of public libraries in this country [China]." He gave this lecture in Shanghai and Nanking, where it was heard by over 2,500 people. As a result, Mr. Seng has been invited by the Kiangsu Educational Association, a government organization, to return to Shanghai at a later date and hold a library training institute for the purpose of fitting young men for librarianship in school and college libraries. This organization has offered to meet all expenses.

③ Marian Dec. Ward. A Book for Boone [J]. *The Spirit of Missions*, 1921, *86*(3): 171-174.

祖荣又在江西基督教青年会会所发表公开讲演。他指出："图书馆不是为少数幸运者准备的。如卡莱尔所说,它是'人民的大学',我们的目的是把书拿到人民手中。我们不相信图书馆就只是藏书之处。"他介绍了文华公书林的相关情况,包括设立巡回文库等。他还利用美国图书馆协会转赠给中华基督教青年会全国协会的一整套幻灯片进行演示。①

在江西青年会会所举行的这两场讲演仅仅是沈祖荣在江西开展的图书馆宣传活动的开始。此后,沈祖荣又陆续在南昌的多所公立学校与教育机关发表讲演,包括江西省立第一、第二中学、心远中学,江西省立师范学校与江西省立第一女子师范学校,江西教育会(江西通俗教育会)会所。他还应南昌私立豫章中学与葆灵女子中学的联合邀请,在葆灵女子中学的大礼堂发表专门讲演。②对此,当时各类报刊似乎均未详加报道,仅见 1920 年 2 月江西通俗教育会编印的《江西通俗教育会历年状况》称该会曾于 1919 年 4 月 10 日"敦请沈祖荣先生(美国大学图书科毕业)讲演各国图书馆状况及比较"③。

至于胡庆生的图书馆宣传活动,似乎集中在 1923 年。本年,他到杭州、上海、苏州、无锡、南京等地参观图书馆并发表讲演,积极宣传图书馆事业。④

1923 年 5 月 14 日,浙江省教育会邀请胡庆生在杭州讲演图书馆问题⑤,其笔录稿以《公共图书室之需要》为题发表在 1923 年 5 月 18 日的《之江日报》上⑥。胡庆生在本次讲演中介绍了图书馆与教育、农业、工业、商务、经济、生计、共和国民、娱乐、进化之间的关系。他强调,"教育不能专恃学校而图书馆亦极切","图书馆是补助学校教育的,是继续学校教育的",并且提出:"凡私人捐建之图书馆在欧美甚多,如美国钢铁大王康内基能以独立创建大规模之图书馆,鄙人亦甚愿

---

① China Press Correspondent. Library Possibilities Described in Lecture: Boone University Man Tells of Work Being Done in West China [N]. *The China Press*, 1919-04-16(4).

② China Press Correspondent. Library Possibilities Described in Lecture: Boone University Man Tells of Work Being Done in West China [N]. *The China Press*, 1919-04-16(4).

③ 江西通俗教育会. 江西通俗教育会历年状况 [M]. 南昌:江西通俗教育会,1920:217.

④ 胡庆生讲演,章颐年笔述. 教育与公共图书馆 [J]. 浙江公立图书馆年报,1923(8):(附录)54-66.

⑤ 省教育会五月份大事记 [N]. 申报,1923-06-05(10).

⑥ 胡庆生讲,浙江省教育会笔述. 公共图书室之需要 [J]. 浙江公立图书馆年报,1923(8):(附录)50-54.

我国有康内基其人也。"[1]

　　1923年5月23日晚上8时,受上海基督教青年会之邀请,胡庆生在上海四川路青年会殉道堂演讲《开办图书馆之必要》,并以随身携带的各种图书馆仪器设备举例说明图书馆陈列与管理方法。[2]

　　1923年5月26—29日,应南京基督教青年会之邀,胡庆生举行公开演讲,并利用所携仪器图表进行详细解释。[3]5月28日,他讲演《教育与公共图书馆》,经章颐年笔述,刊登在1923年6月14日的《时事新报》中。从内容来看,本次讲演的内容其实跟1923年5月14日胡庆生应浙江省教育会之邀在杭州发表的讲演相同,只不过两份记录稿有详有略,具体表述也有所不同。比如,胡庆生指出,一个国家"要基础稳固,非使文化发展不可,要文化发展非使受教育的人数增加不可。而学校固然是一个给吾们受教育的地方,但是学校教育恒是有限制的。因此,我们不得不更求一个无限制的教育机关。这无限制的教育机关是什么呢?便是图书馆"。又如,他指出:"美国钢铁大王康内基说国家的保险最好是提高人民程度;提高人民程度,最好是靠图书馆。所以他曾花了许多钱在美国开办了无数图书馆。我不信我们中国难道便没有一个像康内基的人吗?照我国现在的情势,非以图书教育两者为强国的根基不可。我希望在座诸君,尤其是女同胞,都能从事研究图书馆专门事业。万一不能实行研究,我希望你能竭力地鼓吹提倡,使得将来中国的图书馆和美国一样的多或更超过他。到那时候,我们中国才可说是有希望。"[4]

　　1923年5月30日,南京的江苏省立法政专门学校学生自治会在新礼堂开会欢送毕业同学,胡庆生应邀发表讲演。[5]其讲演题目不详,但应当亦是跟图书馆相关。此外,未见相关记载。

---

① 胡庆生讲,浙江省教育会笔述.公共图书室之需要[J].浙江公立图书馆年报,1923(8):(附录)50-54.

② 图书馆事业之新演讲[N].申报,1923-05-23(18).

③ 南京快信[N].申报,1923-05-27(10).

④ 胡庆生讲演,章颐年笔述.教育与公共图书馆[J].浙江公立图书馆年报,1923(8):(附录)54-66.

⑤ 南京快信[N].申报,1923-05-31(10).

第三节 积极筹款,扩建馆舍

沈祖荣与胡庆生两位留美专才先后归来,带回了西方最为先进的图书馆管理理念、方法与工具。这使得文华公书林的运营与管理逐渐走上了正轨。不过,随着藏书的增加,文华公书林的馆舍很快就不敷使用。于是,1920 年初,在创办文华图书科的同时,韦棣华、沈祖荣与胡庆生三人亦开始筹划文华公书林的扩充与改造事宜。他们专门请人设计了文华公书林的扩充改造蓝图。据这份设计图所示,待其扩充改造完成之后,文华公林书楼上大厅可以比之前多容纳 400 多人;演戏台后面新建两间小屋,同时加装两架直达楼下的避火梯(供读者在遭遇火灾等险情时逃生之用);而且,后面第一层与第二层之间还将新建一栋专供读者静读的小楼。①

关于文华公书林的扩充改造蓝图,或称"他们请文华大学的萧格耻教授设计了扩充改造蓝图"②,或称"设计者为文华大学的 Canning K. M. Young"③ 或"设计者是文华大学的杨介眉(Canning K. M. Young)"④,但这些说法均未提供文献出处。关于"萧格耻教授",未见更多信息,此处不赘。关于"杨介眉"或"Canning K. M. Young"则存在异载,需要辨析。

据察,民国时期有一位毕业于文华大学的银行家杨介眉⑤,其履历如下:"杨介眉(1883—1942):名静祺,号介眉,江苏南京人,1900 年至 1906 年任汉口邮政局邮务号,1906 年至 1913 年任汉阳铁厂洋帐会计、汉冶萍公司总稽核,1913 年至 1914 年任中国银行副计算,1914 年至 1916 年任全国美油矿总会计,1916 年至 1920 年任浙江兴业银行副经理。1922 年 1 月进入上海商业储蓄银行,任总行副总经理、代理总经理等职,1942 年 8 月 23 日病故。"⑥ 从这份履历来看,这位杨静祺(字介眉)不可能是文华公书林扩充改造蓝图的设计者。

再查 1935 年华中大学编印的《私立武昌华中大学历届毕业同学录》,还有

---

① 公书林佳音汇志[J]. 文华月刊,1921,1(2):5. 转引自:程焕文. 中国图书馆学教育之父——沈祖荣评传[M]. 台北:学生书局,1997:43.

② 程焕文. 中国图书馆学教育之父——沈祖荣评传[M]. 台北:学生书局,1997:43.

③ 彭敏惠,张迪,黄力. 文华公书林建筑考[J]. 图书情报知识,2009(5):125.

④ 彭斐章,彭敏惠. 从文华图书科到文华图书馆学专科学校[G]//陈传夫. 图书馆学研究进展. 武汉:武汉大学出版社,2010:12.

⑤ 易伟新. 民国旅业回眸——中国旅行社研究[M]. 长沙:岳麓书社,2009:319;黄江华. 服务 信用 创新——爱国银行家陈光甫之研究[M]. 北京:中国言实出版社,2013:308.

⑥ 刘平. 民国银行家论业务经营[M]. 上海:上海远东出版社,2017:137.

一位杨介眉,男,广东中山人,1925年6月(民国十四年六月)从华中大学文科毕业,获文学士学位,其通信地址是"文华第二别墅"①。这位杨介眉的英文名确实是"Canning K. M. Young"(英文全名为Canning Kai Mei Young, 1900—1988),其妻名叫旋惠兰(Grace H. Young, 1905—1986)。② 有资料显示这位杨介眉确实是一位建筑师。③ 不过,从时间上看,他不大可能在1920年设计文华公书林扩充改造蓝图。

那么,文华公书林扩充改造蓝图的设计者到底是谁呢？ 1921年4月23日《活的教会》第64卷第25期所载《一位传教士建筑师》称:

几个月前,传教部为汉口教区任命了一名传教团建筑师。以前,教区向外国建筑师事务所支付了巨额费用。增加一名建筑师来设计和监督新建筑以及监督维修和改造工作,可以节省大量资金。

最初,人们认为,这样一个专职的传教团建筑师可能会没有足够的工作要做,他还要为其他教区乃至其他新教传教团服务。然而,这位建筑师柏嘉敏现在负担过重,以至于吴德施主教已经要求传教部给他派任一名助理。

目前,柏嘉敏先生负责管理武昌的下列建筑工程:(1)圣希理达学校的一个小礼拜堂,可容纳500名学生;(2)文华大学的一个体育馆和游泳池;(3)文华公书林(司徒厅)的扩建工程;(4)供中国医生、外国护士和中国护士居住的圣公会校园(妇女部)住宅区。在长沙、宜昌和沙市,我们正在为外籍传教士建造住宅,但显然柏嘉敏先生不可能再往其已经过于拥挤的日程安排上添加项目了。

C.F.豪牧师之前设计了许多美丽的教堂和小礼拜堂,传教团对他十分感激。他提供了紧急帮助,但大家非常希望很快就能够在美国给柏嘉敏先生找到一位

---

① 华中大学.私立武昌华中大学历届毕业同学录[M].武昌:华中大学,1935:17.

② Canning K. M. Young [EB/OL]. [2019-03-28]. https://www.findagrave.com/memorial/181978169/canning-k_m_-young.

③ Wang Haoyu. *Mainland Architects in Hong Kong After 1949*[D]. Hong Kong: University of Hong Kong, 2008: 60. 另:原文将其姓名写成"Canning YOUNG Kai Mei(杨介眉)"。

永久助理。①

此外，1920年11月《文华温故集》第15卷第4号所载的《给司徒厅的又一件礼物（文华公书林扩建计划）》称："在豪先生的新计划中——他画得非常细致，很有艺术气息——（司徒厅）可以容纳更多人，至少可以多容纳400人。""在豪先生的计划里，（文华公书林）将建一个凹室，用来安置关于中国和东方的特藏。这个凹室是为了纪念已故的塞思•罗博士，由其遗孀捐资兴建。"②

综上所述，文华公书林扩充改造工程由柏嘉敏负责，但其设计图则应当是由C. F. 豪牧师完成的。

设计蓝图完成之后，筹措扩充改造所需款项就成了韦棣华、沈祖荣与胡庆生三人必须解决的重大问题。他们进行了分工，各自承担了一部分募捐任务，并且都取得了不小的成绩。

因韦棣华一直跟美国国内保持着密切的联系，她主要负责在海外（主要是美

---

① A Missionary Architect [J]. *The Living Church*, 1921, *64*(25): 772. 原文如下："Some months ago the Department of Missions appointed a 'mission architect' for the district of Hankow. Large fees have been paid in the past to firms of foreign architects, and much money could be saved by adding to the staff an architect to design and supervise new building, as well as oversee repairs and remodelling.

It was originally felt that there would probably not be enough work to occupy the full time of such a man, whose services might be shared with other dioceses or even with other Christian missions. Mr. Bergamini, the architect, however, has been so overloaded that Bishop Roots has already requested the Department to appoint an associate. At present Mr. Bergamini has oversight of the following building operation in Wuchang: (1) A chapel for St. Hilda's School, to seat 500 students; (2) a gymnasium and swimming-pool at Boone University; (3) a large addition to the Boone University Library (Stokes Hall); and (4) dwellings on the Church General Compound (Women's Department), Chinese physicians, foreign nurses, and Chinese nurses. At Changsha, Ichang, and Shasi, residences for our foreign workers are being built, but it has been obviously impossible for Mr. Bergamini to add to his overcrowded schedule.

The Rev. C. F. Howe, to whom the mission is already indebted for the design of a number of beautiful churches and chapels, has given assistance in the emergency, but it is greatly hoped that a permanent associate for Mr. Bergamini will soon be found in America."

② An Additional Gift for Stokes Hall (Plans for Enlarging the Boone Library) [J]. *The Boone Review*, 1920, *15*(4): 360−361. 原文如下："In Mr. Howe's new plan, which he has so artistically and carefully drawn, there will be room for an additional number, of at least four hundred… Included in Mr. Howe's plan there will be built an attractive alcove, which is to contain a special collection of books on China and the East, given in memory of the late Dr. A. Seth Low, by his widow."

国)募捐。她主要争取到奥利维亚•E. 菲尔普斯•斯托克斯女士与塞思•罗夫人的大额捐款。在文华公书林初建之际,为了纪念其已故的妹妹,斯托克斯女士捐建了司徒厅(即二楼大厅)。司徒厅充当着文华公书林礼堂的角色,在此举办过许多公共讲演及其他活动。此次,斯托克斯女士再次承诺捐款,专门用于扩建司徒厅。[①]1920 年底和 1921 年正月,她分别给文华公书林汇寄了 1 000 美元和 2 000 美元。[②] 为了纪念自己的丈夫——已故的塞思•罗博士,塞思•罗夫人为文华公书林捐赠了 1 000 美元,"用于建造一个凹室,里面可以用来安置关于中国与东方的书籍。这个凹室将建在一层新扩建之处。"[③]此外,据说韦棣华还曾派遣一些文华学子赴美国表演戏剧,也筹到了好几万银元。她还将自己多年的积蓄捐了出来。[④]

沈祖荣与胡庆生则主要负责筹集文华公书林一层扩建所需的经费,即大约 5 000 元国币[⑤],而以沈祖荣所筹款项为多。1920 年暑假,沈祖荣带领查修、田洪都与陈宗登三位文华图书科第一届学生赴政治学会[⑥] 图书馆实习。[⑦]1921 年春,沈祖荣再次受聘为政治学会编辑书目。趁此机会,他顺路前往天津拜访前总统

① Alfred K. M. Chieo. Boone University Library Past, Present and Future [J]. *The Boone Review*, 1920, *15*(4):327-330. 原文如下:"The generous benefactor, Miss Olivia E. Phelps Stokes, who gave Stokes Hall, the Library Auditorium, as a memorial to her sister, in which so many public lectures have been held, has again promised a contribution for the extension and enlargement of this Memorial Hall."

② 公书林佳音汇志[J]. 文华月刊,1921,1(2):5. 转引自:程焕文. 中国图书馆学教育之父——沈祖荣评传[M]. 台北:学生书局,1997:43.

③ Alfred K. M. Chieo. Boone University Library Past, Present and Future [J]. *The Boone Review*, 1920, *15*(4): 327-330. 原文如下:"Mrs. Low has made a gift of one thousand dollars for an Alcove to be composed of books on China and the East as a memorial to her husband, the late Dr. A. Seth Low. This Alcove will be in the first floor of the new addition."

④ 全廉. 韦棣华与"文华公书林"[G]//武汉地方志编纂委员会办公室. 春兰秋菊集——《武汉春秋》二十年文存. 武汉:武汉出版社,2003:12. 另:原文仅称"数万余元",但根据前后语境,可知其当非美元,而是银元。

⑤ 公书林佳音汇志[J]. 文华月刊,1921,1(2):5. 转引自:程焕文. 中国图书馆学教育之父——沈祖荣评传[M]. 台北:学生书局,1997:43.

⑥ 该学会的英文名称为"The Chinese Social and Political Science Association",或译为"中国社会政治学会""中国社会及政治学会""中华政治学会""中国政治学会"等。不过,该会的正式名称其实是政治学会(具体参见:政治学会章程[G]//中华政治学会. 政治学报年刊. 北京:中华政治学会,1916:21-24.)。但是,因其地处北平(北京),该会常被称为"北平政治学会"或"北京政治学会"。

⑦ 查修. 北京图书界见闻纪录[J]. 文华温故集, 1920, 15(4):33;赴京演讲[J]. 文华温故集, 1920, 15(4):361-362.

黎元洪(黎宋卿),"黎总统对于本校事业,极表热忱,当慨捐洋一千元,以为扩充公书林之用。"回到北京后,沈祖荣又去拜访前外交总长陆征祥。陆征祥承诺代其向时任总统徐世昌募捐 500 元,而且他也确实说到做到。沈祖荣从北京返回武昌时,亲手带回了这两笔捐款,共计 1 500 元。① 除此之外,还有多位政要向文华公书林捐款。详见表 7-1。

表 7-1　民国政要为文华公书林扩建改造工程捐款一览表②

序　号	姓　名	职　务	捐款数额(单位:元)
1	黎元洪	前总统	1 000
2	徐世昌	总统	500
3	梁士诒	前财政总长	200
4	叶恭绰	前交通总长	100
5	周自齐	前财政总长	100
6	张志潭	交通总长	100
7	钱能训	前内阁总理	50
8	颜惠庆	外交总长	50
9	陆征祥	前外交总长	50
10	刘冠雄	前海军总长	50
11	孙宝琦	前外交总长	50
小　计			2 250

韦棣华、沈祖荣和胡庆生还分别组织各地文华校友组织募捐活动。多个大城市的文华校友专门组织了"特别委办"(特别委员会),负责各地的劝募活动。有些地方虽未组织"特别委办",但亦有人出面,牵头募捐。胡庆生还曾亲自前往上海,向文华校友介绍文华公书林的扩充改造计划,"亦得多数旧生之热心赞助,如许君寿康、毛君大卫皆担任巨款,其余旧生踊跃输将,及担任募集者颇不乏人。"③ 详见表 7-2。

---

① 两大总统之捐款热[J].文华月刊,1921,1(3/4):7.转引自:程焕文.中国图书馆学教育之父——沈祖荣评传[M].台北:学生书局,1997:44.

② 补志政界要人对于公书林扩充之热忱[J].文华月刊,1921,1(5/6):10.转引自:程焕文.中国图书馆学教育之父——沈祖荣评传[M].台北:学生书局,1997:43.

③ 本校旧生对于公书林扩充之努力[J].文华月刊,1921,1(5/6):9-10.转引自:程焕文.中国图书馆学教育之父——沈祖荣评传[M].台北:学生书局,1997:45-46.

表 7-2　1921 年文华公书林募捐活动各地特别委办与牵头人一览表 ①

序号	地区／国家	特别委办	牵头人	备注
1	上海	余日章,朱成章		该委办所募捐项,以上海商会会长聂君云台所捐二千元为最多
2	北京	陈宗贤,解光前,余日宣,卢春芳		
3	南京	陈宗良,罗光瀛,孙洪芬,江之泳		南京东南大学之本校旧生一人已担任公书林扩充捐项;复有一人愿每年捐助款项,以为购备经济、政治、社会诸门书籍之用,其书目由捐款人逐年酌定
4	汉口	黄厚卿,桑祖望,李贻栋,崔思恭,闵绍骞		
5	长沙	高恩仰,张海松,龙永鑑		
6	九江	邓煜棠,陆德		
7	南昌	刘立齐		
8	芜湖	饶绪先,陈宗恕,李肇文		
9	沙市	张寿,杨器之、李镜仙		
10	大冶		蔡凤书,王观英	
11	老河口		邬君植	
12	天津		文金镛,孙启濂,袁隶	
13	四川		胡成豪,杨开甲	
14	济南		江连福,刘宗义	
15	爪哇		胡昶	
16	斐律滨群岛（菲律宾）		夏松年	

① 本校旧生对于公书林扩充之努力 [J]. 文华月刊,1921,1（5/6）:9-10. 转引自:程焕文. 中国图书馆学教育之父——沈祖荣评传 [M]. 台北:学生书局,1997:45-46.

文华大学当局也积极发动学生募捐。1921 年 1 月,将放寒假之际,文华大学专门印刷捐启(认捐书)发给学生,请其带回家乡向亲友募捐。截至 1921 年 5 月,已经筹到了 850 多元。①

此外,1921 年元旦,文华公书林收到了时任纽约公共图书馆馆长埃德温•哈特菲尔德•安德森(1861—1947)寄来的一箱书籍,"共计一百五十册,皆系历史科学、社会学、文学、传记等类佳篇善本"。这是因为,沈祖荣与胡庆生均曾在纽约公共图书馆学校求学两载,在校期间与安德森馆长颇有接触,相处得较为融洽。而且,通过课余交流,安德森馆长对文华公书林也有所了解。因此,他特地寄来了这箱书籍,既表达他对沈祖荣与胡庆生两人的情谊,同时也是对文华公书林之发展表示支持。②1921 年 6 月 10 日晚,纽约公共图书馆学校校友会举行了第十次年度晚宴,安德森馆长出席并宣读了沈祖荣的一封来函。沈祖荣在信中称,尽管中国遭遇饥荒,政府官员与教师的工资都没办法准时支付,但文华公书林收到的捐款已经超过 5 000 美元。③

---

① 公书林可喜之前途[J]. 文华月刊,1921,1(3/4):6-7. 转引自:程焕文. 中国图书馆学教育之父——沈祖荣评传[M]. 台北:学生书局,1997:46.

② 公书林佳音汇志[J]. 文华月刊,1921,1(2):5. 转引自:程焕文. 中国图书馆学教育之父——沈祖荣评传[M]. 台北:学生书局,1997:44. 另:1921 年 4 月 23 日,《活的教会》第 64 卷第 25 期所载的《纽约公共图书馆职员为传教士捐赠》一文亦报道了此事。不过,这些书籍其实是纽约公共图书馆职员共同捐赠的,而非安德森馆长单独捐赠。原文如下: "On New Year's Day they arrived at Boone University, Wuchang, China, a box of books from Dr. Anderson, librarian of the New York Public Library, and the staff. The box contained about one hundred and fifty volumes, the latest books in history, science, sociology, biography, etc., a most valuable collection, as the volumes are expensive. While Mr. Samuel Seng and Mr. Thomas Hu, both Boone graduates, were students at the New York Public Library School a few years ago, Dr. Anderson became much interested in the Boone Library, and has followed every step in its development. This generous gift is one way in which the staff of the New York library is showing appreciation of pioneer work done in China by these two graduates of its Library School." 具体参见:New York Public Library Staff Gives to Missions [J]. *The Living Church*, 1921,*64*(25): 772.

③ Drive Is Helping Libraries in China [N]. *The New York Times*, 1921-06-12(32). 原文如下: "In spite of the distress in China as a result of the famine, every effort is being made to extend the work of the libraries there. Salaries of government officials and of teachers have not been regularly paid, but a drive for funds by the Boone University Library in Wuchang has already resulted in contributions of more than $ 5,000 according to information received by Director Anderson of the New York Public Library, in a letter from Samuel Tsu-Yung Seng, a former student of the Library School of the New York Public Library. Mr. Seng's letter was read at the tenth annual dinner of the Alumni Association of the school on Friday evening…"

在众人的努力下,仅仅用了大约一年的时间,文华公书林扩充改造所需费用就全部筹集完毕。1921 年春①,文华公书林举行扩充改造工程奠基典礼②。1922年 1 月 18 日,扩充改造工程竣工,后于文华大学举行毕业典礼时正式启用。③此时,文华公书林比原来扩充了三分之一④,"楼上大厅座位已增加至五百余,演戏台亦加大一倍;并在第一层与第二层之间另辟一层,以为好学之士潜修之用"⑤。其内部设有编藏室、参考室、阅览室、报纸杂志室、书库、孙公理和纪念商学书籍专藏室、罗瑟氏纪念西文论述中国情事书籍专藏室、司徒氏纪念厅及各办公室,另外还有供文华图书科开展教学活动的课堂(教室)、实习室、图书馆学专藏研究室及各办公室。⑥

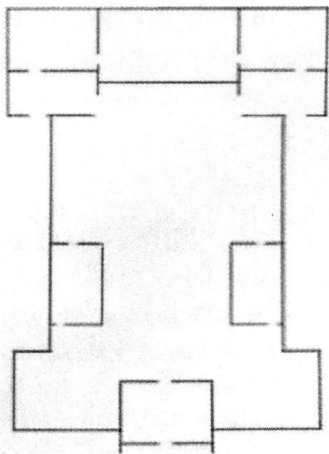

图 7-2　文华公书林扩充改造后的平面示意图⑦

---

① 或说文华公书林于 1921 年 2 月举行奠基典礼。具体参见:彭敏惠,张迪,黄力. 文华公书林建筑考 [J]. 图书情报知识,2009(5):125.

② 公书林扩充建筑之进步 [J]. 文华月刊,1921,1(5/6):10. 转引自:程焕文. 中国图书馆学教育之父——沈祖荣评传 [M]. 台北:学生书局,1997:46.

③ 公书林近事汇志 [J]. 文华月刊,1922,2(2/3):6. 转引自:程焕文. 中国图书馆学教育之父——沈祖荣评传 [M]. 台北:学生书局,1997:46.

④ 文华图书馆学专科学校. 湖北武昌文华图书馆学专科学校一览(民国二十三年度)[M]. 武昌:文华图书馆学专科学校,1934:12.

⑤ 公书林扩充建筑之进步 [J]. 文华月刊,1921,1(5/6):10. 转引自:程焕文. 中国图书馆学教育之父——沈祖荣评传 [M]. 台北:学生书局,1997:46.

⑥ 文华图书馆学专科学校. 湖北武昌文华图书馆学专科学校一览(民国二十三年度)[M]. 武昌:文华图书馆学专科学校,1934:12.

⑦ 彭敏惠,张迪,黄力. 文华公书林建筑考 [J]. 图书情报知识,2009(5):125.

扩充改造工程完成后，文华公书林的办馆条件得到提升，可以更好地扩充服务，包括"拍卖旧书及放演电影等事"。[①]1926年11月27日晚上7时半，文华公书林就在司徒厅放映好莱坞影星雷金纳德·丹尼主演的喜剧片《滚动的家》。观众们都对这部影片极感兴趣，看得兴高采烈。[②]

第四节　书林遇劫，消逝无踪

关于文华公书林历年的藏书数量，存在异载。囿于第一手史料，此处只能转引相关介绍，尚无法进行辨析。

据1918年3月进行的调查，文华公书林的中文藏书有1 012种、11 771册，西文藏书则有6 704册。[③]到1920年7月初，文华公书林拥有9 400册英文图书和11 500册中文图书。[④]

据《全国高等教育统计（二十年度）》可知，截至1931年，文华图专（实际上就是文华公书林）拥有36 891册中外文图书，其中中文图书为14 834册，占比40.2%；外文图书为22 057册，占比50.8%。[⑤]另据杨家骆所编《图书年鉴（创刊本·普及本）》1931年左右，"公书林之组织分有总务、参考、中文编目、西文编目、流通等五部，藏书中文一万四千余册，英文二万三千余册，中英文杂志百余种。支馆共四所。"[⑥]二者所说的文华公书林藏书数量大致相当，故而应当是确实可信的。

据《全国高等教育统计（二十一年度）》，截至1932年，文华图专（实为文华公书林）拥有43 275册中外文图书，其中总类（综合性）为图书12 038册、哲学类图书为2 475册、宗教类图书为3 897册、社会科学类图书为3 865册、语言类图书为1 420册、自然科学类图书为1 418册、应用科学类图书为1 276册、美术类

①　公书林之发达[J]. 华中季刊, 1926, 2（3）: 36.

②　Movie in the Library[J]. 华中季刊, 1926, 2（3）: 34.

③　周文骏. 图书馆学百科全书[M]. 北京: 中国大百科全书出版社, 1993: 518.

④　News From Central China[N]. *The China Weekly Review*, 1920-07-10（332）.

⑤　131. 全国各专科学校之图书[G]//教育部高等教育司. 全国高等教育统计（二十年度）. 南京: 教育部高等教育司, 1933: 242-243. 另: 此时华中大学拥有46 876册中外文图书. 具体参见: 64. 全国各大学之图[G]//书教育部高等教育司. 全国高等教育统计（二十年度）. 南京: 教育部高等教育司, 1933: 116-117.

⑥　杨家骆. 图书年鉴（创刊本·普及本）[M]. 南京: 词典馆, 1935:（第三编　全国图书馆概况）156-159.

图书为 1 857 册、文学类图书为 8 511 册、史地类图书为 6 518 册。[①]

据《全国高等教育统计(二十三年度)》,截至 1934 年,文华图专(实为文华公书林)拥有 48 208 册中外文图书,其中总类(综合性)图书为 14 964 册、哲学类图书为 2 600 册、宗教类图书为 3 983 册、社会科学类图书为 4 334 册、语言类图书为 1 541 册、自然科学类图书为 1 776 册、应用科学类图书为 1 405 册、美术类图书为 1 916 册、文学类图书为 8 929 册、史地类图书为 6 760 册。[②]

不过,韦卓民在其提交的《1932—1933 学年华中大学校长报告》中却指出:"随着教师队伍的不断壮大和学生人数的不断增加,对图书馆设施的要求越来越迫切。正如一年前我们报告的那样,必须为大学图书馆的发展提供更多的支持。图书馆报告称,上一学年拥有英文图书 23 705 册,现有 24 497 册;上一学年拥有中文图书 9 800 册,现有 11 500 册。我们特别感谢美国圣公会教会期刊俱乐部的慷慨帮助。一年来,它给我们寄来了两百多本书,都是由我们学校教职员精心挑选的,可供学校不同系科使用。教育学、生物学、化学和物理学领域的专业馆藏增加了不少。此外,图书馆还购买了中文、经济学和社会学方面的教学用书,英语文学馆藏也在持续增加。"[③]韦卓民所称的"大学图书馆"其实就是文华公书林。按他所说,1931—1932 学年结束之际,文华公书林拥有 23 705 册英文图书和 9 800 册中文图书,共计 33 505 册;1932—1933 学年结束之际,文华公书林拥有 24 497 册英文图书和 11 500 册中文图书,共计 35 997 册。这与《全国高等教育统计(二十一年度)》和《全国高等教育统计(二十三年度)》的统计数字存在较大不同。到底哪种记载可信,需要进一步辨析。

或称,1937 年 7 月 7 日全面抗战爆发之前,文华公书林的馆藏增加到 44 560 册,包括 33 260 册外文(以英文为主)书籍和 11 300 册中文书籍。[④]

1938 年 6—10 月,中国军队与日本侵略军在武汉及其周围地区展开大规模

---

① 122. 全国各专科学校各类图书册数 [G]//教育部高等教育司. 全国高等教育统计(二十一年度). 南京:教育部高等教育司,1935:237-238. 另:此时华中大学拥有的图书数量仍为 46 876 册,似未更新. 具体参见:59. 全国各大学各类图书册数 [G]//教育部高等教育司. 全国高等教育统计(二十一年度). 南京:教育部高等教育司,1935:113-114.

② 表 146. 全国各专科学校各类图书册数 [G]//教育部高等教育司. 全国高等教育统计(二十三年度). 南京教育部高等教育司,1936:250-251. 另:此时华中大学拥有的图书数量跟文华图专一样. 具体参见:表 72. 全国各大学各类图书册数 [G]//教育部高等教育司. 全国高等教育统计(二十三年度). 南京:教育部高等教育司,1936:12-123.

③ 韦卓民. 韦卓民全集 第 10 卷 教育实录 [M]. 武汉:华中师范大学出版社,2016:119-120.

④ 吴晞. 图书馆史话 [M]. 北京:社会科学文献出版社,2015:85.

会战,或称"武汉保卫战"。① 受战事影响,华中大学与文华图专均奉令西迁。华中大学先是迁往广西桂林,后又迁往云南大理的喜洲镇。② 文华图专拒绝了华中大学的联合搬迁提议,单独迁往重庆,借用曾家岩求精中学校园继续办学。③

西迁之时,华中大学与文华图专均带走了文华公书林的部分藏书。1941年10月28日,韦卓民致函华中大学建校委员会的财务委员、雅礼会的代表奥利弗·S. 莱福德先生④,称华中大学西迁时"把所有的建筑、三分之二的科学设备、所有的家具还有大约80%的图书馆藏书都留在了武昌。"⑤ 韦卓民后来又在《1946—1947学年华中大学校长报告》中指出,1938年撤离时,华中大学仅带走了战前文华公书林藏书的大约15%⑥。或称华中大学带走了四五千册图书,而文华图专带走了两千多册图书⑦。这恰与韦卓民所说的比例基本一致,即华中大学带走15%,文华图专另外带走5%。尽管数量不多,但鉴于战时困难重重,华中大学和文华图专能够带走这几千册图书已经非常难得。恰如韦卓民在其于重庆发表的英文文章《抗战时期中国的教育》中所称:"任何人若体验过一个机构的被迫搬迁,将知这实在是一件不愉快的事。房舍当然是搬不动的,所有的家具也不得不丢弃,科学仪器和设备大都是易脆或是过于笨重而无法搬运,图书要装箱而且沉重。在战时,运输困难,就算能够运送,搬运整座图书馆甚或小部分的图书,所需运费之高昂,实足惊人。"⑧

1938年10月25日,武汉沦陷。虽然文华公书林馆舍幸运地保存了下来,但其典雅装饰被彻底破坏。馆内未能搬走的四万多册书刊以及各种仪器设备,或被损毁殆尽,或被劫掠一空。单单这些的直接经济损失就高达九万多美元。此外,

---

① 军事科学院军事历史研究部. 中国抗日战争史(中)[M]. 北京:解放军出版社,2015:150.

② 马敏,汪文汉. 百年校史(1903—2003)[M]. 武汉:华中师范大学出版社,2003:74-80.

③ 周洪宇. 不朽的文华——从文华公书林到文华图书馆学专科学校[M]. 武汉:华中师范大学出版社,2013:164-165.

④ 马敏,汪文汉. 百年校史(1903—2003)[M]. 武汉:华中师范大学出版社,2003:77.

⑤ 韦卓民. 韦卓民全集 第10卷 教育实录[M]. 武汉:华中师范大学出版社,2016:368. 原文如下:"Thirdly, we have left all our buildings, two-thirds of our science equipment, all the furniture, and approximately 80% of our library books in Wu Chang."

⑥ 韦卓民. 韦卓民全集 第10卷 教育实录[M]. 武汉:华中师范大学出版社,2016:259.

⑦ 文华公书林,今夜让我们再次将你忆起![EB/OL]. [2016-04-26]. https://kknews. cc/culture/p8rrx8. html.

⑧ 韦卓民. 韦卓民全集 第10卷 教育实录[M]. 武汉:华中师范大学出版社,2016:12. 另:该文后由蓝乾章译成中文,载1970年台湾出版的《湖北文献》第54期。

文华公书林的上千件博物藏品亦不知去向。① 韦卓民在《1946—1947 学年华中大学校长报告》中就指出,1938 年 7 月华中大学从武昌撤离时,留下了大批财产,包括战前文华公书林馆藏的 80%②、三分之二的科学设备、教学楼与宿舍楼里的家具、教职员的个人物品等。但等到战后复员,这些东西都已经全部消失不见。③

1941 年 5 月 9 日和 7 月 7 日,文华图专在求精中学的校舍两次遭到日军战机轰炸④,幸好部分重要图书资料转移及时而得以保存下来⑤。至今,华中师范大学图书馆和武汉大学图书馆信息管理学院分馆中仍然保存着文华公书林的部分藏书。华中师范大学图书馆编、世界图书出版公司于 2013 年 9 月出版的《华中师范大学图书馆百年珍藏撷荟》就以图文并茂的形式介绍了该馆保存至今的文华公书林部分西文藏书,包括《乔治·华盛顿作品集》、萨姆纳(1840—1910)的《民俗论》、兰斯洛特·罗登(1885—1947)的《远东帝国》等。⑥

抗战胜利后,华中大学比文华图专早 6 个月迁回武昌昙华林原址,并且代收了文华公书林。⑦1946 年 10 月 13 日,华中大学创办人董事会(或译"设立者大会""创建者会""创立人董事会""创立人委员会"等)召开会议,舒美生在会上公开宣读了韦卓民的一封来信。据本次会议记录显示,韦卓民在信中称华中大学"正

① 查启森,赵纪元.文华公书林纪事本末[J].图书情报知识,2008(5):112.

② 原文提到的比例是 85%,但如前文所述,韦卓民以前已经明确指出,华中大学图书馆(即文华公书林)的 80% 藏书被迫留在武汉,所以此处直接将其改为 80%。

③ 韦卓民.韦卓民全集 第 10 卷 教育实录[M].武汉:华中师范大学出版社,2016:259.原文如下:"Eighty-five percent of the pre-war library and over two-thirds of the scientific equipment left behind in Wu Chang and in the warehouses of the British shipping companies in Han Kou when the university evacuated from Wu Chang in July 1938, were completely lost, and no trace could be found of them except about 300 bottles of biological specimens which have been subsequently recovered. All the furniture in the university buildings and hostels and all the personal belongings of the faculty members left behind in 1938 were also completely lost."

④ 周洪宇.不朽的文华——从文华公书林到文华图书馆学专科学校[M].武汉:华中师范大学出版社,2013:478.

⑤ 陈传夫,董有明.求实奋进 共谱新——从文华图专到武汉大学信息管理学院(1920—2010)[M].武汉:武汉大学出版社,2010:82.

⑥ 华中师范大学图书馆.华中师范大学图书馆百年珍藏撷荟[M].广州:世界图书出版公司,2013:116.

⑦ 应忠祥.还历史以真实——就文华图专的几个问题与有关人士商榷[G]//马费成.世代相传的智慧与服务精神——文华图专八十周年纪念文集.北京:北京图书馆出版社,2001:284.

把文华公书林用做教室"。① 文华公书林从此失去了它从创办开始就极力保持和发挥的公共图书馆功能,而文华图专也从此失去了这个最为重要的教学场所与实践基地。②

中华人民共和国成立后,华中大学经历了多次并校与改组,先后改名为公立华中大学(1951 年)、华中高等师范学校(1952 年)、华中师范学院(1953 年)、华中师范大学(1985 年)。1958 年 9 月,华中师范学院本部迁往南湖桂子山,昙华林校园则成为分部之所在。③1979 年,湖北中医学院(今湖北中医药大学)迁入昙华林校园。不过,在此期间,文华公书林作为图书馆的基本功能大体未变。④1987年前后,湖北中医学院为了建研究生宿舍,将被列为武汉市历史保护建筑的文华公书林当成危房拆除。⑤1998 年,武汉市房地产局在湖北中医学院小礼堂的墙壁上镶嵌上了一块"文华公书林"铜牌,声称那是武汉市二级保护建筑,但次年 9月那里被拆除一空。⑥ 文华公书林的实体建筑就此消失得无影无踪,不得不说是中国图书馆界的一大憾事!

① Hua Chung College. *Temporarily at Hsichow, Yunnan, China. Minutes of the Regular Meeting of the Board of Trustees, Known as the Board of Founders. Calvary House, 61 Gramercy Park, North, New York City, October 13, 1946*[A/OL]. [2019-03-28]. http://divinity-adhoc.library.yale.edu/UnitedBoard/Huachung/Box%20163/RG011-163-3057.pdf. 原文如下:"They are using Boone Library for classrooms."

② 吴晞. 图书馆史话[M]. 北京:社会科学文献出版社,2015:85-86.

③ 季啸风. 中国高等学校变迁[M]. 上海:华东师范大学出版社,1992:772.

④ 赵冰,刘卫兵. 公书林兴衰[G]//何镜堂,郭卫宏. 多元校园　绿色校园　人文校园——第六届海峡两岸大学的校园学术研讨会会议论文集. 广州:华南理工大学出版社,2007:181.

⑤ 应忠祥. 还历史以真实——就文华图专的几个问题与有关人士商榷[G]//马费成. 世代相传的智慧与服务精神——文华图专八十周年纪念文集. 北京:北京图书馆出版社,2001:284;查启森,赵纪元. 文华公书林纪事本末[J]. 图书情报知识,2008(5):112;吴晞. 图书馆史话[M]. 北京:社会科学文献出版社,2015:85-86.

⑥ 应忠祥. 还历史以真实——就文华图专的几个问题与有关人士商榷[G]//马费成. 世代相传的智慧与服务精神——文华图专八十周年纪念文集. 北京:北京图书馆出版社,2001:284.

第八章　办图书科

第一节　再次返美，入西蒙斯

韦棣华先后资送沈祖荣与胡庆生赴美深造，专攻图书馆学。沈祖荣与胡庆生带着西方最为先进的图书馆学理论、方法与工具返回中国，不仅对文华公书林之发展起到了积极作用，还通过讲演积极宣传和推广图书馆事业，推动了"新图书馆运动"在中国萌芽与勃兴。韦棣华等人清楚地知道，"仅仅有宣传，依然不足以发展图书馆之事业，尤要有专门人才善办此种事业。"[①] 于是，她又开始筹划在中国创办图书馆专科（或称图书馆学专科）或图书馆学校，以培养专门人才。

韦棣华认为，在中国创办图书馆专科（图书馆学专科）或图书馆学校需要大量的资金支持，"此种需要又得美国一般人士财力之赞助"。[②] 因此，大约在1918年上半年，韦棣华就开始跟美国圣公会的约翰·W. 伍德主教探讨在中国创办图书馆学校的可能性，后者对此表示同意和支持。1918年6月16日，韦棣华致函约翰·W. 伍德主教，称自己为了推进在中国创办图书馆学校的计划，已经决定再次返美，入西蒙斯学院再接受为期一年的图书馆学教育，以便让自己在学术上作好准备。[③]

1918年8月，韦棣华回到美国。1918年8月28日，《巴达维亚每日新闻报》第6版报道称："韦棣华女士，一位驻在中国的传教士，之前一直在其兄弟约

---

① 沈祖荣. 在文华公书林过去十九年之经验[J]. 武昌文华图书科季刊, 1929, 1（2）: 174.

② 沈祖荣. 在文华公书林过去十九年之经验[J]. 武昌文华图书科季刊, 1929, 1（2）: 174.

③ John H. Winkelman. Mary Elizabeth Wood (1861–1931): American Missionary-Librarian to Modern China[J]. *Journal of Library and Information Science*, 1982, 8(1): 68, 75. 另：韦棣华致约翰·W. 伍德主教的这封信现藏于美国圣公会档案馆。

翰·H. 伍德位于东主街 206 号的家中做客。现在，她正去探访另外一个兄弟，即住在埃尔米拉城的威廉·伍德。"①

1918—1919 学年，韦棣华作为一名特别生进入西蒙斯学院就读。1920 年 12 月，《西蒙斯学院评论》第 3 卷第 2 期转载了 1920 年 9 月 1 日《图书馆杂志》第 45 卷第 5 期刊登的一篇关于文华大学授予韦棣华荣誉文学硕士学位的报道，并在文前标注韦棣华是西蒙斯学院"1918—1919 学年特别生"②。1921 年 2 月，《西蒙斯学院评论》第 3 卷第 4 期也称："现收到中国武昌文华大学图书馆（即文华公书林）馆长韦棣华女士寄来的一张圣诞贺卡。韦女士是本校 1918—1919 学年特别生，在英语系、历史系与图书馆学院学习。她（借此贺卡）向所有导师表示敬意，同时，附上了一张照片。在这张照片上，她被中国第一所图书馆学校的教职员和学生们包围着。她刚于去年创办了这图书馆学校。"③ 在校期间，韦棣华还在西蒙斯学院图书馆学院开过特别讲座。④

1918 年冬，韦棣华请假到纽约、波士顿、匹兹堡与克利夫兰等地参观各地的

---

① Personal [N]. *The Daily News (Batavia, N.Y.)*, 1918-08-28(6). 原文如下："Miss Elizabeth Wood, a missionary worker in China, who has been the guest of her brother, John H. Wood of No. 206 East Main Street, is now visiting another brother, William Wood of Elmira."

② Canvass for the College [J]. *The Simmons College Review*, 1920, 3(2): 89-90. 原文如下："Special 1918-19. Mary Elizabeth Wood has received from the Boone University, China, the honorary degree of Master of Arts. This, the first honorary degree granted by the University, is bestowed on Miss Wood in recognition of her twenty years of service in the development of the Boone Library, which has grown from a little collection in one room to a library of 9,400 English and 11,500 Chinese volumes housed in a fine building, twenty-three circulating libraries for the benefit of people in other places, and reading rooms open to the public throughout the city."

③ Among the Alumnae [J]. *The Simmons College Review*, 1921, 3(4): 171. 原文如下："Christmas Greetings were received from Miss Mary Elizabeth Wood, librarian of Boone University, Wuchang, China. Miss Wood was a special student at Simmons in the year 1918-19, carrying work in the English and History Departments, and in the Library School, and her greetings were sent to each of her instructors, together with a picture of herself surrounded by the staff and students of the first library school in China, the school which she has started during the past year."

④ Simmons College. *Report of the President 1919* [M]. Boston: Simmons College, 1920: 9.

图书馆学校,并且花了一段时间在波士顿学习哈佛大学开设的进修课程。① 或称她还曾在卫斯理学院进修过文学、历史、科学等课程②,但目前尚未查到一手史料作为证据。

1919 年夏天,韦棣华与已经完成学业的胡庆生一道返回中国。③

第二节　办图书科,培养专才

沈祖荣与胡庆生先生先后从美国学成归来,而韦棣华亦曾在西蒙斯学院和普拉特学院两次进修图书馆学。这样一来,文华大学就拥有了三名在美国接受过图书馆学专业教育的教职员,基本具备了在校内创办一个新科系(即图书馆专科或图书馆学专科)的师资力量。④

为了培养和造就中国自己的图书馆专业人才⑤,从美国回来之后,韦棣华就跟文华大学的多位教职员,如孟良佐、韦卓民⑥,当然还包括沈祖荣与胡庆生二人,共同筹划在文华大学内添设图书馆专科(图书馆学专科)⑦。1920 年 1 月,《文华温故集》第 15 卷第 2 期报道称:"本书林管理员及校中教职员多人,为谋造就吾国图书馆人才起见,已拟定来年秋季,于本校大学科内,添设图书馆专科。现此计划已在大学教员议会通过,一俟本校管理部认可,即可见诸实行。至其详细章程,来年即可公布也。"⑧ 可见,在 1920 年 1 月以前,韦棣华等人提出的文华大学在 1921 年秋季正式添设图书馆专科(图书馆学专科)的办学计划就已经在文华大学教员议会上获得通过,但还需要呈交文华大学管理部(董事会)审核。

---

① Large Audience Heard Miss Wood[J]. *The Times (Batavia)*, 1919-05-17(2). 原文如下:"She has been on a leave of absence the past winter, and has been visiting library schools at New York, Boston, Pittsburgh, and Cleveland. She spent part of her time during the winter in Boston studying the Harvard extension course."

② Alfred K. M. Chieo. Boone University Library Past, Present and Future[J]. *The Boone Review*, 1920, *15*(4): 327–330.

③ 程焕文. 文华精神:中国图书馆精神的家园——纪念文华图专 80 周年暨宗师韦棣华女士和沈祖荣先生[G]//马费成. 世代相传的智慧与服务精神——文华图专八十周年纪念文集. 北京:北京图书馆出版社,2001:234.

④ William Hwang. The First Library School in China[J]. *The Boone Review*, 1920, *15*(4): 364.

⑤ 公书林·开科预志[J]. 文华温故集,1920,15(2):46.

⑥ 沈祖荣. 在文华公书林过去十九年之经验[J]. 武昌文华图书科季刊,1929,1(2):174.

⑦ 公书林·开科预志[J]. 文华温故集,1920,15(2):46.

⑧ 公书林·开科预志[J]. 文华温故集,1920,15(2):46.

大约与此同时,顾临代表政治学会图书馆、邝富灼代表商务印书馆图书馆、王克弘代表中华基督教青年会全国协会图书馆分别致函文华大学,请求对方提供图书馆学专业人才。这意味着文华大学创办一个图书馆专科(图书馆学专科)的时机已经成熟。[①]

不过,计划赶不上变化快。1920 年 1 月,文华大学就已经正式创办了一个图书馆专科(图书馆学专科):"本校创自美国人韦棣华女士,因应各教育家及各图书馆长之要求与需要,故于民国九年一月正式成立于武昌,中国最早之图书馆学校也。"[②]其全称为"文华大学文华图书科"(一般简称"文华图书科"),英文全称"Boone Library School, Boone University"(一般简称"Boone Library School")。韦棣华亲自担任文华图书科主任,沈祖荣与胡庆生为专任教师。1920 年 3 月,文华图书科正式开学,第一班学生只有八人。[③]此后,在韦棣华、沈祖荣与胡庆生等人的共同努力下,文华图书科慢慢发展起来。

从一开始,文华图书科就具有一定的独立性。它跟文华大学的大学部(正馆)和中学部(备馆)并列,而高于大学部下属的文科、商科等科系。这主要是因为,文华图书科的办学经费大多来自韦棣华从美国募集而来的款项,文华大学对它的管辖范围与控制力度自然就跟其他科系存在较大差异。这为文华图书科后来单独办学和独立成校埋下了伏笔。[④]按程焕文所说,文华图书科的中英文名称"颇有令人回味之处,文华图书科后来发展成为独立的图书馆学校,其中文名称

---

① William Hwang. The First Library School in China [J]. *The Boone Review*, 1920, *15*(4): 363–365. 原文如下:"Previous to taking this step, three applications had come to Boone asking for trained librarians—Mr. Roger S. Greene of the China Medical Board wrote in behalf of the Chinese Social and Political Science Library, in Peking, Dr. Fong F. Sec in regard to the Commercial Press Libary in Shanghai, and Dr. de Varges as concerning the Y.M.C.A. Library in the same city. These applications showed that the time was ripe for opening a training school."

② 文华图书馆学专科学校.国民政府教育部立案湖北武昌文华图书馆学专科学校一览(中华民国二十年度)[M].武昌:文华图书馆学专科学校,1931:10. 另:文华图书科第一届毕业生桂质柏亦称文华图书科创办于 1920 年 1 月。原文如下:"Boone Library School was established by Miss Mary Elizabeth Wood (1862–1931) in Wuchang, in January, 1920, as the first and only library school in China, where full training for librarianship is given. 具体参见:Chich-ber Kwei. The Boone School [N]. The China Weekly, 1932, *59*(6): 190."

③ Alfred K. M. Chieo. Boone University Library Past, Present and Future [J]. *The Boone Review*, 1920, *15*(4): 327–330; *New York Library Club Bulletin*, 1921, *9*(5): No Paging.

④ 彭敏惠.文华图书馆学专科学校的创办与发展[M].武汉:武汉大学出版社,2015:75.

虽由文华大学文华图书科改为私立武昌文华图书馆学专科学校,但英文名称仍为 'Boone Library School',这便是韦棣华和沈祖荣在创办文华图书科之时暗示独立心仪的必然发展结果,而这种结果仍是当时韦棣华和沈祖荣极为复杂的心态的充分体现。"①

初创之时,文华图书科招收大学本科肄业二年及以上且成绩合格的学生,再跟文华大学其他科系同时修业,期满合格则毕业。不过,由于并非面向高中毕业生招生,所以文华图书科并无组织专门的入学考试,而是直接接收符合条件的文华大学在校学生注册入学。这些学生除了要修习文华图书科开设的图书馆学专业课程,还需要兼修其他科系的课程,以便取得足够的学分,顺利毕业。②事实上,这些学生毕业之时,除了获颁文华图书科的毕业证书,一般还在文华大学其他科系修够学分并获得相应学位(一般是文学士学位)。

1922年10月17日,《传教士》刊登了韦棣华给该刊编辑撰写的一封英文信,另取题名为《为中国征集书籍》。具体写信时间不详,但应当是写于1922年暑假期间。韦棣华在信中介绍了文华图书科的创办情况,并继续进行募捐。③同日,《活的教会》第67卷第23期也刊登了该信的缩写版,另取题名为《文华公书林及其发展步骤(缩写版)》。④韦棣华指出:"近来,我们的一个非常重要的发展步骤是开设图书馆训练课程——这在中国还是第一次。在我们图书馆的工作人员当中,有两人毕业于纽约公共图书馆学校,他们是沈先生(沈祖荣)和胡先生(胡庆生)。沈先生是第一个在美国攻读这类课程(图书馆学)的中国人,胡先生则是第三个。我们在文华大学开设的课程为期三年,是文华大学普通课程的一个组成部分。学生从大学二年级起才攻读(图书馆学)专业科目。我们的第一班学生刚刚毕业。所有毕业生都担任着重要的图书馆职位。四人在北京的图书馆工作,一个在上海商务印书馆的图书馆工作,一个在厦门大学图书馆工作。他们都是基督徒,都十分虔诚。我们现在还有另外两班学生,下个学期还将招收一班新学生。"⑤

1924年秋,文华大学与武昌博文书院和汉口博学书院两校的大学部合并,

① 程焕文. 中国图书馆学教育之父——沈祖荣评传[M]. 台北:学生书局,1997:47-48.

② 彭敏惠. 文华图书馆学专科学校的创办与发展[M]. 武汉:武汉大学出版社,2015:75.

③ Mary Elizabeth Wood. Books in China [J]. *The Churchman*, 1922 (126): 28. 另:原刊未标注具体卷期,但应当是第126卷.

④ Mary Elizabeth Wood. The Boone Library and Its Forward Steps (Condensed) [J]. *The Living Church*, 1922, *67*(23): 794.

⑤ Mary Elizabeth Wood. Books in China [J]. *The Churchman*, 1922 (126): 28.

组成私立武昌华中大学,下设文、理、商、图书四科。[①]文华大学文华图书科也就此相应地改称"华中大学文华图书科",但一般仍然简称为"文华图书科"(英文仍为"Boone Library School")。

1926年2月26—28日,中华教育文化基金董事会在北京饭店举行第一次学会,议决通过了筹办及补助事业的各项计划,其中包括在武昌华中大学图书科设立图书馆学教席及助学金名额。[②]同年6月8日,中华教育文化基金董事会致函中华图书馆协会,请对方协助武昌华中大学文华图书科在北京、南京、上海、武昌、广州五处办理招生事宜。[③]大约与此同时,韦棣华"将文华公书林和文华图书科的发展重任交给了她的两名得力助手沈祖荣和胡庆生,由沈祖荣担任文华公书林总理,胡庆生担任文华图书科主任。"[④]值得注意的是,从1926年起,胡庆生在文华图书科之外另有兼职:"民国十五年兼任武昌中山大学[⑤]教授,并兼图书馆馆长。"[⑥]

1927年5月18日,受时局影响,华中大学被迫解散,学生大多转至南京、上海等地的大学继续求学。[⑦]中华教育文化基金董事会所设图书馆学免费生学额亦因此暂停,本年并未招考新生。[⑧]不过,文华图书科仍然坚持继续办学,并在课程、设备、教学等方面积极改进。[⑨]

---

① 韦卓民. 华中大学史略[G]//韦卓民. 韦卓民全集 第10卷 教育实录. 武汉:华中师范大学出版社,2016:33.

② 李桂林. 中国现代教育史教学参考资料[M]. 北京:人民教育出版社,1987:577-578;中华教育文化基金董事会委托本会招生[J]. 中华图书馆协会会报,1926,1(6):11-12.

③ 中华教育文化基金董事会委托本会招生[J]. 中华图书馆协会会报,1926,1(6):11-12.

④ 程焕文. 中国图书馆学教育之父——沈祖荣评传[M]. 台北:学生书局,1997:55. 另:或称胡庆生从1925年起担任文华图书科主任. 具体参见:陈传夫,董有明. 求实奋进 共谱新篇——从文华图专到武汉大学信息管理学院(1920-2010)[M]. 武汉:武汉大学出版社,2010:63.

⑤ 武昌中山大学的前身是国立武昌高等师范学校,1923年6月改为国立武昌师范大学,1924年改为国立武昌大学,1926年改为武昌中山大学,1928年改为国立武汉大学. 具体参见:国立武汉大学图书馆. 国立武汉大学图书馆概况[M]. 武汉:国立武汉大学图书馆,不详:1.

⑥ 鄂行胡庆生自述[J]. 海光,1932,4(11):57-58.

⑦ 韦卓民. 华中大学史略[G]//韦卓民. 韦卓民全集 第10卷 教育实录. 武汉:华中师范大学出版社,2016:33.

⑧ 文华图书科之停顿[J]. 中华图书馆协会会报,1927,2(6):20.

⑨ 湖北武昌私立文华图书馆学专科学校. 湖北武昌私立文华图书馆学专科学校一览(民国二十三年度)[M]. 武汉:湖北武昌私立文华图书馆学专科学校,1934:9.

1928 年 11 月 3 日,胡庆生辞去文华图书科主任之职,但仍继续担任教授。韦棣华暂行代理文华图书科主任一职。[①] 因南京国民政府教育部强力要求各私立学校进行备案,而华中大学一直未能复校,文华图书科决定单独呈请备案。1928 年 12 月,韦棣华、孟良佐等人以"私立武昌文华图书馆学专门学校校董会"的名义向教育部申请立案,在国外亦相应成立基金会以筹措和管理办学资金。校董会成员除韦棣华与沈祖荣二人外,还有周贻春、陈时(陈叔澄)、戴志骞(戴超)、袁同礼(袁守和)、陈宗良、周苍柏、吴德施、孟良佐、卢春荣、冯汉骥等。[②]

1929 年 1 月,文华图书科学生创办《武昌文华图书科季刊》。同年春季开学前后,沈祖荣开始担任文华图书科代理主任。[③] 胡庆生则转到国立武汉大学工作:"民十八年任武昌国立武汉大学图书馆馆长,兼充教授,并兼任校务委员会委员。"[④]

1929 年 8 月,南京国民政府教育部颁布第一〇四三号令,正式批准"私立武昌文华图书馆学专科学校"立案。[⑤] 该校校董会选举沈祖荣为校长,其办学经费主要来自中美庚款补助和公私赞助,学制二年。[⑥]

---

① 本科消息·胡庆生主任辞职[J]. 武昌文华图书科季刊,1929,1(1):113.

② 陈传夫,董有明. 求实奋进 共谱新篇——从文华图专到武汉大学信息管理学院(1920—2010)[M]. 武汉:武汉大学出版社,2010:77;彭敏惠. 文华图书馆学专科学校的创建与发展[M]. 武汉:武汉大学出版社,2015:82.

③ 校闻·春游[J]. 武昌文华图书科季刊,1929,1(2):237-238;校闻·立案批准[J]. 武昌文华图书科季刊,1929,1(2):238;校闻·沈代理主任被选为参加罗马国际图书馆协会之中国代表[J]. 武昌文华图书科季刊,1929,1(2):238. 另:程焕文称沈祖荣于 1929 年 2 月开始担任文华图书代理主任,所据亦为《武昌文华图书科季刊》第 1 卷第 2 期所载《校闻》。具体参见:程焕文. 中国图书馆学教育之父——沈祖荣评传[M]. 台北:学生书局,1997:336.

④ 鄂行胡庆生自述[J]. 海光,1932,4(11):57-58. 另:武汉大学校史亦称"胡庆生、梁明致、皮宗石、皮高品、杨端六先后担任武大图书馆主任或馆长"。具体参见:谢红星. 武汉大学校史新编(1893—2013)[M]. 武汉:武汉大学出版社,2013:68.

⑤ 陈传夫,董有明. 求实奋进 共谱新篇——从文华图专到武汉大学信息管理学院(1920—2010)[M]. 武汉:武汉大学出版社,2010:77;彭敏惠. 文华图书馆学专科学校的创建与发展[M]. 武汉:武汉大学出版社,2015:82. 另:《第二次中国教育年鉴》第五编"高等教育"第四章"公私立专科学校概况"与第八编"职业教育"第二章"专科职业教育"均明确指出,文华图专于"十八年八月"(1929 年 8 月)获准立案。具体参见:教育部教育年鉴编纂委员会. 第二次中国教育年鉴[G]. 南京:教育部教育年鉴编纂委员会,1948:786,1035.

⑥ 陈传夫,董有明. 求实奋进 共谱新篇——从文华图专到武汉大学信息管理学院(1920—2010)[M]. 武汉:武汉大学出版社,2010:77.

　　1929年秋，华中大学复校，长沙雅礼大学与岳阳湖滨大学相继并入该校。[①]1929年9月15日，华中大学在停办两年后正式复办开学。[②] 因此，已经获准备案的"私立武昌文华图书馆学专门学校"其实并未正式独立办学并启用之前已经立案的新校名，而是依然以"文华图书科"之名依附于华中大学进行办学。恰如毛坤所说："图书科本华中大之一科，十六年夏华中因故停办，图书科单独进行，且于其间办准立案。华中于十八年复办后，图书科仍为其一科。"[③] 文华图书科学生仍在华中大学其他科系修习课程，修够学分且符合相关条件者依然可以由华中大学颁给学士学位。或称："1929年，仅有的一个班准备毕业的大四学生，是1926—1927年沈先生与胡先生曾教过的一班图书科学生，大学强令他们必须完成全部华中规定的课程才能取得学士学位。十个学生中只有三人取得合格，有两名女生因为没有上体育课而遭到学位否定。由于这一意外，使华中与文华图书科之间的相互关系紧张起来，濒于破裂。"[④]

　　值得一提的是，大约在1929年秋，胡庆生离开教育界与图书馆界[⑤]，转入上

① 韦卓民. 华中大学史略[G]//韦卓民. 韦卓民全集　第10卷——教育实录. 武汉：华中师范大学出版社，2016：33.

② 本科消息·华中大学开学[J]. 武昌文华图书科季刊，1929，1（3）：346.

③ 毛坤. 华中大学文华图书科十周年纪念[J]. 武昌文华图书科季刊，1930，2（2）：137-139.

④ Chryl Boettcher. 沈祖荣与文华图书馆学专科学校[G]//何建初译，毛相骞整理. 陈传夫. 文华情怀——文华图专九十周年纪念文集. 武汉：武汉大学出版社，2010：124-125. 另：参见后文的"表8-11　文华图书馆第十届毕业生一览表（1930.6）"。该表列出11名学生，但陈汲并非文华图书科的正式学生；此外，本届确实只有三人获得学士学位，即徐家璧、陈颂、耿靖民.

⑤ 据国立武汉大学于1930年12月付印、1931年1月出版的《国立武汉大学一览（中华民国十九年度）》所载"本大学教职员履历（民国十九年度）"，1930-1931学年，武汉大学图书馆已由梁明致代理馆务。具体参见：国立武汉大学. 国立武汉大学一览（中华民国十九年度）[M]. 武汉：国立武汉大学，1931：223.

海商业储蓄银行（或简称"上海银行"）工作,负责该行武昌分行的筹设事务①。1930年5月29日,上海商业储蓄银行武昌分行开始营业②,胡庆生任行长。不过,他依然对文华图书科怀有深厚感情,所以仍然计划抽空回文华图书科承担若干课程的教学工作。"胡庆生先生办理图书科几及十年,辛苦备尝,功不可没。后因事变决投身于银行界。现为武昌上海银行行长。先生以治图书馆者治银行,其道不同,其术则一,行将见其发皇光大也。同时亦不忘图书科,而拟抽时来校担任若干功课,以副全校师生殷殷之企望云。"③

　　文华图书科与华中大学双方在学生毕业、课程设置、行政领导等方面分歧重重,甚至"势有不能有十分水乳相容之相"。④于是,文华图书科向华中大学提出独立办学的意向。校长韦卓民将其提交华中大学校务委员会讨论,结果议决:"文华图专要么脱离华中大学,在财政和管理方面都自行独立;要么它本身必须完全服从于大学的各级主管人员。"⑤这无疑是给韦棣华、沈祖荣等人下了最后通牒。针对这种情况,之前组织的私立武昌文华图书馆学专门学校校董会于1930年6月20日在文华公书林召开年会,陈时(陈叔澄)、周苍柏、孟良佐、卢春荣、韦棣华、沈祖荣六人出席,周贻春、袁同礼(袁守和)、戴志骞、陈宗良与冯汉骥五人因路途遥远未能到会,但亦发来电报表达意见。本次年会"讨论本校与华中大学之关系。

① 胡庆生自称他"于民十九年入上海银行筹备添设武昌分行事务,自建行屋,其建筑上之设计及画图等等,皆由鄙人自任其事,悉心计划。"(具体参见:鄂行胡庆生自述[J].海光,1932,4（11）:57–58.)但"民十九年"之说并不准确。据《上海银行武昌分行行史（1934年）》:"吾行有鉴及此,早拟开办鄂行,每因时事而存观望,自国民革命北伐成功全国统一,大局枚[敉]平,乃于十八年决定开办,派胡庆生君筹划一切。""查本行行址,原为汉江春茶楼,民国十一年毁于兵燹,业主宋宝康君,必待善价而沽,吾行以贰万零捌百元,于十八年十一月二十四日成效,十二月四日立契,殊费周折。""行址既定,随由胡庆生君,与雷仲云工程师设计绘图。""由永茂隆营造厂,以洋贰万伍千元承包,于十九年三月开工,同年十月始告完成。""本行营业,原拟俟行屋落成开始,嗣闻某行暗中追踪进行,欲先我开幕,胡君以青年会董事长关系,乃商请该会腾租公事房一部份,作营业室,于十九年五月二十九日提前开始营业,斯时办事者,仅四人耳。""行屋于十九年十月初旬落成,鄂行永久伟大之基业,肇开始序幕于十月十五日矣,当日宾朋座满,颇极一时之盛。"(具体参见:上海银行武昌分行行史（1934年）[G]//何品,宣刚.上海市档案馆藏近代中国金融变迁档案史料汇编·上海商业储蓄银行.上海:上海远东出版社,2015:171–174.)
② 上海银行武昌分行行史（1934年）[G]//何品,宣刚.上海市档案馆藏近代中国金融变迁档案史料汇编·上海商业储蓄银行.上海:上海远东出版社,2015:171–174.
③ 同门会消息·胡庆生[J].武昌文华图书科季刊,1930,2（2）:275–276.
④ 毛坤.华中大学文华图书科十周年纪念[J].武昌文华图书科季刊,1930,2（2）:137–139.
⑤ 彭敏惠.文华图书馆学专科学校的创建与发展[M].武汉:武汉大学出版社,2015:83.

议决：本校已于国民政府教育部立案，为办事便利起见，应行独立。惟课程方面仍可与华中大学协作一切。"同时，"举孟良佐、陈叔澄、沈祖荣、卢春荣各董事组织校董会章程修改委员会起草修改，于十九年十二月开常会时提出通过。"①

与此相应，政府方面亦正式将文华图专视为一所独立的专科学校，直接称之为"私立武昌文华图书馆学专科学校""武昌私立文华图书馆学专科学校""私立文华图书馆学专科学校"等。比如，1930 年 8 月 9 日，时任湖北教育厅厅长的黄建中签发了"训令（育字第一一七六号）"，内称"私立武昌文华图书馆学专科学校"。② 又如，1930 年 8 月 23 日，时任辽宁教育厅厅长的吴家象签发了"函武昌私立文华图书馆学专科学校为送辽宁省立图书馆馆员"的"辽宁教育厅公函第五五六号"。③

1930 年 12 月 1 日，文华图专举行总理纪念周活动："校长沈先生即席讲演本校之历史，同时启用教育部颁发吾校之钤记。师生闻得此项消息，莫不喜形于色，庆贺吾校立案之成功及在中国教育界上取得之地位。当时并放爆竹三千，以祝典礼云。"④

1931 年 5 月 1 日，韦棣华在武昌病逝。此后，文华图专与华中大学校方之间的矛盾变得越发尖锐。《武昌文华图书科季刊》亦从 1932 年 3 月第 4 卷第 1 期起正式改称《文华图书馆学专科学校季刊》。"文华图书科"之称全面让位于"文华图书馆学专科学校"。

第三节　亲自授课，死而后已

在其初创之时，文华图书科的师资力量十分单薄，仅有韦棣华、沈祖荣与胡庆生三位专任教师，所以只开设了四门图书馆学专业课程，即西文书籍选评（英文为"Book Selection and Book Review"，或称"西文书籍选读""英文书籍选评"等；直译为"图书选择与图书评论"）、编目法（英文为"Cataloguing"）、分类法（英文为

---

① 本科消息·本校校董会开会情形[J]. 武昌文华图书科季刊,1930,2（2）:271-272.

② 训令（育字第一一七六号)[J]. 湖北教育厅公报,1930,1（9）:19.

③ 函武昌私立文华图书馆学专科学校为送辽宁省立图书馆馆员[J]. 辽宁教育公报,1930（16）:（公牍）1-2.

④ 校闻·校章之启用[J]. 武昌文华图书科季刊,1930,2（3/4）:476.

"Classification")和参考工作(英文为"Reference Work")。① 综合后来文华图书科的师资力量与任课情况,可以推断,韦棣华讲授西文书籍选评,沈祖荣讲授编目法与分类法两门课程,胡庆生讲授参考工作。

另据1924年华中大学编印的《华中大学布告(第一号)》,文华图书科开设的四门课程如下。

(1)编目法与主题标目(英文为"Cataloguing and Subject Heading"):二、三年级,三学时;四年级,四学时。

课程说明:授以字典式编目的指南与问题,辅以教师监督下的实习,同时学习主题标目之分配。每个学生都要编制一份目录样本,以阐述课堂上教授的编目原则。②

(2)分类法(英文为"Classification"):二年级,二学时;三年级,四学时。

课程说明:阐述分类的基本原则,调查以杜威十进分类法为基础的三种最为人所知的分类法。课后均须进行分类练习。③

(3)图书选择与图书评论(英文为"Book Selection and Book Review"):二年级,二学时;三年级,四学时。

课程说明:授以跟图书选择相关的原则、方法与辅助手段,旨在进一步培养

---

① 彭敏惠.文华图书馆学专科学校的创办与发展[M].武汉:武汉大学出版社,2015:75.另:四门课程的英文译名有所变动。另据黄伟楞所撰《中国第一个图书馆学专科》,文华图书科初创之时开设了分类法(对应英文为"Classification")、编目法(对应英文为"Cataloguing")、主题标目(对应英文为"Subject Headings")、图书选择(对应英文为"Book Selection")、图书评论(对应英文为 Book Reviews")与参考工作(对应英文为"Reference Work")六门课程(具体参见:William Hwang. The First Library School in China [J]. *The Boone Review*, 1920, *15*(4): 364),但实际上图书选择与图书评论合而为一,编目法与主题标目合而为一。

② Hua Chung University. *University Bulletin, No.1* [M]. Wuchang: Hua Chung University, 1924: 32–33. 原文如下:"Instruction and problems in dictionary cataloguing, supplemented by supervised practice work, together with a study of the assigning of subject headings. Each student is required to make a sample catalogue illustrating the various principles as taught in class."

③ Hua Chung University. *University Bulletin, No.1* [M]. Wuchang: Hua Chung University, 1924: 32–33. 原文如下:"A course devoted to the general principles of classification, and to a survey of three best-known systems, the Decimal Classification being used as the basis of the work. Practice in classification follows each recitation."

学生评判书籍价值及其是否适应图书馆和读者的类型之能力。①

（4）参考工作（英文为"Reference Work"）：二、三、四年级，二学时。

课程说明：介绍更多常见参考书，为学生利用参考书提供便利。字典、百科全书、索引、手册等都包括在内。②

除了课堂教学，文华图书科从一开始就非常注重课外实践。文华图书科第一届学生黄伟楞指出："经过一学期的训练，学生懂得了这门学科的一些基本原理，但缺乏实践。修习这门课程的学生绝不能忽视实践的一面；跟其他许多学科一样，图书馆学与其说是理论性的，不如说是实践性的。为了充实学生的实践经验，文华图书科计划派学生到之前来函表示需要图书馆员的两个图书馆实习。学期结束之前，这些机构与文华图书科及学生之间达成了一致意见。在暑假的六个星期里，五名学生由胡庆生先生带领，在商务印书馆图书馆工作。这个机构受益匪浅，而学生收获的经验亦是非常宝贵。（其他三名学生）在政治学会图书馆的工作由沈祖荣先生负责。由于铁路交通中断，他们的服务期限较短，但这个经历证明是非常有益的。两个学生在上面提到的这两个图书馆拿到了两个临时职位，直到有两个毕业生可以取代他们。"③

关于1920年暑假文华图书科第一班学生在上海与北京两地的实习情况，许达聪与陈宗登分别撰有《文华公书林在商务印书馆图书馆的工作》与《文华公书林在政治学会图书馆的工作》。据许达聪所述，1920年春天，商务印书馆编译所英文部主任邝富灼致函文华公书林，商请对方代为商务印书馆图书馆进行编目。经过几次通信联系，文华公书林决定派胡庆生赴上海负责编目工作，同时派五名文华图书科学生随行。六人抵达商务印书馆后，首先对商务印书馆图书馆进行了全面考察。他们发现，该馆的英文馆藏包括大约7 000册图书和3 000册杂志，大多是历史、哲学、教育、社会学、文学方面的作品，以及各类文集。该馆还拥有

① Hua Chung University. *University Bulletin, No.1* [M]. Wuchang: Hua Chung University, 1924: 32-33. 原文如下："The principles, methods and helps involved in the choice of books for library use are treated in this course. It aims to cultivate further the power of judging books as to their value and and adaptability to various types of libraries and people."

② Hua Chung University. *University Bulletin, No.1* [M]. Wuchang: Hua Chung University, 1924: 32-33. 原文如下："This is planned to introduce the more common reference books and to give the student facility in their use. Dictionaries, encyclopaedias, indexes, handbooks, etc., are among the types."

③ William Hwang. The First Library School in China [J]. *The Boone Review*, 1920, *15*(4): 364-365.

一套非常珍贵的由西方名人撰写的研究中国的著作。由于商务印书馆聘请了许多译者为读者大众及全国各地的各类学校翻译西学著作,所以该馆的编目工作显得非常紧急而且必要。抵达上海后不久,六人就开始进行编目。由于商务印书馆本身就可以提供书目卡片、标签等必需的材料,后来还提供了打字机,所以编目工作进展得很快。他们每人每天工作六小时,六周内完成了 3 000 册图书的编目任务,受到商务印书馆的高度赞扬。这一成绩的取得跟胡庆生有着很大的关系,因为他在纽约公共图书馆学校求学时有过许多实践经验,所以能够帮助学生处理疑难问题,并且激励他们做得更快更好。[①]

另据陈宗登所述,顾临数月前致函韦棣华,请她派一位受过专业训练的图书馆员到北京帮忙整理政治学会图书馆的藏书,以方便该会会员们加以利用。于是,韦棣华派沈祖荣和三名文华图书科学生前去。四人初到之时,该馆购买的图书还只有一小部分送达。他们给该馆引进了书目卡片体系,对这些图书进行编目,加贴标签,并有序放置,以方便读者利用。后来,该馆又有 3 000 册新书送达,大多是政治学与社会学领域的图书。暑假结束后,田洪都仍然留在北京,暂时充当该馆主任,直到有文华图书科毕业生可以永久担任该职务。[②]

文华图书科第一班的八名学生其实分别就读于文华大学文科的不同年级,所以他们最终从文华大学文科毕业并获颁文学士学位乃至正式从文华图书科结业的时间并不相同。就当前掌握的资料,这八人当中,有三人当时是文华大学文

① Hsu Ta-Tsung. The Work of Boone Library in the Commercial Press Library [J]. *The Boone Review*, 1920, *15*(4): 365−367.

② Tsong-Dun Chen. The Work of the Boone Library in the Chinese Social and Political Science Library in Peking [J]. *The Boone Review*, 1920, *15*(4): 367−368.

科三年级的学生,即陈宗登①、裘开明②与黄伟楞③;另有三人当时是文华大学文科二年级的学生,即许达聪、查修④、桂质柏⑤。1922年1月8日,文华大学举行了毕业典礼,裘开明、陈宗登与黄伟楞从文华大学文科毕业并获文学士学位,同时取得文华图书科的结业证书。⑥值得注意的是,本次毕业典礼结束之后,文华大学调整学制,将春季入学改为秋季入学,毕业典礼亦相应地由冬季改在夏季。1922年6月24日,文华大学举行了第一次夏季毕业典礼。许达聪、查修与桂质柏因为学制变化提前半年结束学业,于此日正式从文华大学文科毕业并获文学士学位,同时取得文华图书科的结业证书。⑦上述六人都找到了令人满意的工作。裘开明、查修与桂质柏三人后来更是成为中国图书馆界的佼佼者,在事业与学术两个方面都发展得很好。

---

① 陈宗登于1918年从美国圣公会创办的芜湖圣詹姆斯中学入读文华大学一年级。具体参见:*Boone University. Boone University 1871–1921* [M]. Wuchang: Boone University, 1921: 28. 原文如下:"Henry Chen: Entered the Freshman class in 1918, from St. James High School, Wu-Hu, American Church Mission, expects to enter library work."

② 裘开明于1915年从美国圣公会创办的长沙圣詹姆斯中学转入文华中学五年级。具体参见:*Boone University. Boone University 1871–1921* [M]. Wuchang: Boone University, 1921: 28. 原文如下:"Alfred Chiu: Entered the Middle School in the Fourth Form in 1915, from St. James School, Changsha, American Church Mission, expects to enter library work or teaching."

③ 黄伟楞于1917年从英国圣公会在衡阳创办的诸圣中学升入文华中学六年级。具体参见:*Boone University. Boone University 1871–1921* [M]. Wuchang: Boone University, 1921: 28. 原文如下:"William Hwang: Entered the Middle School in the Sixth Form in 1917, from All Saints' School, Hengchow, C.M.S., expects to enter library work."

④ 关于查修的生平,可参见:郑锦怀. 查修的生平与图书馆学成就考察 [J]. 大学图书馆学报,2011(3):118–125;乔亚铭. 查修与图书馆的渊源及其主要成就 [J]. 情报探索,2016(8):62–66.

⑤ 程焕文. 中国图书馆学教育之父——沈祖荣评传 [M]. 台北:学生书局,1997:42. 另:这六人合称"The Happy Six"("快乐六君子")。

⑥ 毕业典礼志盛 [J]. 文华月刊,1922,2(1):9. 转引自:程焕文. 中国图书馆学教育之父——沈祖荣评传 [M]. 台北:学生书局,1997:42. 另:程焕文的表述是"1922年1月8日,裘开明、陈宗登与黄伟楞三人毕业并获文学学士学位和图书馆学专科证书。"

⑦ 毕业典礼程序 [J]. 文华月刊,1922,2(2):9. 转引自:程焕文. 中国图书馆学教育之父——沈祖荣评传 [M]. 台北:学生书局,1997:42. 另:程焕文的原始表述是"1922年元月,文华大学在举行完毕业典礼以后调整制度,将春季入学改为秋季入学(即毕业典礼由冬季改为夏季),6月24日许达聪、查修和桂质柏因学制度化提前半年毕业,并获文学学生学位和图书馆学专科证书。"此处"因学制度化"当为"因学制变化","文学学生学位"当为"文学学士学位"。

　　至于另外两人,则是田洪都与胡芬(即胡正支,或作胡正之)①。如前文所述,1920 年暑假,沈祖荣带田洪都、查修、陈宗登三人赴政治学会图书馆实习。实习结束后,田洪都留下暂充该馆主任。1922 年 1 月 8 日,陈宗登毕业,随后前往政治学会图书馆接替田洪都。田洪都则返回文华图书科继续学业,至 1924 年 1 月毕业并获华中大学文学士学位。胡芬的情况跟田洪都类似。1920 年暑假,胡庆生带裘开明、许达聪、桂质柏、黄伟楞、胡芬五人随赴商务印书馆图书馆实习。实习结束后,胡芬受聘担任该馆主任。②1922 年 1 月 8 日,黄伟楞毕业,随后赴商务印书馆图书馆接替胡芬。胡芬则返回文华图书科继续学业,至 1925 年 6 月毕业。不过,他并未从华中大学获得文学士学位。

图 8-1　文华图书科第一班师生合影 ③

① 对此,中国科学技术信息研究所王玮博士撰有专文《文华图书科首班"流失"学生考》(已被《图书馆论坛》录用,并在 CNKI 上优先出版),笔者亦为其补充了部分史料。此处仅略作介绍,不作详细考辨。

② College and School Notes[J]. *The Boone Review*,1920,*15*(4):375-379.

③ China's First Library School[J]. *Library Journal* 1921, [46]: 555. 另:原刊并未标注具体期次。根据文中所说,在这张照片中,韦棣华居中,她左侧第二个是沈祖荣,右侧第二个是胡庆生。值得一提的是,1920 年 11 月,《文华温故集》第 15 卷第 4 号刊登了这张照片,其下标注"First Library School in China. (Staff and Members of First Class)"(具体参见:First Library School in China. Staff and Members of First Class[J]. The Boone Review, 1920, *15*(4):No Paging [第 354-355 页之间].)。1921 年 3 月《差传精神》第 86 卷第 3 期亦刊登了这张照片,其下标注"Staff and Members of the First Class of the First Library School in China",并附说明文字"Miss Wood stands in the center; on either side of her are Mr. Seng and Mr. Hu"(即"韦棣华女士站在中间,她两侧分别是沈(祖荣)先生和胡(庆生)先生"),但这一说明应当是错误的(具体参见:Marian Dec. Ward. A Book for Boone[J]. *The Spirit of Missions*, 1921, *86*(3): 171-174.)。

1920 年秋季开学后,文华图书科又招收了一班学生,共有七名学生注册入学,即王文山、冯汉骥、黄星辉、熊景芳、杨作平、罗基焜与曾宪三。前面五人于 1923 年 6 月毕业并获华中大学文学士学位,后面两人不知何故直至 1925 年 6 月才毕业并获华中大学文学士学位。据现存的一份成绩单,1920—1921 学年,曾宪三修习了四门图书馆学相关课程。[①] 具体如表 8-1 所示。

表 8-1　1920—1921 学年曾宪三修习图书馆学相关课程一览表 [②]

序号	课程名称(中文译名)	1920—1921 学年			
		秋季学期		春季学期	
		成绩	学分	成绩	学分
1	图书选择与图书评论	65	2	40	2
2	编目法	74	2	70	2
3	分类法	80	2	70	2
4	参考工作	80	2	65	2

另据《文华大学(1871—1921)》,1921 年,文华图书科(书中称之为"Boone Library Training School")学生推选了五名干部,分别是主席陈宗登、副主席黄伟楞、秘书曾宪三、司库罗基焜、执行委员王文山。[③]

与此同时,文华图书科已经开始考虑开设一年制的图书馆训练特别课程(即 1930 年才开始招生的图书馆学讲习班),但相关计划尚未制订完毕。[④]

文华图书科刚刚起步,但其工作已经受到高度肯定。1921 年 5 月,《纽约图书馆俱乐部通讯》第 9 卷第 5 期报道称:"中国武昌文华大学于 1920 年 3 月开设了第一班图书科,第一学期有八个学生,第二学期新增了七个学生。其教师包括普拉特学院图书馆学院 1906—1907 特别生韦棣华女士以及纽约公共图书馆学校毕业生沈祖荣与胡庆生。除了在文华图书科的工作,沈先生还跟基督教青年

① 彭斐章,彭敏惠.文华图专目录学教育与目录学思想现代化[J].图书馆论坛,2009（6）:10.

② 本表据《文华图专目录学教育与目录学思想现代化》一文中所收曾宪三成绩单编成,形式与文字略有变动。具体参见:彭斐章,彭敏惠.文华图专目录学教育与目录学思想现代化[J].图书馆论坛,2009（6）:10.

③ Boone University. *Boone University 1871–1921* [M]. Wuchang: Boone University, 1921: 29.
另:王文山与曾宪三同时还分别是文华大学文科二年级的主席与秘书。

④ William Hwang. The First Library School in China [J]. *The Boone Review*, 1920, *15*(4): 365.

会合作,在五座城市讲演《中国对公共图书馆需要》,对杜威十进分类法进行了改造以适应中文书籍的分类,并在文华图书科学生的协助下对北京的政治学会图书馆进行了整理。如果不是韦棣华女士坚定不移地在中国训练图书馆员,这些工作都不可能完成。"①

此后,文华图书科的师资力量渐渐得到增强,但韦棣华一直坚持亲自授课。据彭斐章与彭敏惠合撰的《从文华图书科到文华图书馆学专科学校》中的"课程设置变化表",1923—1924、1924—1925、1928—1929、1929—1930 学年,文华图书科在每个学期都开设了一门英文书籍选评课程②(或称西文书籍选评、西文书籍选读等),应当都是由韦棣华讲授。文华图书科第七届毕业生(1926.9—1928.6)钱亚新后来回忆称:"我们是华中大学文华图书科的学生,班主任是胡庆生先生,其他老师有沈祖荣先生,还有一位外国老师叫 Miss Wood,专门教英国文学。胡先生教外文工具书,沈先生教图书分类法和编目法。另外我还选读了两门图书馆学以外的功课:一门是社会学,一门是打字,都是由外国老师教的。"③"第二年的功课,图书分类法、图书编目法继续进行,社会学、英国文学和打字课不上了,新添了几门。其中版本学由徐行可讲授。"④因其属于回忆性质,钱亚新在回忆录中提到的课程名称不一定准确。不过,据之可知,1926—1927 学年,韦棣华在文华图书科开设了一门英国文学课程,而这门课程极可能就是前文提到的西文书籍选评课程(或称西文书籍选读、英文书籍选评等)。1928—1929、1929—1930 学

---

① The Far East [J]. *New York Library Club Bulletin*, 1921, *9*(5): No Paging. 原文如下:"Boone University in Wuchang, China, opened in March, 1920, its first class in library training with eight students in the first term and seven additional students in the second term. The teachers are Miss Mary Elizabeth Wood, Pratt, 1906−07, and Mr. Samuel Seng and Mr.Thomas Hu, both of the Library School of the New York Public Library. In addition to his work at Boone, Mr. Seng, working under the Y. M. C. A., has lectured in five cities on 'The Need for Public Libraries in China' has adapted the Dewey system to the classification of Chinese books, and with the assistance of Boone students has organized the library of the Chinese Political and Social Science Association at Peking. None of this work would have been accomplished save for the unalterable determination of Miss Wood to have trained librarians in China."

② 彭斐章,彭敏惠. 从文华图书科到文华图书馆学专科学校 [G]//陈传夫. 图书馆学研究进展. 武汉:武汉大学出版社,2010:20−21.

③ 钱亮. 文华生活回忆——据钱亚新先生生前录音整理[J]. 图书情报知识,2008(1):111−113;钱亚新. 钱亚新别集[M]. 谢欢整理. 南京:南京大学出版社,2013:206.

④ 钱亮. 文华生活回忆——据钱亚新先生生前录音整理[J]. 图书情报知识,2008(1):111−113;钱亚新. 钱亚新别集[M]. 谢欢整理. 南京:南京大学出版社,2013:207.

年，文华图书科在每个学期均开设一门现代史料课程①，亦由韦棣华教授。②

韦棣华上课非常认真，令学生钦佩不已："当我们受她的英文课的时候，如果遇着一个生字，大家不明白它的音义时，她便持一本字典，指着那颗字所在的地位，挨次挨次地走到每一个学生的座次教我们读。甲读了，她又持向乙，乙读了，她又持向丙，便这样总要读到五六个人她才肯罢休。她似乎听着学生读出生字的声音来，她的心中便觉到一种说不出来的愉快……她这种诲人不倦的精神，她这种宁肯牺牲自己健康，一心一意地只为着学生的幸福打算，真是最难能而最令人感激不已的地方。"③

大约从 1930 年 10 月起，韦棣华开始时常患病。虽然沈祖荣及其他教师都愿意代课，但韦棣华依然坚持亲自授课，"因为她的精神大半都寄托在教课上，而她的安慰，也只能在教课中去寻求，仿佛她一日不教诲后进，她的内心里便有说不出来的苦闷，便会感觉到不舒服"。④

1931 年 3—4 月间，韦棣华血管发炎，一连 50 天都是靠打吗啡针维持生命。4 月底，韦棣华病情稍好，却又忙着写起信函。⑤韦棣华曾请求一位负责照顾她的熊姓女护士用心看护她，因为她"至少希望能够维持到五月十六日——三重纪念日——的晚上。我是不希企什么个人的光荣。我不在乎，因为，那时候我有许多的老学生、老朋友，会来看我的呵！我要请他们帮助公书林，帮助图书馆学校，扶助中国图书馆事业呢！"⑥4 月 30 日，韦棣华病情复发，连双脚都肿胀起来了。5 月 1 日中午 12 时 55 分，韦棣华永远地离开了人世。⑦

---

① 彭斐章，彭敏惠．从文华图书科到文华图书馆学专科学校[G]//陈传夫．图书馆学研究进展．武汉：武汉大学出版社，2010：20-21．

② 彭敏惠．文华图专师资力量探析和启示[J]．图书情报知识，2015（5）：39-45．另：彭敏惠据湖北省档案馆所藏 1929 年"私立文华中学校董立案"（LS10-2-833）制作了"1928 年文华图专教师列表"，此处引用时略有变动．

③ 董铸仁．韦女士的学生[J]．武昌文华图书科季刊，1931，3（3）：340．

④ 董铸仁．韦女士的学生[J]．武昌文华图书科季刊，1931，3（3）：340．

⑤ 邓衍林．火葬[J]．武昌文华图书科季刊，1931，3（3）：346．

⑥ 邓衍林．火葬[J]．武昌文华图书科季刊，1931，3（3）：347．

⑦ 邓衍林．火葬[J]．武昌文华图书科季刊，1931，3（3）：346．另：或称"韦棣华女士于五月一日午后一时逝世"．具体参见：本校消息·韦女士逝世及追悼会[J]．武昌文华图书科季刊，1931，3（2）：279．

从 1920 年 1 月创办文华图书科,到 1931 年 5 月 1 日逝世,韦棣华见证了文华图书科多届专科毕业生 ① 及文华图专第一届讲习班毕业生的求学历程。现将这些毕业生的简要情况进行介绍,如表 8-2 至表 8-13 所示。

表 8-2　1922 年 1 月文华图书科毕业生一览表

序号	姓名	字号	性别	籍贯	毕业及获得文学士学位时间
1	裘开明	闇辉[1]	男	浙江镇海	1922 年 1 月[2]
2	陈宗登	尺楼[3]	男	江苏江都	1922 年 1 月[4]
3	黄伟楞		男	湖南衡阳	1922 年 1 月[5]

注:1. 程焕文. 裘开明年谱[M]. 桂林:广西师范大学出版社,2008:裘开明简介.

2. 华中大学. 私立武昌华中大学历届毕业同学录[M]. 武昌:华中大学,1935:7.

3. 本会会员名录[J]. 中华图书馆协会会报,1926,1(5):12-19.

4. 华中大学. 私立武昌华中大学历届毕业同学录[M]. 武昌:华中大学,1935:7.

5. 华中大学. 私立武昌华中大学历届毕业同学录[M]. 武昌:华中大学,1935:7.

表 8-3　1922 年 6 月文华图书科毕业生一览表

序号	姓名	字号	性别	籍贯	毕业及获得文学士学位时间
1	查修	士修[6],修梅[7]	男	安徽黟县	1922 年 6 月[8]
2	桂质柏		男	湖北武昌	1922 年 6 月[9]
3	许达聪	庸吾[10]	男	安徽桐城	1922 年 6 月[11]

注:6. 本会会员名录[J]. 中华图书馆协会会报,1926,1(5):12-19.

7. 会员消息[J]. 中华图书馆协会会报,1934,9(4):10.

8. 华中大学. 私立武昌华中大学历届毕业同学录[M]. 武昌:华中大学,1935:8.

9. 华中大学. 私立武昌华中大学历届毕业同学录[M]. 武昌:华中大学,1935:8.

10. 本会会员名录[J]. 中华图书馆协会会报,1926,1(5):12-19.

11. 华中大学. 私立武昌华中大学历届毕业同学录[M]. 武昌:华中大学,1935:7.

---

① 文华图书科早期毕业生的情况相当复杂。比如,文华图书科第一、二届毕业生其实是同班同学,只是毕业时间不同。又如,有些学生中途离校,后来又返校继续学业,故而其毕业届别与其同班同学不同。囿于史料,下列各表仅以各个学生的毕业时间为准,不列明其毕业届别,同时不细究其入学时间。这跟武汉大学信息管理学院编印的毕业同学录或其他史料的记载有所不同,请读者明鉴。

表8-4　1923年6月文华图书科毕业生一览表

序号	姓名	字号	性别	籍贯	毕业及获得文学士学位时间
1	王文山		男	湖北汉川	1923年6月 [12]
2	冯汉骥		男	湖北宜昌	1923年6月 [13]
3	黄星辉		男	湖南湘潭	1923年6月 [14]
4	熊景芳		男	湖北汉川	1923年6月 [15]
5	杨作平		男	湖北武昌	1923年6月 [16]

注:12. 华中大学. 私立武昌华中大学历届毕业同学录[M]. 武昌:华中大学,1935:8.

13. 华中大学. 私立武昌华中大学历届毕业同学录[M]. 武昌:华中大学,1935:8.

14. 华中大学. 私立武昌华中大学历届毕业同学录[M]. 武昌:华中大学,1935:8.

15. 华中大学. 私立武昌华中大学历届毕业同学录[M]. 武昌:华中大学,1935:8.

16. 华中大学. 私立武昌华中大学历届毕业同学录[M]. 武昌:华中大学,1935:8.

表8-5　1924年1月文华图书科毕业生一览表

序号	姓名	字号	性别	籍贯	毕业及获得文学士学位时间
1	赵体增		男	浙江绍兴	1924年1月 [17]
2	章新民		男	江西九江	1924年1月 [18]
3	聂文汇		男	湖北黄陂	1924年1月 [19]
4	范礼煌	明霞 [20]	男	江西九江	未获得文学士学位
5	刘廷藩		男	浙江温州	未获得文学士学位

注:17. 华中大学. 私立武昌华中大学历届毕业同学录[M]. 武昌:华中大学,1935:9.

18. 华中大学. 私立武昌华中大学历届毕业同学录[M]. 武昌:华中大学,1935:9.

19. 华中大学. 私立武昌华中大学历届毕业同学录[M]. 武昌:华中大学,1935:9. 另:令人感到奇怪的是,其他文华图书科(文华图专)史料通常称文华图书科第三届学生只有赵体增、章新民、刘廷藩、田洪都、范礼煌五人,而未提到聂文汇其人。此处姑且录之。

20. 会员消息[J]. 中华图书馆协会会报,1933,8(4):18.

表 8-6　1925 年 6 月文华图书科毕业生一览表

序号	姓名	别名	字号	性别	籍贯	毕业及获得文学士学位时间
1	孙述万		书城 [21]	男	湖北黄陂	1925 年 6 月 [22]
2	杨希章		行言 [23]	男	湖北汉阳	1925 年 6 月 [24]
3	皮高品			男	湖北嘉鱼	1925 年 6 月 [25]
4	严文郁		绍诚 [26]	男	湖北汉川	1925 年 6 月 [27]
5	白锡瑞 [28]			男	河北北平	1925 年 6 月 [29]
6	田洪都		京镐，或作京碻 [30]	男	山东安丘	1925 年 6 月 [31]
7	曾宪三			男	湖北武昌	1925 年 6 月 [32]
6	罗基焜			男	湖北宜昌	1925 年 6 月 [33]
7	胡芬	胡正支，胡正之	卓生	男	湖北沔阳 [34]	未获得文学士学位
8	杨先得			男	湖北武昌	未获得文学士学位

注:21. 会员消息 [J]. 中华图书馆协会会报,1933,9（3）:20.

22. 华中大学. 私立武昌华中大学历届毕业同学录 [M]. 武昌:华中大学,1935:17

23. 会员消息 [J]. 中华图书馆协会会报,1933,8（4）:18.

24. 华中大学. 私立武昌华中大学历届毕业同学录 [M]. 武昌:华中大学,1935:18.

25. 华中大学. 私立武昌华中大学历届毕业同学录 [M]. 武昌:华中大学,1935:17.

26. 会员消息 [J]. 中华图书馆协会会报,1932,8（1/2）:43-44.

27. 华中大学. 私立武昌华中大学历届毕业同学录 [M]. 武昌:华中大学,1935:18.

28. 或作"柏锡瑞"。

29. 华中大学. 私立武昌华中大学历届毕业同学录 [M]. 武昌:华中大学,1935:17.

30. 会员简讯 [J]. 中华图书馆协会会报,1930,5（5）:43.

31. 华中大学. 私立武昌华中大学历届毕业同学录 [M]. 武昌:华中大学,1935:18.

32. 华中大学. 私立武昌华中大学历届毕业同学录 [M]. 武昌:华中大学,1935:18.

33. 华中大学. 私立武昌华中大学历届毕业同学录 [M]. 武昌:华中大学,1935:17. 另:罗基焜直到 1925 年 6 月才从文华大学获得文学士学位，颇显奇怪。

34. 国立浙江大学秘书处出版课. 国立浙江大学一览（二十一年度）[M]. 杭州:国立浙江大学秘书处出版课,1932:310.

表 8-7　1926 年 6 月文华图书科毕业生一览表

序号	姓名	字号	性别	籍贯	毕业及获得文学士学位时间
1	徐家麟	徐行 [35]	男	湖北江陵	1926 年 6 月 [36]
2	蔡声洪		男	湖北汉川	1926 年 6 月 [37]
3	李汉元		男	湖北襄阳	1926 年 6 月 [38]
4	陆华深		男	广东中山	1926 年 6 月 [39]
5	葛受元		男	湖南湘乡	1926 年 6 月 [40]
6	汪长炳	文焕	男	湖北汉川	1926 年 6 月 [41]
7	董明道 [42]		男	江西九江	1926 年 6 月 [43]

注:35. 会员消息 [J]. 中华图书馆协会会报,1932,7 (6):27-28.

36. 华中大学. 私立武昌华中大学历届毕业同学录 [M]. 武昌:华中大学,1935:18.

37. 华中大学. 私立武昌华中大学历届毕业同学录 [M]. 武昌:华中大学,1935:18.

38. 华中大学. 私立武昌华中大学历届毕业同学录 [M]. 武昌:华中大学,1935:18.

39. 华中大学. 私立武昌华中大学历届毕业同学录 [M]. 武昌:华中大学,1935:18.

40. 华中大学. 私立武昌华中大学历届毕业同学录 [M]. 武昌:华中大学,1935:18.

41. 华中大学. 私立武昌华中大学历届毕业同学录 [M]. 武昌:华中大学,1935:19. 另:原书误作"陆华琛".

42. 或作"董垂照". 具体参见:华中大学. 私立武昌华中大学历届毕业同学录 [M]. 武昌:华中大学,1935:19.

43. 华中大学. 私立武昌华中大学历届毕业同学录 [M]. 武昌:华中大学,1935:19.

表 8-8　1927 年 2 月文华图书科毕业生一览表

序号	姓名	字号	性别	籍贯	毕业及获得文学士学位时间
1	陈普炎		男	广东台山	1927 年 2 月 [44]

注:44. 华中大学. 私立武昌华中大学历届毕业同学录 [M]. 武昌:华中大学,1935:19.

表 8-9　1927 年 6 月文华图书科毕业生一览表

序号	姓名	字号	性别	籍贯	毕业及获得文学士学位时间
1	李芳馥	馨吾	男	湖北黄陂	1927 年 6 月 [45]
2	曹柏年		男	湖北沔阳	1927 年 6 月 [46]
3	黄凤翔		男	湖北汉口	1927 年 6 月 [47]
4	岳良木	荫嘉	男	湖北汉川	1927 年 6 月 [48]

注:45. 华中大学. 私立武昌华中大学历届毕业同学录 [M]. 武昌:华中大学,1935:20.

46. 华中大学．私立武昌华中大学历届毕业同学录[M]．武昌：华中大学,1935:19.

47. 华中大学．私立武昌华中大学历届毕业同学录[M]．武昌：华中大学,1935:19.

48. 华中大学．私立武昌华中大学历届毕业同学录[M]．武昌：华中大学,1935:19.

表 8-10　1928 年 6 月文华图书科毕业生一览表

序号	姓名	字号	性别	籍贯	毕业及获得文学士学位时间
1	何国贵	驭权	男	安徽宣城	1928 年 6 月 [49]
2	沈缙绅		男	安徽休宁	1928 年 6 月 [50]
3	李哲昶		男	湖北汉口	1928 年 6 月 [51]
4	于熙俭	梓琴 [52]	男	湖南长沙	1928 年 6 月 [53]
5	钱亚新 [54]	惟东 [55],或作维东 [56]	男	江苏宜兴	未获得文学士学位
6	汪缉熙		男	湖北黄冈	未获得文学士学位
7	杨开殿		男	湖北武昌	未获得文学士学位
8	毛坤	体六 [57]	男	四川宜宾	未获得文学士学位
9	陆秀	佛侬 [58]	女	江苏无锡	未获得文学士学位

注:49. 华中大学．私立武昌华中大学历届毕业同学录[M]．武昌：华中大学,1935:20.

50. 华中大学．私立武昌华中大学历届毕业同学录[M]．武昌：华中大学,1935:20.

51. 华中大学．私立武昌华中大学历届毕业同学录[M]．武昌：华中大学,1935:20.

52. 中华图书馆协会会员录(民国二十年六月)[J]．中华图书馆协会会报,1932,7（6）:9-25.

53. 华中大学．私立武昌华中大学历届毕业同学录[M]．武昌：华中大学,1935:20.

54. 关于钱亚新的学术成就,或可参见:郑锦怀．《钱亚新论著编译系年》订正补遗[J]．图书馆理论与实践,2010（4）:61-63.

55. 会员消息[J]．中华图书馆协会会报,1933,9（2）:27-28.

56. 新加入会员[J]．中华图书馆协会会报,1927,2（6）:20.

57. 会员消息[J]．中华图书馆协会会报,1932,7（6）:27-28.

58. 中华图书馆协会会员录(民国二十年六月)[J]．中华图书馆协会会报,1932,7（6）:9-25.

表 8-11　1930 年 6 月有文华图书科毕业生一览表

序号	姓名	字号	性别	籍贯	毕业及获得文学士学位时间
1	徐家璧	完白	男	湖北江陵	1930 年 6 月 [59]
2	陈颂	善容 [60]	女	湖南长沙	1930 年 6 月 [61]
3	耿靖民	济安 [62]	男	河南上蔡	1930 年 6 月 [63]
4	周连宽		男	广东开平	未获得文学士学位
5	刘华锦		女	湖北黄陂	未获得文学士学位
6	曾宪文		女	湖北武昌	未获得文学士学位
7	吴鸿志	汉秋 [64]	男	江苏盐城	未获得文学士学位
8	陶述先		男	江苏江宁	未获得文学士学位
9	李继先		男	浙江绍兴	未获得文学士学位
10	陈汲		女	江苏无锡	未获得文学士学位
11	房兆楹 [65]		男	山东泰安	未获得文学士学位

注:59. 华中大学 . 私立武昌华中大学历届毕业同学录 [M]. 武昌:华中大学,1935:20.

60. 会员消息 [J]. 中华图书馆协会会报,1930,6(1):29-30.

61. 华中大学 . 私立武昌华中大学历届毕业同学录 [M]. 武昌:华中大学,1935:20.

62. 中华图书馆协会会员录(民国二十年六月)[J]. 中华图书馆协会会报,1932,7(6):9-25.

63. 华中大学 . 私立武昌华中大学历届毕业同学录 [M]. 武昌:华中大学,1935:20.

64. 会员消息 [J]. 中华图书馆协会会报,1930,6(1):29-30.

65. 会员消息 [J]. 中华图书馆协会会报,1930,6(1):29-30.

表 8-12　1931 年 6 月文华图书科毕业生一览表

序号	姓名	字号	性别	籍贯	毕业及获得文学士学位时间
1	龙永信		男	湖北宜昌	未获得文学士学位
2	马盛楷		男	湖北汉川	未获得文学士学位
3	张葆箴		女	湖北鄂城	未获得文学士学位
4	黄连琴		女	湖北汉口	未获得文学士学位
5	徐亮	家范 [66]	男	湖南益阳	未获得文学士学位
6	李钟履	仲和 [67]	男	山东阳谷	未获得文学士学位
7	朱瑛		女	安徽寿县	未获得文学士学位
8	李蓉盛	得民 [68]	男	辽宁复县	未获得文学士学位

注:66. 会员消息 [J]. 中华图书馆协会会报,1934,9(6):10-11.

67. 会员消息 [J]. 中华图书馆协会会报,1931,6(4):10-11.

68. 中华图书馆协会会员录(民国二十年六月)[J]. 中华图书馆协会会报,1932,7(6):9-25.

表 8-13　文华图专第一届讲习班学生一览表（1930.9—1931.6）

序号	姓名	字号[69]	性别	籍贯	备注
1	舒纪维	扬仁	男	安徽怀宁	
2	吴立邦	克昌	男	安徽休宁	
3	张树鸽	正侯	男	安徽滁县	
4	喻友信[70]	鸿先	男	江苏江阴	
5	骆继驹		男	江苏句容	
6	翁衍相	剑禅	男	浙江杭县	
7	罗家鹤	梦梅[71]	女	浙江绍兴	
8	宋友英	涌沁	女	浙江绍兴	
9	邓衍林	竹筠	男	江西吉安	
10	辛显敏[72]		男	湖北安陆	
11	林斯德	颂斋	男	湖北浠水	
12	李光莘		男	辽宁盖平	
13	邢云林	述平[73]	男	河北永清	
14	董铸仁	睦楼[74]	男	四川巴中	
15	夏万元	斐然[75]	男	辽宁辽阳	或作"夏万章"[76]
16	沙鸥	筱宇	女	江苏上海	

注：69. 会员消息[J]. 中华图书馆协会会报，1931，7（1）：10-11.

70. 或作"喻有信"。关于喻友信的生平，可参见：郑锦怀. 喻友信早期图书馆生涯考察[J]. 大学图书馆学报，2012（1）：100-105；平保兴. 论喻友信早期对图书馆学术研究的贡献[J]. 国家图书馆学刊，2012（4）：95-99；江山. 喻友信对图书馆学术的贡献[J]. 新世纪图书馆，2013（1）：78-80，10.

71. 中华图书馆协会会员录（民国二十年六月）[J]. 中华图书馆协会会报，1932，7（6）：9-25.

72. 后改名为"辛显铭"。

73. 会员消息[J]. 中华图书馆协会会报，1931，7（1）：10-11.

74. 本馆现任职员一览表（民国十九年七月）[J]. 辽宁省立图书馆馆刊，1930（1）：（图表）5.

75. 本馆现任职员一览表（民国十九年七月）[J]. 辽宁省立图书馆馆刊，1930（1）：（图表）5.

76. 在1930年9月辽宁省立图书馆编印的《辽宁省立图书馆馆刊》第一卷中，既有"夏万元"亦有"夏万章"。夏万元编有《馆藏杂志目录》《购置新书目录（自十八年七月至十九年六月）》《十八年度工作报告（十八年七月至十九年六月）》《十八年度馆藏图书统计（十八年七月至十九年六月）》，夏万章编有《东北定期刊物一览（十九年六月调查，以本馆收到为限）》《满铁图书馆一览》。不过，在"本馆现任职员一览表（民国十九年七月）"中只有"夏万章"（字斐然，辽宁辽阳人，民国十九年一月到馆工作，时为流通股管理员）而无"夏万元"。由此推断，"夏万元"与"夏万章"实为同一个人。具体参见：本馆现任职员一览表（民国十九年七月）[J]. 辽宁省立图书馆馆刊,1930（1）:（图表）5.

此外,还有必要指出,韦棣华曾到同在武昌的中华大学兼职授课。据中华大学于 1924 年编印的《武昌中华大学总览》,韦棣华当时是中华大学的"大学西洋文学史教员"。[①]

第四节　立下遗嘱,缄默守护

1930 年 11 月,韦棣华一度生病,但很快就病愈了。到了冬春之交,由于天气恶劣,韦棣华旧病复发,而且病情颇为凶险。[②] 受此影响,韦棣华于 1930 年 12 月 10 日立下了一份遗嘱。这份遗嘱并未在其追悼大会或其他场合宣读或传达,也未在报刊上发布。不过,美国圣公会档案馆藏有这份遗嘱的一份复本,系使用打字机打印而成,共有两页,全部使用英文。[③]

在这份遗嘱一开始,韦棣华就强调:"我谨向汉口教区郑重地提出一项关于武昌文华公书林的要求:上述图书馆永远保持服务大众,永不仅限于充当一个大学图书馆。"在介绍文华公书林和文华图专的创办历史之后,韦棣华指出,她不想让自己为之献出生命、灵魂与力量的文华公书林落入华中大学之手,因为华中大学当局对于文华公书林的理想与目标一无所知;她也不想让文华图专成为华中大学的组成部分,因为文华图专以为中国培养图书馆员为最大荣幸,而华中大学托事会却完全不认同这种观点。

随后,韦棣华介绍了由她创办的韦棣华基金会的相关情况。她指出,该基金会现有 11 000 美元,设在波士顿的旧殖民地信托公司。罗素·萨基基金会的约翰·M. 格林和圣路易斯公共图书馆的鲍士伟担任受托人,弗莱德里克·康宁夫人担任秘书。该基金会所得利息可以用于文华图专,包括购买图书和设备、支持文华图专教职工深造及充当文华图专的薪酬支出等。待其逝世后,由沈祖荣、孟良佐、孙洪芬与陈宗良四人组成董事会,负责管理该基金会。她强调:"这项基金的任何一部分都不得为华中大学当局所支取。"她还介绍了其他多种纪念基金,包括萨缪尔·特罗恩夫人捐赠的凯氏纪念基金、F. C. 芬诺夫人捐赠的安娜·M. 哈伯德纪念基金、韦德生和沈祖荣共同掌管的中国图书纪念基金、弗莱德里克·康

---

① 中华大学. 武昌中华大学总览[M]. 武昌:中华大学,1924:23.

② 本校消息·韦女士又病未痊[J]. 武昌文华图书科季刊,1931,3（1）:119.

③ 彭敏惠. 中国图书馆事业的缄默守护者——韦棣华女士遗嘱解析[J]. 中国图书馆学报,2018（6）:122–123.

宁夫人为纪念其祖父威廉•阿普尔顿而设的 500 美元纪念基金等。她决定将存在汇丰银行的文华公书林储备金交由沈祖荣管理,作为应急资金之用。

此外,韦棣华还将她于 1910 年用私款在文华校园内建造的伍德弗恩小屋[①]赠给美国圣公会国内外差会,但要求只能供文华图专的学生或教职员使用。因为文华图专是男女合校,所以她要求女学生可以优先使用;如果没有女生,则男生和教职员亦可使用。她强调:"该房屋永不作为家用,而是由学生使用。无论何时,该房屋都不能交由华中大学当局管理或使用。"[②]

从这份遗嘱可以看到,韦棣华将文华公书林与文华图专放在最为重要的位置。通过这份遗嘱,韦棣华为其创办与发展付出不懈努力的文华公书林得以继续遵循现代公共图书馆的开放精神,为更多民众提供服务;文华图专也获得了经济和决策上的自主权,得以挣脱华中大学及其他方面的各种束缚,走上独立发展的道路,培养了一批又一批的图书馆专业人才。从这种意义上来说,韦棣华不愧是"中国图书馆事业的缄默守护者"。[③]

---

① 原文为"Woodfern Cottage"。"woodfern"原指一种木蕨。此处将"Woodfern"音译成"伍德弗恩"。

② 以上均引自:彭敏惠. 中国图书馆事业的缄默守护者——韦棣华女士遗嘱解析[J]. 中国图书馆学报,2018(6):122-123. 另:彭敏惠将韦棣华遗嘱完整地译成中文,但部分表述不够准确。此处已经进行了相应修订。

③ 彭敏惠. 中国图书馆事业的缄默守护者——韦棣华女士遗嘱解析[J]. 中国图书馆学报,2018(6):128-130.

第九章　争取庚款

第一节　四处奔波，争取支持

早在 1921 年 5 月 25 日，美国参议员洛志（或译为"罗治"）致函时任美国国务卿的查尔斯·埃文斯·休斯（或译为"许士"），建议美国政府向中国退还庚款余额，认为进一步减免中国的债务在政治上将是一个极好的举措，有助于进一步巩固美国在中国的地位。[①] 同年 7 月 19 日，查尔斯·埃文斯·休斯复函洛志，对其建议表示赞同。[②] 可惜的是，"当时因为种种原因竟未实行决定"。[③]

在其多年的办馆与办学实践中，韦棣华发现，经费困难是中国图书馆事业发展道路上的最大障碍："吾国图书馆事业，正当萌芽，所最感困难者，厥为经

---

① Senator Henry Cabot Lodge to the Secretary of State [G]//*Papers Relating to the Foreign Relations of the United States 1921 Vol. I*. Washington: United States Government Printing Office, 1936: 362. 原文如下："I am certain that the remission of all further debt on that account from China to us would be a very good move politically. It would strengthen still further our hold in China."

② The Secretary of State to Senator Henry Cabot Lodge [G]//*Papers Relating to the Foreign Relations of the United States 1921 Vol. I*. Washington: United States Government Printing Office, 1936: 364. 原文如下："I believe with you that the remission of further payments upon the principal of such claim, as well as of interest, would be in accordance with the spirit which has traditionally characterized our relations with foreign countries: and I am heartily in sympathy with your proposal that we now put an end to any further payments from China."

③ 陶知行. 序 [G]//徐仲迪,章之汶,孙坊,译. 美国退还庚子赔款余额经过情形. 上海:商务印书馆,1925:1-2.

费"。①1923 年,韦棣华决心"运动美国政府,退还第二批庚子赔款,作为吾国教育与文化之用。"②对此,1923 年 2 月 24 日《民国日报》第 7 版刊登了《美拨赔款设图书馆》一文,内称:"美使馆消息:美国政府现正筹划拟将庚子赔款拨出一部分作为在华设立公共图书馆之用,如在北京、上海、汉口、广州等大城均各设立一所,内中设备各种书籍,以供人民浏览。武德女士对于此项计划主持最为热心,因武女士在蓬恩大学护理图书馆事宜已历三十年之久。女士曾在蓬恩设立一图书馆传习所,成绩颇佳。该所毕业生在清华学校、北京政治学会、北京大学服务者甚多。上述之计划已由美国政府提交国会征其同意,一俟通过后,即可派员来华调查相当地点,从事筹备一切云云。"③此处的"武德女士"就是韦棣华,"蓬恩大学"即文华大学,"图书馆传习所"即文华图书科。

1923 年 2 月④,在余日章的建议下,韦棣华前往北京,与美国驻华公使舒尔曼博士及在北京的其他中美要人举行会晤,探讨如果美国退还庚款余额,是否有可能将其一部分用于为中国引进现代公共图书馆体系,并按照美国方案进行管理。⑤韦棣华的这一想法得到包括黎元洪、颜惠庆、顾维钧、王正廷等人在内的北京诸多名流的衷心认同。他们共同拟定了一份请愿书,由时任岭南大学副校长的钟荣光执笔译成英文。⑥现试将这份英文请愿书回译成中文如下。

致美利坚合众国总统

美利坚合众国极其慷慨地将部分庚款归还给我们国家。过去十年的结果已经充分证明,这一行动对美利坚合众国和中华民国来说都是最大的互惠互利。这是不言自明的。不仅如此,它还被公认为彰显国际友谊与善意的最鼓舞人心

① 杨家骆. 图书年鉴(创刊本·普及本)[M]. 南京:词典馆,1935:(第三编 全国图书馆概况) 156−159.

② 杨家骆. 图书年鉴(创刊本·普及本)[M]. 南京:词典馆,1935:(第三编 全国图书馆概况) 156−159.

③ 美拨赔款设图书馆[N]. 民国日报,1923−02−24(7).

④ Brief Sketch [G]//Mary Elizabeth Wood. *The Boxer Indemnity and the Library Movement in China*. Hankow: The Central China Post Ltd. , 1924: 1.

⑤ Mary Elizabeth Wood. Recent Library Development in China [J]. *Bulletin of the American Library Association*, 1924, *18*(4): 178−182.

⑥ To the President of the United States of America [G]//Mary Elizabeth Wood. *The Boxer Indemnity and the Library Movement in China*. Hankow: The Central China Post Ltd. , 1924: 2−13.

的一笔。我们这些在信末签名的中华民国公民，特此满怀敬意而又无比热切地呼吁美利坚合众国将庚款余额退还给中国。其益处无疑将接踵而至。

对此，我们希望您知道，我们真心希望将上面所说的这笔钱的很大一部分用于发展中国的公共图书馆事业。按照我们的理解，美国的公共图书馆与公立学校在美国民众教育中并行不悖；它更是提升公民权益和推进民主政府的一个巨大力量。在上一届民主政府的统治下，中国已经在推进西式教育方面取得了巨大进步，却忽略了西式教育的最大特点之一——公共图书馆。

在美利坚合众国的慷慨帮助和启发下，如果公共图书馆能够成为我们国家教育体系的一个组成部分，那么它最终将成为传播民主观念与理想的一个极其重要的因素。

在中国精心选出一些中心城市，然后在那里创办公共图书馆并将其维持下去。还有什么庚款余额使用方法比这个更加妥当吗？除了其巨大的教育价值，这些公共图书馆既可以充当激励其他中国城市进行模仿的榜样，还可以成为美利坚合众国对我们这个年轻却奋发图强的共和国之友谊的永恒象征。

我国政府真挚地请求，在贵国退还庚款余额后，每年拨款 200 000 美元用于创办和维持五个大型图书馆与九个中型图书馆，并以其为中心辐射出一个移动图书馆系统，从而让它们带来的有利影响越传越远。

这些图书馆所需资金的控制权归属中美两国人士组成的联合董事会。随信附上的备忘录里有详细计划。在这个国家，数百万人正在努力接受教育，以使自己更加适应民主。我们这些签名者谨代表他们祈求总统阁下带着同情心认真考虑我们的请愿。①

经过韦棣华的游说，最终共有 150 位中国政界、教育界与商界的名流在钟荣光执笔的这份英文请愿书上签名。②孙中山、叶恭绰、孙科、伍朝枢、廖仲恺等人虽未签名，但表示衷心赞同，并且承诺以后将提供进一步支持。③值得一提的是，

---

① To the President of the United States of America [G]//Mary Elizabeth Wood. *The Boxer Indemnity and the Library Movement in China*. Hankow: The Central China Post Ltd., 1924: 2–3.

② Brief Sketch [G]//Mary Elizabeth Wood. *The Boxer Indemnity and the Library Movement in China*. Hankow: The Central China Post Ltd., 1924: 1.

③ To the President of the United States of America [G]//Mary Elizabeth Wood. *The Boxer Indemnity and the Library Movement in China*. Hankow: The Central China Post Ltd., 1924: 13.

不知何故,《庚子赔款与中国的图书馆运动》中列表显示的中国籍签名者其实只有 134 人。这些人当中,部分人物同时提供中文和英文简介,部分人物只提供英文简介,间或存在错字。现略加考证、整理,如表 9-1 所示。

表 9-1 在请愿书上签名的中国各界名流一览表 [1]

界别[1]	人数	姓名(身份)
政界、军界与外交界	30	陈翱(时任武昌地方审判厅长) 陈宗贤(时任卫生署中央防疫处技正) 刁敏谦(时为外交部官员,曾任华盛顿会议中国代表团秘书) 郭云观(时任北京政府大理院推事) 胡惟德(曾任驻俄、法、日等国公使、外交总长等职) 胡诒谷(时任北京政府大理院推事) 蒋雁行(曾任参谋次长、署陆军部长、总统府军事顾问等职) 李经方(李鸿章嗣子,历任出使日本大臣、出使英国大臣、邮传部左侍郎等职) 卢春芳(时任中俄交涉事宜公署秘书) 罗虔(曾任陆军中将、总统府军事参议等职) 钱树芬(曾任中华民国第一届国会议员、广东民政司司长等职) 全绍清(曾任中国军队军医署长、署理北京政府教育部次长等职) 桑铁珊(前湖北江汉兵备道,时任开封天丰粉厂经理) 沈宝昌(曾任上海县知事) 沈铭昌(曾任山西省长、内务部次长、财政部次长、山东省长等职) 孙宝琦(曾任外交总长、国务总理等职) 孙多钰(时任交通部次长) 汤芗铭(曾任海军中将、湖南都督兼民政长等职) 唐绍仪(曾任中华民国首任内阁总理) 汪大燮(时任中国红十字会会长,曾任驻英公使、交通总长、国务总理兼财政总长等) 王正廷(曾任外交总长、农商总长等职) 温世珍(时任南京海关监督) 夏炎甲(曾任湖北巡警厅长、江西庐陵道道尹、黎元洪的监印官等职) 熊希龄(时任香山慈幼院院长,曾任财政总长、国务总理等职) 许沅(时任外交部特派江苏交涉员) 颜德庆(时任交通部技监)

① To the President of the United States of America [G]//Mary Elizabeth Wood. *The Boxer Indemnity and the Library Movement in China*. Hankow: The Central China Post Ltd., 1924: 3-11.

续表

界别[1]	人数	姓名（身份）
政界、军界与外交界	30	颜惠庆（曾任外交总长、国务总理等职） 张毅任（时任山西省署委员，曾任山西沁水县知事等职） 赵守钰（时任路工局局长） 朱中道（曾任财政部会计司司长、江苏沙田局、临清关监督等职）
教育与文化界	74	鲍明钤（曾任北京师范大学英文与政治学教授，著有《中国对外关系：历史及概述》） 曹云祥（时任清华学校校长） 陈楷之（时任直隶省督学，曾任直隶省立第四师范学校校长等职） 陈容（时任中华教育改进社总务主任） 陈时（时任武昌中华大学校长） 陈裕光（时任国立北京师范大学理化系教授） 邓萃英（曾任北京高等师范学校校长、厦门大学校长、教育部次长等职） 董显光（时任《密勒氏评论报》编辑、《华北星报》董事等） 方永蒸（奉天教育厅代表） 关应祥（时任山西省教育会干事） 郭葆琳（时任山东农业专门学校校长） 郭秉文（时任国立东南大学校长） 候舆炳（时任山西图书馆庶务、山西宗圣总会庶务） 胡钧和（时任武昌外语学校校长） 胡适（时任国立北京大学哲学教授，曾任国立北京大学教务长兼代理文科学长） 胡宣明（时任中国卫生教育会总干事） 黄炎培（时任中华职业教育社总干事） 蒋梦麟（时任国立北京大学代校长） 柯璜（时任山西图书馆经理［馆长］、山西大学教授） 孔德同（时任山东教育厅科员） 孔祥熙（时任山西太谷铭贤学堂监督） 邝富灼（时任商务印书馆编译所英文部主任） 黎庆恩（时任广东省立法科大学校长） 李登辉（时任复旦大学校长） 李建勋（曾任北京高等师范学校校长） 李清茂（时任北京协和医学院眼科副教授） 李尚仁（时任山西工业专门学校校长） 李树芬（时任广东公医医科大学校长） 李应南（时任广东高等师范学校代理校长）

界别[1]	人数	姓名（身份）
教育与文化界	74	梁启超（曾任财政总长,长期积极推进中国的教育文化事业）
		廖冰筠（时任广东省立女子师范学校校长）
		刘树杞（时任厦门大学教务主任和理科主任）
		庐乃潼（时任广州中学校长）
		罗兆鸿（时任湖北公立法政专门学校校长）
		马惕冰（湖南省教育司代表）
		梅贻琦（时任清华学校物理教授）
		欧元怀（时任厦门大学教育科主任兼教授）
		史量才（时任《申报》总经理）
		孙洪芬（时任国立东南大学教授）
		孙炜鄂（吉林教育厅代表）
		汤尔和（曾任曾任北京医学专门学校校长、教育总长等职）
		陶行知（时任中华教育改进社主任干事）
		陶怀琳（河南教育会代表）
		王伯秋（曾任江苏省公立法政专门学校任教务长、东南大学政法经济科主任等职）
		王金吾（时任河南农业专门学校校长）
		王警宇（时任任河南省立第一中学校长）
		王录勋（时任山西大学校长）
		王仁康（时任广州市教育局局长）
		王仁宇（时任广东省立第一中学校校长）
		王寿芝（河南教育厅代表）
		王鄩（山东教育厅代表）
		韦愨（韦捧丹,时任广东全省教育委员会代理委员长）
		吴宪（时任北京协和医学院生物化学系副教授）
		谢元甫（时任北京协和医学院外科讲师）
		熊朱其慧（熊希龄之妻,时任中华平民教育进会主任）
		徐静仁（安徽当涂静仁职业学校校长）
		许本震（安徽教育厅代表）
		许垫辰（许直辰,时任广东省立图书馆馆长）
		鄢从宠（湖北教育会代表）
		严鹤龄（时任北京关税会议秘书长,曾任清华学校代理校长）
		严慎修（时任山西商业专门学校校长）
		晏阳初（时任中华平民教育促进会总会总干事）
		杨光弼（时任清华学校化学系教授）
		张伯苓（时任南开大学校长）

界别[1]	人数	姓名（身份）
教育与 文化界	74	张成之（吉林省立第五中学校校长）
		张恩明（奉天教育厅代表）
		张福运（时任交通大学校长）
		张嘉谋（时任参议院议员，著名教育家、藏书家）
		张杰（察哈尔教育事务所总经理事）
		张敬虞（时任直隶第二师范学校校长）
		张廷福（四川巴乡国民师范校长）
		张竹平（时任《申报》经理兼营业部主任）
		周诒春（时任中孚银行经理，曾任清华学校校长）
		朱经农（时任国立北京大学教授）
金融与 工商界	28	T. C. Hai（怡和洋行北京分行买办，中文姓名待查）
		卞寿孙（时任中国银行天津分行经理）
		边肇新（时任农商银行总秘书）
		陈光甫（时任上海商业储蓄银行总经理）
		陈廉伯（时任粤省商团正团长）
		陈廉仲（时任广州总商会正会长）
		陈宗良（时任南京和记洋行经理）
		费兴红（时任北京某公司经理，具体待查）
		黄鹭塘（时任粤商维持公安会会长）
		罗步洲（南京和记洋行）
		穆藕初（担任上海、常州、河南多家棉纺厂的总经理）
		聂其杰（时任大中华纱厂董事长兼总经理）
		祁仍奚（时任天津协和贸易公司总经理）
		邱良荣（时任义隆商业公司经理）
		区克明（时任粤省商团团长）
		荣宗敬（时任申新纺织厂、福兴面粉公司经理）
		王恭宽（时任交通银行天津分行副经理）
		吴蕴斋（时任金城银行上海分行经理）
		解光前（矿商[2]）
		许焱（时任金城银行储蓄部经理）
		严惠宇（时任上海金城银行副经理）
		杨敦甫（时任上海商业储蓄银行副经理）
		杨静祺（时任上海商业储蓄银行副经理兼国外部经理）
		杨仁显（时任山西保晋矿务股份公司经理）
		张謇（时任交通银行总理，著名实业家、政治家、教育家）

界别¹	人数	姓名（身份）
金融与 工商界	28	周苍柏（时任上海商业储蓄银行汉口分行副经理） 周星棠（时任汉口总商会会长） 周作民（时任金城银行经理）
宗教界	2	刘湛恩（时任中华基督教青年会全国协会教育总干事） 余日章（时任中华基督教青年会全国协会总干事）

注：1. 本表主要依据《庚子赔款与中国的图书馆运动》的介绍对签名者进行了分类，但有时会根据他们的生平履历略作变动。比如，《庚子赔款与中国的图书馆运动》中称梁启超为"中华民国前财政总长"，但他当时主要是在教育与文化界活动，所以此处将其列入教育与文化界。又如，周诒春时任中孚银行经理，严鹤龄时任北京关税会议秘书长，但两人均曾执掌清华学校，所以此处亦将其列入教育与文化界。

2. 令直隶实业厅（第六二六号）（三月二十五日）[J]. 农商公报, 1924, 10（9）: 8-9.

此外，65 位在华美国人代表，包括教育家、传教士和商人等①，拟定了另外一份请愿书并在上面签名（见图 9-1）②。不过，《庚子赔款与中国的图书馆运动》只列表显示了 57 位在华美国人。现略加考证与整理，如表 9-2 所示。

表 9-2　在请愿书上签名的在华美国人一览表^③

界别¹	人数	姓名（身份）
教育与 文化界	22	赫伯特·韦伯（《大陆报》主编）
		莫约西（上海圣约翰大学宾夕法尼亚医学院［一般简称"上海圣约翰大学医学院"］院长）
		德本康夫人（金陵女子文理学院校长）
		查尔斯·詹姆斯·福克斯（音译，《华北星报》社长兼总主笔）
		魏莎（编辑，著有《中国名女传》等）
		傅乐尔（天津北洋大学化学教授）

---

① Mary Elizabeth Wood. Recent Library Development in China [J]. *Bulletin of the American Library Association*, 1924, *18*(4): 178−182.

② Brief Sketch [G]//Mary Elizabeth Wood. *The Boxer Indemnity and the Library Movement in China*. Hankow: The Central China Post Ltd., 1924: 1.

③ To the President of the United States of America[G]//Mary Elizabeth Wood. *The Boxer Indemnity and the Library Movement in China*. Hankow: The Central China Post Ltd., 1924: 3−11.

续表

界别[1]	人数	姓名（身份）
教育与文化界	22	推士（中华教育改进社科学教学委员会指导）
		柴思义（燕京大学教授）
		富路德（或作富路特，洛克菲勒基金会中国医学部）
		白济民（曾任北京汇文中学校长）
		刘海澜（燕京大学荣誉校长，曾任北京汇文大学校长）
		A. S. 泰勒（音译，北京协和医学院教师）
		司徒雷登（燕京大学校长）
		F. 柯尔（音译，艺术家）
		T. D. 斯隆（音译，北京协和医学院教师）
		林安德（或作胡安德，北京协和医学院教师）
		胡恒德（北京协和医学院校长）
		克乃文（金陵大学图书馆主任、教授）
		孟良佐（华中大学校长）
		鲍威尔（《密勒氏评论报》主编）
		贾腓力（中国基督教教育联合会总干事）
		卜舫济（上海圣约翰大学校长）
金融与工商界	15	W. F. 史密斯（音译，友华银行职员）
		阿特金森（美孚石油公司总经理，曾任上海公共租界工部局董事）
		Z. W. 拉文（音译，银行业从业者）
		汉特·曼恩（音译，汉口美国商会会长）
		M. 克莱尔（音译，汉口友华银行职员）
		E. 麦克奎恩（音译，天津友华银行职员）
		R. T. 麦克唐纳（音译，天津美国商会会长）
		W. S. 哈尔（音译，天津美孚石油公司经理）
		霍瓦特（美国运通公司北平分公司经理）
		C. R. 博内特（音译，银行经理）
		F. J. 迪恩（音译，商人）
		S. 理查德森（音译，中国电气公司总经理）

界别[1]	人数	姓名(身份)
金融与工商界	15	F. W. 斯蒂文斯(音译,美国国际银行团驻北平代表)
		步隆(花旗银行北平分行经理)
		Z. S. 弗洛曼(音译,任职于 American Safe Deposit Co. ,具体待查)
律师界	3	费信悖(远东美国律师公会会长)
		C. B. 赫尔科姆(音译,执业律师)
		R. S. 弗洛斯特(音译,汉口执业律师)
医学界	2	德奥格(上海同仁医院)
		帕尔默(美国红十字会)
传教士	13	贝思溢(隶属于美国美以美会,主教)
		约翰·马吉(美国圣公会牧师)
		明恩溥(基督教公理会来华传教士)
		富善(基督教公理会来华传教士)
		达卓志(卫理公会传教士)
		盈亨利(美国公理会传教士)
		芳泰瑞(美国长老会传教士,北京协和道学院校长,编有《经文汇编》等)
		李遹声(圣公会安庆教区传教士)
		韩仁敦(圣公会安庆教区主教)
		D. B. G. 莫里斯(音译,安徽怀远传教士)
		谭立德(圣公会鄂湘[汉口]教区传教士)
		吴德施(圣公会鄂湘[汉口]教区第二任主教)
		乐灵生(《教务杂志》编辑)
其他	2	A. W. 富尔恩(音译,花旗妇女总会,职务不详)
		F. J. 斯皮尔曼(音译,旅华美国人协会天津分会会长)

注:1. 部分美国来华传教士曾从事世俗教育事业,此处将其列入教育与文化界。

图 9-1　请愿书上的部分签名[①]

1923 年 8 月 20—26 日,中华教育改进社在清华学校举行第二次年会。至少有 19 位图书馆界人士参加,其中 18 位为中华教育改进社社员,即朱家治(南京东南大学图书馆馆员)、韦棣华(武昌文华大学图书馆)、查修(字士修,北京清华学校图书馆中文编目)、陆秀(字佛农,北京女子高等师范学校图书馆)、刘云孙(北京女子高等师范学校图书馆)、胡庆生(武昌文华公书林协理)、戴超(字志骞,清华学校图书馆主任)、冯陈祖怡(字振铎,北京师范大学图书馆主任)、许卓(字慎微,北京师范大学图书馆)、陈宗登(字尺楼,政治学会图书馆主任)、裘开明(字进德,厦门大学图书馆主任)、许达聪(燕京大学图书馆主任)、王文山(南开大学图书馆代理主任)、吴汉章(清华学校图书馆管理)、刘廷藩(清华学校图书馆英文编目员)、洪有丰(字范五,东南大学图书部主任)、施廷镛(东南大学图书部)、熊景芳(字华轩,南开中学图书馆代理主任);另外一位为邀请员,即戴罗瑜丽(清华学校图书馆)。[②]

1923 年 8 月 20 日下午 2 时—3 时 50 分,图书馆教育组召开了第一次会议,主要讨论韦棣华代表文华图书科全体提交的《呈请中华教育改进社转请美国政府,以其将要退还之庚子赔款三分之一作为扩充中国图书馆案》。该议案经与会者热烈讨论、补充和修订,最后议决一致通过。[③] 目前,未见该议案的原始版本与

---

① Would Use Part of Boxer Surplus for Libraries [N]. *The China Weekly Review*, 1923-10-06(217). 另:其中的蔡廷干并未出现在《庚子赔款与中国的图书馆运动》一书中。

② 到会人员一览表 [J]. 新教育,1923,7(2/3):433-469. 另:以上人名后的补充介绍均据原刊,未另加考证。

③ 分组会议纪录·第三十　图书馆教育组 [J]. 新教育,1923,7(2/3):296-298.

修订版本。不过,1924 年韦棣华汇编的《庚子赔款与中国的图书馆运动》收录了中华教育改进社决议的一份英译版本。现试将其回译成中文如下:

中华教育改进社

中国北京

1923 年 8 月 20—26 日,中华教育改进社在中国北京清华学校举行了第二次年会,并一致通过如下决议。

"议决呈请中华教育改进社转请政府及美国政府以美国将要退还给中国的庚子赔款余额之三分之一作为中国创办和维持公共图书馆之用。"

鉴于公共图书馆是现代教育体系当中的一个重要而有效的机构,是公立学校的必要补充,是所有人的继续教育场所和免费学校,同时是饱学之士的研究机构;

鉴于中国在整体上缺少这样一种教育机构,以至于其发展公共教育体系的努力并未取得令人完全满意的结果;

鉴于一段时间以来,中国已经意识到公共图书馆作为民众教育与启蒙机构的重要性,以及中国受教育者对于公共图书馆的迫切需求,却没有足够资金在全国创办现代公共图书馆;

鉴于"图书馆之国"暨中国和中国人民的真正朋友美国已经发现,帮助中国发展的根本途径就是对其民众进行教育,以使其适应民主,并且值得拥有民主;

鉴于美国最早将部分庚子赔款退还给中国用于教育用途,现在又再次考虑退还剩余的庚子赔款;

鉴于中华教育改进社是中国东西南北全体教育工作者的唯一全国性组织,更是一个动机与目的非常纯粹、不受任何外来影响的教育组织;

因此,它议决:

"呈请中华教育改进社转请政府及美国政府以美国将要退还给中国的庚子赔款余额之三分之一作为中国创办和维持公共图书馆之用。"[1]

此外,韦棣华与冯陈祖怡对洪有丰提交的"图书馆善本书籍,应行酌量开放,以供参考案"进行缜密思考,并各自拟就了一项议案。最后,经过与会诸人的讨论,三人的议案合并为"呈请中华教育改进社转请全国各公立图书馆将所藏善

---

[1] Mary Elizabeth Wood. *The Boxer Indemnity and the Library Movement in China* [G]. Hankow: The Central China Post Ltd., 1924: 14–15.

本及一切书籍严加整理布置酌量开放免除收费案"，并获得通过。具体如下。

理由：

（1）现有全国公立图书馆，大多呈萎靡不振之现象。苟欲弥补此弊，则应严加整理、布置。

（2）善本书籍，其所以贵，非徒其名而已，实以其有可贵者在也。或为校雠精确，秘本未传，可供学者之研究；或为刻刷精美，得之不易，发挥历史之精华。但此种书籍收藏，苟不得其法，固恒以饱蠹鱼之腹；而或代远年湮，纸张脆碎不能保有功效，则亦何贵之有。今各省图书馆收藏书籍，不乏善本，大率秘而不宣，致学者无研究之机会。国学何由而昌，我中华固有文化因之而衰。

（3）扩充阅览人数，增加社会读书机会。

办法：

（1）在六个月内，本社即将此案函请各省省长转知各该属图书馆委员会，或其他管理该属图书馆团体机关，从速整理图书馆事业。

（2）善本书籍宜存列玻璃架内，如遇人来馆申请阅览，当酌许之。

（3）宜由馆中雇员影印，或任人抄写，以广流传。

（4）如遇人来馆申请借阅时，倘得相当介绍，当酌许之。

（5）仿博物院陈列法，选择数部，开卷陈列；非但供人浏览研求，是亦引人入胜之一法。并于每周或每月轮换一次。

（6）易收费限制，为保证限制。各公立图书馆应备有阅览券。凡受有保证者，逐可领取，凭券入览。①

值得一提的是，《庚子赔款与中国的图书馆运动》还收录了一份以"中华民国图书馆界全体"的名义致美国总统的呈请书，应当就是在中华教育改进社第二次年会结束后拟定的。其内容如下。

中华民国图书馆界全体呈请北美合众国大总统台前

敬呈者：

贵国退还庚子赔款，俯予赞成。俾敝国选择适当地点作为建设及维持新式图书馆之用，所有呈请理由胪列于左，伏希垂鉴。

（一）应国民之需要

呈请人等以图书馆之在敝国为普及教育、破除限制、弥补缺陷所不可不有之

---

① 分组会议纪录·第三十　图书馆教育组[J]. 新教育，1923，7（2/3）：308-309.

利器。

（甲）不限知识程度之高下（无似学校之分班次）

（乙）不限职业之尊卑（常识、专门，无一不备）

（丙）不限年龄之大小（终身继续可受教育）

（丁）无男女贵贱之差别（平等教育，共和主义）

（戊）阅览时刻无长短之限制（随时求学，不似学校需要受时刻之限制）

（二）成就国民之觉悟

呈请人等以敝国人民对于图书馆之有益于各种学问日渐觉悟，全国各界领袖甚表同情。即如教育改进社为敝国教育上南北一致之机关，亦极端赞成。如蒙俯允，以退还余款拨供作此种建设，则与敝国人民之心理之希望适相契合。

（三）用途之适当

呈请人等以将要退还之庚子赔款最适当的用途莫若建设普及教育、开通民智之公立图书馆。盖以庚子肇祸原系教育缺乏，民智闭塞，昧于国交，是以酿成此祸。

（四）为模范之先导

呈请人等甚望以庚子赔款在敝国各适要地点开办若干完善之模范图书馆，俾各处公私所立之图书馆有所取法，而资整顿，并作将来全国各地图书馆之先导。

（五）美感有同情

呈请人等以贵国图书馆之隆盛冠绝全球，故贵国学士文人因此种机关甚多，故增加学术亦复易易，是以国家文化一日千里。世界各国称贵国为"图书馆国家"，诚非虚语。敝国闻风兴起，亦爱之慕之，醉心于此种事业。苦于经济薄弱，无从着手。若以贵国退还赔款，效贵国办此种事业，定邀俯允。虽论国势有强弱大小之殊，而美感则一也。

（六）友谊之浓厚

呈请人以贵国与敝国对峙于太平洋东西，论国势则甚接近，论邦交如同好友。世界其他各国有侵占敝国之权利者，贵国则调停之、维持之，代敝国而图谋恢复。至于图书馆事业，伏愿贵国导以先路，敝国则步其后尘。是以呈请前来，希冀俯予所请，玉成其事。

（七）永久之纪念

呈请人等以为邦交往来，凡有非常之协助及提携，必能作现时或日后之纪念。贵国对于敝国，前曾退还庚子赔款一部分，助成敝国学校教育之事业，兹又将其尾数一并退还。故呈请人等欲以作图书教育之用，苟荷赞成，如其所请，是敝国学校事业、图书事业皆受贵国之协助提携，是诚亘古不磨之纪念也。

谨呈^①

中华教育改进社第二次年会结束后，韦棣华继续努力争取各界名流的支持。从《庚子赔款与中国的图书馆运动》来看，她至少还收到了萧耀南的中文与英文复函各一封（中文信函标注的写信时间为"九月十一日"，即 1923 年 9 月 11 日）、阎锡山的中文复函（标注的写信时间为"九月十四日"，即 1923 年 9 月 14 日），以及冯玉祥的中文复函（未标注写信时间，但应当是在 1923 年 9 月中旬）。现转录如下。

韦棣华女士惠鉴：

辱赐手书，复承枉顾就聆，高论硕画，无任钦迟。庚子赔款，前蒙贵国退还大部分，为各国倡，敝国人民一致称感。兹复承大力提倡，催请贵国将其余之款一并退还，为推广敝国教育增加各省图书馆之用，并拟即日回国运动议会通过，热忱毅力，至深钦佩。耀南自当力表赞同。一言九鼎，有志竟成。敬为女士颂之。专此佈意，祗颂筹绥！

萧耀南拜启　九月十一日^②

迳复者：

顷接大函，备述索还美国庚子赔款，并提出三分之一作为吾国推广图书馆事业之用各情形，足征热心教育，薄海同钦。美国韦女士因归国之便，又愿向美政府运动发还此款。社会教育实利赖之。鄙人政务纷繁，愧乏襄助，缅怀盛举，企望良殷。肃此佈复，祗颂公祺！

阎锡山　九月十四日^③

---

① 中华民国图书馆界全体呈请书 [G]//Mary Elizabeth Wood. *The Boxer Indemnity and the Library Movement in China*. Hankow: The Central China Post Ltd.，1924: No Paging. 另："中华民国图书馆界全体呈请书"系笔者自行添加的题名。

② 萧耀南致韦棣华 [G]//Mary Elizabeth Wood. *The Boxer Indemnity and the Library Movement in China*. Hankow: The Central China Post Ltd.，1924: No Paging. 另："萧耀南致韦棣华"系笔者自行添加的题名。

③ 阎锡山致韦棣华 [G]//Mary Elizabeth Wood. *The Boxer Indemnity and the Library Movement in China*. Hankow: The Central China Post Ltd.，1924: No Paging. 另："阎锡山致韦棣华"系笔者自行添加的题名。

韦女士慧鉴：

　　文明进步,固由于教育之得人,然亦必广集图书。俾资参考,方足以开通智慧,增长才能。我国时局纷纭,对于图书馆建设成立不多。前闻女士慨念邦交,拟设法建设图书馆。果能成为事实,则于教育关系非浅矣。鄙人极端赞成,极端盼望。专此佈意,敬颂旅安,并祝长途平善!

冯玉祥启①

第二节　返美活动,拜访议员

　　为了推动美国向中国退还庚款余额,韦棣华决定亲自返回美国进行运作。

　　1923年9月6日《申报》第15版刊登了《韦女士建筑图书馆之运动》一文,内称:"武昌文华大学藏书楼主任韦棣华女士任职已有二十四年,对于藏书楼事务颇有研究与经验。现欲赴美运动庚子赔款作为在全中国建筑图书馆经费,刻已由皖来申,定于本月二十二号乘船前往。昨语本报记者,云美国各处皆设有图书馆以开通民智,收效甚大,吾中国亦宜效而行之。因此举甚为紧要,故尽心计划,主张在全中国先设立图书馆十四所,内中五所系巨大规模者,设在上海、汉口、北京、天津、广东等处;九所系小规模,设在次要各城。经费共须四百万金元,分二十年办毕。此种款项拟要求美政府由中国庚子赔款拨出,分二十年拨给,每年二十万金元。现已将此项详细计划著成二呈文,一由在华中国名人如唐绍仪、余日章、徐静仁、沈宝昌等一百余人具名,一由在美有名华侨六十余名具名。此二种呈文定于下星期二(十八日)送至上海美总领事转呈美政府,而韦女士亦即亲自赴美设法玉成此文化事业云。"②根据这篇报道的介绍,韦棣华于1923年9月初从安徽来到上海,并计划于9月18日将两种"呈文"(即请愿书)交到美国驻上海总领事手中,请其转呈给美国政府。她还计划于9月22日从上海乘船前往美国。不过,韦棣华其实是于1923年9月21日在上海乘坐"麦迪逊总统"号轮船(当时或译为"麦笛逊总统"号)出发,同年10月8日抵达美国华盛顿州西

① 冯玉祥致韦棣华[G]//Mary Elizabeth Wood. *The Boxer Indemnity and the Library Movement in China*. Hankow: The Central China Post Ltd. , 1924: No Paging. 另:"冯玉祥致韦棣华"系笔者自行添加的题名。

② 韦女士建筑图书馆之运动[N]. 申报,1923-09-16(15). 另:1923年10月6日《国际公报》第45期转载了该文。具体参见:韦女士建筑图书馆之运动[J]. 国际公报,1923(45):(世界公益)12-13.

雅图港。①

　　抵达美国后，在佩珀参议员（或译为"白卜""别白"）②的建议下，韦棣华前往美国首都华盛顿哥伦比亚特区，一方面提供相关资讯，一方面帮助运作，以便推动美国国会通过《庚款法案》，将庚款余额退还给中国。在美国国会开会的六个月里，她一直都待在那里，并且亲自拜访了 82 位参议员和 420 位众议员。③

　　由于缺少第一手档案资料，目前尚不清楚韦棣华到底拜访了美国的哪些参议员与众议员，他们之间都进行了哪些交流，这些议员都做了什么表态。不过，1924 年 5 月 4、9、10、13、14、15 日的《京报》分六次连载了《美国退还赔款在华举办图书馆事业》④，5 月 5—7 日的《晨报》分三次连载了《韦女士运动美国退还赔款一部分在华举办图书馆消息》⑤，5 月 7 日的《时报》第 3 版刊登了《美退还庚赔举办图书馆之运动》⑥，5 月 7 日的《新闻报》第 15 版刊登了《退还赔款在华办图书馆之运动》⑦。这四则报道均收录了韦棣华写给沈祖荣的同一封英文信件的同一个中译版本。《京报》《晨报》《时报》所载韦棣华信件之后均附有 1924 年 1 月 11 日美国议员马吉在参众两院联席会议上提交的议案之中译版本，《新闻报》则无。此外，《京报》与《晨报》所载的韦棣华信件的最后落款为"韦棣华女士。一，二〇，一九二四，华盛顿"；《时报》所载的韦棣华信件的最后落款为"韦棣华女士。二〇，一九二四，华盛顿"，明显有漏字；《新闻报》所载的韦棣华信件

① Washington, Seattle, Passenger Lists, 1890-1957 [EB/OL]. [2018-11-14]. https://www.familysearch.org/ark:/61903/3:1:33SQ-G5NW-ZSR？ i=960&cc=1916081.

② 乔治·沃顿·佩珀（George Wharton Pepper, 1867-1961），时为美国宾夕法尼亚州（Pennsylvania）选出的参议员。

③ Brief Sketch [G]//Mary Elizabeth Wood. *The Boxer Indemnity and the Library Movement in China*. Hankow: The Central China Post Ltd., 1924: 1; Mary Elizabeth Wood. Recent Library Development in China [J]. *Bulletin of the American Library Association*, 1924, *18*(4): 178-182.

④ 退还赔款在华举办图书馆事业 [N]. 京报, 1924-05-04（5）；美国退还赔款在华举办图书馆事业 [N]. 京报, 1924-05-09（5）；美国退还赔款在华举办图书馆事业 [N]. 京报, 1924-05-10（5）；美国退还赔款在华举办图书馆事业 [N]. 京报, 1924-05-13（5）；美国退还赔款在华举办图书馆事业 [N]. 京报, 1924-05-14（5）；美国退还赔款在华举办图书馆事业 [N]. 京报, 1924-05-15（5）.

⑤ 韦女士运动美国退还赔款一部分在华举办图书馆消息 [N]. 晨报, 1925-05-05（5）；韦女士运动美国退还赔款一部分在华举办图书馆消息 [N]. 晨报, 1925-05-06（5）；韦女士运动美国退还赔款一部分在华举办图书馆消息 [N]. 晨报, 1925-05-07（5）.

⑥ 美退还庚赔举办图书馆之运动 [N]. 时报, 1924-05-07（3）.

⑦ 退还赔款在华办图书馆之运动 [N]. 新闻报, 1924-05-07（15）.

的最后则无落款。综合来看,韦棣华乃是于 1924 年 1 月 20 日在美国首都华盛顿哥伦比亚特区给沈祖荣写的这封英文信件。该信应当是由中华教育改进社组织人手译成中文并供稿,因为《晨报》在刊登《韦女士运动美国退还赔款一部分在华举办图书馆消息》一文时标有"中华教育改进社通信"字样。

韦棣华在信中详细介绍了她在美国进行游说的经过。当时,她双脚不适,走路不便。但她每天早上 9 时左右便到美国国会拜见参众两院的议员,有时等到傍晚 6 时才能返回住所。她有时要去十多次才能见到某位议员,有时还会被对方挡驾,拒不接见。经过努力,她拜见了 25 名参议员和 35 名众议员,包括阿屈基(原名待查)、瓜森汉(原名待查)、满赖特(原名待查)、洛志(信中译为"罗治")、波特、马吉、佩珀(信中译为"白卜")等。其中,洛志时任美国参议院外交委员会主席。他给了韦棣华 20 分钟的会见时间。经过交流,他答应竭力协助韦棣华推动美国参议院通过向中国退还庚款余额的提案,并且同意将韦棣华带来的请愿书、中华教育改进社的公函等作为提案附件,以便将庚款余额的使用范围限定在教育事业上。佩珀给韦棣华写了一封致柯立芝总统(信中译为"顾理治总统")之秘书白斯康色兰(原名待查)的介绍函,美国海军部长邓璧则为她写了一封致美国国务卿休斯(信中译为"许士")的介绍函。

韦棣华还在信中指出,她曾前往纽约寻求精琦、萨姆尔松、麦克莱(或译"默克乐")等人的帮助。她还计划赴波士顿,希望能够劝说巴提曼(原名待查)来华组织中华图书馆协会(信中译为"中国图书馆联合会"),以便跟美国图书馆协会(信中译为"美国图书馆联合会")进行合作。她强调,如果巴提曼不能来华,那也应当找其他美国图书馆专家来推动此事。

中国国内对韦棣华赴美运作一事颇为关心。1924 年 3 月 1 日《京报》第 5 版刊登了《美女热心中国图书馆事业》①,1924 年 3 月 4 日《民国日报》第 7 版刊登了《图书馆教育之福音》②,1924 年 3 月 4 日《申报》第 11 版"各省教育界杂讯"栏目刊登了《热心中国图书馆教育之美国女子》③。三文的内容大致相同,均简要介绍了韦棣华的生平履历。现将后者转录如下:"文华大学美国韦棣华女士,对于中国图书馆教育极为热心。韦女士于公历一千九百年间来华游历,旋应武昌文华大学之聘,教授英文。任课以来,因见校内无图书馆之组织,乃回美捐募巨

---

① 美女热心中国图书馆事业 [N]. 京报,1924-03-01(5).
② 图书馆教育之福音 [N]. 民国日报,1924-03-04(7).
③ 各省教育界杂讯·热心中国图书馆教育之美国女子 [N]. 申报,1924-03-04(11).

款,建图书馆于武昌文华大学,定名曰文华公书林。又感于中国图馆人才之缺乏,韦女士复凑集川资学费,选学界中刻苦耐劳者二人,赴美国大学肄习图书馆学,回国后得以振兴中国之图书馆。其后以文华公书林规模狭隘,韦女士复函达美国同志再行募捐,以为扩充地步。又向中国各界慈善大家募得巨款,遂将公书林大加改造,其规模较前愈广,其书籍较前愈多。自前清宣统三年以迄于今,而改造之公书林得庆落成。又念武汉附近地方图书馆之缺乏,因设巡回文库,送书报于远道,于是外县外省亦受大益。其后又在文华大学设图书馆专科,以造成图书馆人才。去岁美国有退还庚子余款之动机,韦女士甘冒酷热,奔走国中各处,与中华教育改进社董事社员以及政界名流,提议请美政府于赔款一千余万元中,提出余款在中国省城及各大商埠建筑图书馆十余处,以期文化之发展,并在该社年会通过此案。韦女士现已回华盛顿,向各方面奔走。此事虽成否尚未可知,然其热心毅力,诚有足令人钦佩者。"①

第三节 参加听证,法案通过

1924 年 3 月 31 日及 4 月 1—2 日,美国众议院外交关系委员会举行听证会,韦棣华出席并发言。其后,美国政府印务局出版了本次听证会的完整记录,即《美国国会关于向中国退还庚款余额的听证会记录(1924 年 3 月 31 日及 4 月 1—2 日)》。②此外,韦棣华在其于 1924 年汇编的《庚子赔款与中国的图书馆运动》中收入了她自己在听证会上的发言③,1924 年 6 月 1 日《大陆报》第 24 版也摘录了她在本次听证会上的部分发言④。1925 年 1 月,商务印书馆出版了徐仲迪、章之汶(章鲁泉)、孙坊(孙仲威)与康瀚(康子证)四人合译,赵叔愚校阅的《美国退还庚子赔款余额经过情形》,列为"中华教育改进社丛刊"之二。该书内收《美国众议院外交委员会审查报告》《纽约哥伦比亚大学汉文部博晨光教授的谈话》《世界教会评议会干事温雪斯博士的谈话》《长沙雅礼大学校长胡美博士的谈话》《纽

---

① 各省教育界杂讯·热心中国图书馆教育之美国女子 [N]. 申报,1924-03-04(11).

② *Chinese Indemnity. Hearings Before the Committee on Foreign Affairs, House of Representatives, Sixty-eighth Congress. First Session on H.J. Res. 201. To Provide for the Remission of Further Payments of the Annual Installments of the Chinese Indemnity. March 31 and April 1 and 2, 1924* [M]. Washington: Government Printing Office, 1924.

③ Mary Elizabeth Wood. *The Boxer Indemnity and the Library Movement in China* [G]. Hankow: The Central China Post Ltd. , 1924: 22—27.

④ The East Window [N]. *The China Press*, 1924-06-01(24).

约长老会协会干事傅克斯博士的谈话》《武昌文华大学图书馆主任韦棣华女士的谈话》《普林斯顿大学北京部干事爱德华先生的谈话》《美以美会东亚部干事华特博士的谈话》《国务院东方事务局局长麦克芮先生的谈话》《普林斯顿大学默克乐先生的谈话》《众议院议员戴伊尔先生的谈话》《清华留美学生熊哲春①君的谈话》,并附《哥伦比亚大学师范院国际教育社主任干事孟禄教授的意见书》。

韦棣华在听证会上指出,中华教育改进社认为,如果美国退还庚子赔款余额,那么最好将其用在教育上。而且,中华教育改进社一致赞成两种计划,一种是在中国创办个实用科学的学校,另外一种则是将美国公共图书馆制度引入中国。韦棣华还指出,她已经在文华书院(文华大学)办理图书馆事业达24年之久,而根据她的经验,《华盛顿小传》之类的书籍尤其有助于中国发展成为一个真正的"民国"(即共和国)。②

1924年5月7日,美国众议院组织了一个全体委员会进行讨论。经过激辩,多数议员主张将庚款余额退还给中国作为办理教育之用。最后,众议院以211票赞成、140票反对通过了这项议案。5月12日,参议院全体通过了这项议案。③5月21日,美国众议院与参议院最终通过了一项联合决议,授权美国总统将庚款余额退还给中国。现试将这项联合决议译成中文如下。

鉴于1908年5月25日国会通过的一份联合决议,美国总统有权向中国退还美国所得的总计11 961 121.76美元的庚子赔款。而且,应中国的请求,总统很快就于1908年12月28日退还了这笔款项,并将其指定用于教育目的。

鉴于公众普遍认为,将6 137 552.9美元庚款余额退还给中国,以便进一步发展中国的教育及其他文化事业,是更进一步的友好行为。因此,现在美国参议院与众议院通过联合决议,授权总统酌情退还根据1901年9月7日签订的条约(即《辛丑条约》)中国今后应当支付给美国的年度分期赔款,以示友好。这些赔款是对美国在1900年因所谓的中国义和团运动(庚子事变)而导致的损失和费用作出的赔偿。根据1908年5月25日国会联合决议之授权,总统于1908年12月28日发布行政命令,对该条约进行了修订。总统将在其认为恰当的时间并以其

---

① "熊哲春"为误译,此人实为向哲濬。

② 徐仲迪,章之汶,孙坊,等译. 美国退还庚子赔款余额经过情形[G]. 上海:商务印书馆,1925:63-75.

③ 美政府注意退还庚款之用途[J]. 国际公报,1924,2(28):(国际纪要)1-2.

认为恰当的方式,将 1917 年 10 月 1 日起中国应当支付的庚子赔款退给中国。①

1924 年 6 月 14 日,时任美国国务卿休斯致函时任北洋政府驻美公使施肇基,并随函附上了 1924 年 5 月 21 日美国众议院与参议院通过的这份联合决议。该函内容如下:

公使先生:

我荣幸地随函附上一份 1924 年 5 月 21 日通过的国会法案副本。该法案授权总统在其认为恰当的时间并以其认为恰当的方式,酌情将 1917 年 10 月 1 日起应当支付的庚子赔款退还中国,以便依照国会在该法案序言中所表示之意图,进一步发展中国的教育和其他文化事业。

查尔斯·E. 休斯②

至此,经过韦棣华等人的努力,美国正式决定向中国退还庚款余额,并且明确指定必须用于教育与文化事业。不过,美国并未详细列出所退庚款余额应当用于具体哪些教育与文化事业。

第四节　争取拨款,鲍氏来华

1924 年 6 月 30 日—7 月 5 日,美国图书馆协会在纽约州萨拉托加温泉城举行了第 46 届年会。7 月 1 日,韦棣华在此次年会的第二次全体大会上宣读了《中国近年图书馆发展概况》一文。9 月,《美国图书馆协会会报》第 18 卷第 5 期("九月号")整期登载了《美国图书馆协会第 46 届年会文件与议事录(1924 年 8 月)》,其中就有韦棣华的《中国近年图书馆发展概况》。

韦棣华在文中介绍了中国图书馆事业发展的概况。她指出,几个世纪前,中

---

①　Joint Resolution of Congress, Approved May 21, 1924, Providing for the Remission of Further Payments of the Annual Installments of the Chinese Indemnity [G]//*Papers Relating to the Foreign Relations of the United States 1924 Vol. I*. Washington: United States Government Printing Office, 1936: 554−555.

②　The Secretary of State to the Chinese Minister (Sze) [G]//*Papers Relating to the Foreign Relations of the United States 1924 Vol. I*. Washington: United States Government Printing Office, 1936: 554. 另:该函或译成"兹谨检奉一九二四年五月二十一日国会通过之议案一份。此案授权大总统退还一九一七年十月一日起应付之庚子赔款于中国,由大总统认为适当之时期与情形中,依国会在该案弁言内所表示之意恉,发展中国之教育与文化事业。"具体参见:袁希涛. 庚子赔款退还之实际与希望[J]. 教育与人生,1924,2(52):691−697.

国就有藏书楼,但藏书楼注重保存,而不注重利用。现在,中国的图书馆观念发生了巨大的变化。虽然中国政府在发展公共图书馆事业方面做得不够,但清华学校(清华大学)、北京大学、东南大学、南开大学、北洋大学、南洋大学等图书馆不仅建造了现代化的馆舍,也采用了现代化的编目与管理制度。文华大学、上海圣约翰大学、金陵大学、东吴大学、齐鲁大学等教会大学的图书馆以及政学会图书馆、中国科学社图书馆、北京协和医学院图书馆、商务印书馆图书馆等专门图书馆也发展得很好。

紧接着,韦棣华介绍了沈祖荣、胡庆生、戴志骞、杜定友等人先后出洋深造,文华大学创办图书科,北京高等师范学校主办暑期图书馆讲习会,文华公书林与中华基督教青年会全国协会演讲部合作宣讲图书馆事业,以及她赴美游说美国退还庚款余额、中华教育文化基金董事会成立等情况。

韦棣华最后指出,为了向中华教育文化基金董事会争取拨款用于发展图书馆事业,必须邀请美国图书馆专家来华调查并提出建议。她声称:"中国教育改进社将邀请这位美国图书馆界代表来华。这位代表将设法发起一个真正的图书馆运动。他将应要求创办中华图书馆协会,并使其与美国图书馆协会联系在一起。这将成为一条可以帮助中美两个大国更加紧密地联系在一起的纽带。美国图书馆协会即将举办成立 50 周年纪念,而中国图书馆协会即将诞生。"[1]

1924 年 7 月 4—9 日,中华教育改进社在南京举行第三届年会。在 1924 年 7 月 8 日举行的本届年会第二次学术会议上,陶知行(陶行知)提议:"规划全国教育经费之委员会向大会提议,对于俄美退回赔款及对于此事出力之人表示谢意。因俄国赔款最多,现俄当局,亦允组织一三人委员会;美国总统亦于五月十二日批准美国国会所通过之退还赔款案。此事最出力者,为文华大学图书馆 Miss Wood 及燕京大学 Hume 先生等,则本社应否对于俄美当局及出力人士表示谢意?"与会者均表示赞成。[2]1924 年 9 月 26 日,熊希龄以中华教育改进社董事

---

① Mary Elizabeth Wood. Recent Library Development in China [J]. *Bulletin of the American Library Association*, 1924, *18*(4): 178–182.

② 中华教育改进社年会纪[N]. 申报,1924-07-09(7). 另:《新教育》第 9 卷第 3 期所载的《学术会议纪录》则称:"陶知行说明第一案:俄美退款,所以表现大国民气概。俄款一万万余退还为中国教育之用。已指定三委员,中有华员二,此中可为中俄友谊最大纪念。美国会议决退六百万美金,为中国教育及文化之用。五月十二日经美国总统批准。本社已电美公使代达谢意。此事应归功于文华大学图书馆长伍德女士,湘雅医学胡梅先生,协和大学波特先生,以伍德之功最大。是否应由本社致谢俄美,政府及三先生。议决移交董事会办理,其他有功各人,调查后一并致谢。"具体参见:学术会议纪录[J]. 新教育,1924,9(3):438.

长的身份给韦棣华写了一封感谢信①，内容如下。

韦棣华女士惠鉴

敬启者：

庚子赔款余额，承女士以贵国政府有退还之动机，特不辞劳瘁，遄回贵国，与贵国政府及议会诸君子逐一接洽，结果遂得无条件退还敝国，并定为发展敝国教育文化事业之用，磊落光明，为贵国与敝国外交上留一良好之纪念。本年本社举行第三届年会时，经希龄将此事经过情形详为报告后，凡二十省、三特别区及蒙古等处到会会员一千零四十人，对于女士于敦睦友谊、赞助文化上表现此种纯洁之精神，远大之见识，与坚忍之毅力，莫不深致敬仰，嘱②希龄代表致谢，用特函达。女士，敬为本社全体社员代致谢忱。至希朗照，敬颂教安！

中华教育改进社董事长熊希龄谨启 九月二十六号③

1924 年 8 月，孟禄来华，与中方商讨如何将美国所退庚款余额用于教育与文化事业。9 月 1 日，全国教育会联合会、退还庚款委员会等 15 个教育团体的代表在北京开会商讨，通过了一份中华教育文化基金董事会候选名单，包括中国籍董事候选人 14 名、美国籍董事候选人 7 名，由时任外交总长的顾维钧和时任教育总长的黄郛呈交时任中华民国大总统的曹锟核定。9 月 17 日，曹锟签发第 1407 号大总统指令，批复了顾维钧与黄郛呈交的关于"组织中华教育文化基金董事会并遴员派充董事保管美国退还庚子赔款"的呈文，内称："呈悉，准如所拟办理，着派颜惠庆、顾维钧、施肇基、范源濂、黄炎培、蒋梦麟、张伯苓、郭秉文、周诒春、孟禄、杜威、贝克尔、噶理恒、白纳脱为该会董事。"④ 其中，孟禄、杜威、贝克尔、噶理恒（或称顾临、顾林等）、白纳脱为美方董事。9 月 18 日，中华教育文化基

---

① 《庚子赔款与中国的图书馆运动》同时收入了熊希龄致韦棣华的这封信的英文版本，但英文版本标注的写信时间是 "September 21, 1924"（即 1924 年 9 月 21 日）。具体参见：Hsiung Hsi-ling. To Miss Mary Elizabeth Wood [G]//Mary Elizabeth Wood. *The Boxer Indemnity and the Library Movement in China*. Hankow: The Central China Post Ltd. , 1924: 38. 另：此处的 "To Miss Mary Elizabeth Wood" 是笔者自行添加的题名。

② 原文印成"属"。

③ 熊希龄致韦棣华 [G]//Mary Elizabeth Wood. *The Boxer Indemnity and the Library Movement in China*. Hankow: The Central China Post Ltd. , 1924. 另："熊希龄致韦棣华"系笔者自行添加的题名。或称此信是熊希龄与陶知行代表中华教育改进社写给韦棣华。具体参见：拨美退款设图书馆运动之经过 [N]. 新闻报，1925-01-07（7）；美国庚款倡办图书馆运动之经过 [N]. 时报，1925-01-14（3）.

④ 大总统指令第一千四百七号（十三年九月十七日）[J]. 教育公报，1924，11（9）：（命令）2.

金董事会在北洋政府外交部举行成立大会①,负责管理美国退还的庚款余额。9月30日,北洋政府教育部提议由丁文江补充中华教育文化基金董事会空缺一个的董事职位。②10月1日,曹锟发布命令,同意以丁文江补足中华教育文化基金董事会空缺的董事职位,并以顾维钧为董事长。③

为了向中华教育文化基金董事会争取拨款用于发展图书馆事业,韦棣华"代表中华教育改进社,向美国图书馆协会,接洽聘请美国图书馆学专家鲍士伟博士来华演讲,并调查吾国图书馆事业之状况,以期对于庚款用途,有所建议。"跟美国图书馆协会接洽完毕后,韦棣华于1924年秋先行返回中国。④

大概是在其回到中国后,韦棣华才得阅熊希龄代表中华教育改进社给她写来的感谢信。于是,她致函时任中华教育改进社主任干事陶知行(陶行知),介绍了她在美进行游说和联系美国图书馆协会派专家来华考察图书馆事业的经过,并请其转告熊希龄。这封信当是韦棣华自己用英文写成,然后请人译成中文,再寄给陶知行。韦棣华编的《庚子赔款与中国的图书馆运动》便收入了此信的中译版本。⑤1925年1月7日《新闻报》第7版⑥与1925年1月14日《时报》第3版⑦亦载有此信的中译版本。由于排版的缘故,三种版本的部分字句存在一些差异。

1925年1月8日,韦棣华抵达上海,上海图书馆协会代表杜定友、孙心磐、邓演存等人前往欢迎。韦棣华此行系由黄炎培介绍,旨在"灌输近世界图书馆种种管理法学识"。⑧

① 伯亮.中华教育文化基金董事会成立始末[G]//陈乐人.北京档案史料(2006年第4期).北京:新华出版社,2006:255.

② 提议中华教育文化基金董事会悬缺董事请以丁文江补充(十三年九月三十日)[J].教育公报,1924,11(10):(公牍)1-2.

③ 伯亮.中华教育文化基金董事会成立始末[G]//陈乐人.北京档案史料(2006年第4期).北京:新华出版社,2006:255.

④ 杨家骆.图书年鉴(创刊本·普及本)[M].南京:词典馆,1935:(第三编 全国图书馆概况)156-159.

⑤ 韦棣华致陶知行[G]//Mary Elizabeth Wood. *The Boxer Indemnity and the Library Movement in China*. Hankow: The Central China Post Ltd., 1924. 另:"韦棣华致陶知行"系笔者自行添加的题名。

⑥ 拨美退款设图书馆运动之经过[N].新闻报,1925-01-07(7).

⑦ 美国庚款倡办图书馆运动之经过[N].时报,1925-01-14(3).

⑧ 美国图书馆专家韦棣华女士莅沪[N].申报,1925-01-09(11);美国图书馆专家吴德女士莅沪[N].新闻报,1925-01-09(7).

1925 年 1 月 10 日下午 3 时,上海图书馆协会在四川路青年会欢迎韦棣华,并请她报告赴美推动美国向中国退还庚款余额的经过。出席者包括上海图书馆协会会员 60 余人以及其他来宾 200 余人。杜定友主持并致欢迎词。然后,韦棣华发表讲演,最后众人茶叙并合影留念。① 韦棣华在演讲中主要介绍了她返美游说的相关情况②,其内容与她之前发表的文章及写给陶知行的信函多有重合之处,此处不赘。

1925 年 1 月 15 日上午 10 时,中华教育改进社陶知行等人在上海江苏省教育会召集上海、南京、武昌等地图书馆的代表举行了第一次筹备会议,商讨如何筹备鲍士伟来华调查图书馆事业的相关事宜。出席者有十余人,包括杜定友、洪范五(洪有封)、孙心磐、马崇淦、邓演存、黄维廉、韦棣华、陶知行等。③ 1 月 17 日下午 2 时,众人又在上海总商会图书馆召开了第二次筹备会议。④

1925 年 2 月 7 日,韦棣华抵达北京,"与教育界及美国退还庚款委员人士接洽,成绩甚好"。⑤ 同日,全国教育会联合会庚款事宜委员会、北京图书馆协会与中华教育改进社三个团体发出请柬,邀请各界人士一同欢迎韦棣华。⑥

1925 年 2 月 4 日晚,在天津的文华校友在大饭店举行韦棣华在华服务 25 周年纪念大会,多人发言,韦棣华致答词。对此,1925 年 2 月 5 日《民国日报》第 7 版刊登了《美女士建议在华设立图书馆》加以报道。⑦

1925 年 2 月 8 日中午 12 时,在北京工作的文华校友在北京西车站食堂设宴为韦棣华接风洗尘。江之泳、陈宗贤、余日宣、卢春芳、王芳荃、陈宗登、石信嘉、张书绅、查修等 20 余人出席。⑧

---

① 图书馆协会欢迎韦棣华女士纪[N]. 申报,1925-01-11(10);欢迎图书馆专家韦女士纪[N]. 时报,1925-01-11(6);欢迎图书馆专家韦棣华女士[N]. 新闻报,1925-01-11(7).

② 韦隶华演讲,程葆成笔记. 运动庚子赔款退回中国拨充推扩中国图书馆之经过[J]. 图书馆,1925(1):33-35.

③ 各图书馆代表今日开会议[N]. 申报,1925-01-15(7);各图书馆代表筹备欢迎鲍士伟博士[N]. 申报,1925-01-16(7).

④ 各图书馆代表筹备欢迎鲍士伟博士[N]. 申报,1925-01-16(7).

⑤ 旅京文华同人欢迎韦女士[N]. 京报,1925-02-09(7).

⑥ 三团体招待韦女士[J]. 京报,1925-02-08(7).

⑦ 美女士建议在华设立图书馆[N]. 民国日报,1926-02-05(7). 另:此处的"篷恩"即"Boone"的译音,"天津篷恩俱乐部"当指天津文华同门会;"武德"即"Wood"的译音,"武德女士"即韦棣华。

⑧ 旅京文华同人欢迎韦女士[N]. 京报,1925-02-09(7).

1925年2月10日,《京报》第7版"短评"栏目刊登了《韦棣华女士》一文,内称:"韦女士尽力中国图书馆事业甚为可感,来京以后,我们对她当然表示欢迎,明日在欧美同学会招待之举,一定盛大。我觉得有两点:(一)中国图书馆事业,还待外人来培植,我们中国人,天天干些什么事?(二)韦女士都替中国设法办图书馆,我们都袖手旁观、坐享其成吗?所以不论韦女士给我们的帮助多或少,总是很好很好的兴奋剂。"①

1925年2月11日下午3时至5时半,全国教育会联合会庚款事宜委员会、北京图书馆协会与中华教育改进社共同在欧美同学会开会欢迎韦棣华,共有50多位各界人士出席。本次欢迎会由熊希龄主席、冯陈祖怡发言,然后韦棣华介绍其赴美运作美国退还庚款余额的种种经过,再由马叙伦发表演说,邓萃英则代表全国教育会联合会庚款委员会致辞。②

与此同时,韦棣华还拜访了时任中华民国临时执政段祺瑞、前总统黎元洪、颜惠庆、顾维钧等名流,然后于1925年2月下旬返回武昌。段祺瑞向韦棣华赠送了一块十分精美的牌匾(上书"导扬文化"四个大字③),以示对其在华服务的赞赏。④

1925年3月,美国图书馆协会致电中华教育改进社,称鲍士伟将于4月26日前后抵达上海。收到这一消息,中华教育改进社即委托该社图书馆教育委员会筹备鲍士伟访华的接待事宜,并请图书馆教育委员会书记朱家治陪同鲍士伟进行考察兼承担记录工作。图书馆教育委员会发出公函,由各省教育厅转给各图书馆,同时函请各地图书馆协会主持接待事务,尚未创办图书馆协会的地方则由相关图书馆主持。至4月中旬,江苏、浙江、北京、天津、湖南、湖北、山东、河北、山西、广东等处均复函表示欢迎鲍士伟莅临演讲、讨论图书馆问题及调查图书馆事业现状。⑤此时,鲍士伟访华行程初步确定,详见表9-3。

---

① 韦棣华女士[N]. 京报,1925-02-10(7).

② 欢迎韦女士记[N]. 京报,1925-02-12(7).

③ 徐全康. 奉献中国图书馆事业的美国友人韦棣华[G]//《武汉文史资料》编辑部. 武汉文史资料·1988年增刊·武汉人物选录. 武汉:武汉市政协文史资料委员会,1988:459.

④ News From Central China[N]. *The China Weekly Review*, 1925-03-07(18). 原文如下:"Miss M. E. Wood, the promoter of public library cause, has just returned to the Central China University, Wuchang, from a trip to north China in the interest of the library movement. She interviewed Marshal Tuan Chi-jui, ex-President Li Yuan-hung, Dr. W. W. Yen, and Dr. Wellington Koo among other influential Chinese. Marshal Tuan presented her with a beautiful tablet as a token of his appreciation of the commendable services Miss Wood has rendered on China."

⑤ 美国图书馆专家鲍士伟定期莅华[N]. 申报,1925-04-12(11).

表 9-3 鲍士伟访华行程一览表（初定稿）①

序号	地点	逗留时间	招待机构	译员
1	上海	三日	上海图书馆协会	杜定友
2	杭州	三日	杭州图书馆协会	杜定友
3	苏州	一日	东吴大学	杜定友
4	南京	二日	南京图书馆协会	洪有丰
5	汉口	一日	文华大学	沈祖荣
6	武昌	二日	文华大学	沈祖荣
7	长沙	一日	雅礼大学	沈祖荣
8	开封	一日	开封图书馆协会	胡庆生
9	太原	二日	山西教育图书博物馆	胡庆生
10	北京	七日	北京图书馆协会	袁同礼
11	天津	一日	南开大学	袁同礼
12	济南	一日	济南图书馆协会	袁同礼
13	青岛	未定	青岛大学	袁同礼
14	奉天	未定	东北大学	袁同礼
15	广州	未定	广州图书馆协会	杜定友

1925 年 4 月 13 日,上海图书馆协会发出通告,并附上注意事项及该会职员暨招待委员会名单,邀请教育与文化界人士参加鲍士伟欢迎大会。②

1925 年 4 月 19 日下午 2 时,上海图书馆协会于上海总商会图书馆召开第 11 次委员会暨招待委员会联席会议。杜定友、周秉衡、陈友松、黄警顽、孙心磐、宋景祁、王恂如、程葆成、沈滨掌、陈伯逵、朱少屏、邓演存、马崇淦等人出席,杜定友主持,王恂如纪录。经过讨论,通过多项决议案。其中,招待全国图书馆代表程序如下:"二十二日下午在南洋大学图书馆开谈话会。二十三日上午开会,下午南洋大学杜定友演讲,并参观徐家汇各处。二十四日上午开会,下午参观圣约翰大学图书馆,并请海斯女士演讲;又参观中华书局图书馆、中西女塾图书馆、圣玛利亚图书馆、东方图书馆,并请韦棣华女士演讲。二十六日游览龙华各处,并

---

① 美国图书馆专家鲍士伟定期莅华[N]. 申报,1925-04-12（11）.

② 图书馆协会筹备欢迎鲍士伟[N]. 申报,1925-04-14（11）;图书馆协会筹备欢迎鲍士伟[N].新闻报,1925-04-14（12）.

招待鲍士伟博士抵沪。二十七日上午与鲍博士会议,下午开欢迎大会(地址四川路青年会或总商会),晚七时举行聚餐会(演讲余兴)。"①

1925年4月22日下午2时—5时半,筹备成立全国图书馆协会的各地代表在徐家汇南洋大学图书馆举行谈话会。与会代表包括河南的何日章、李燕亭、张幼山,江西的陈宗鋆,山东的陈立廷、尹世铎,江苏的陈保之、秦寿鲲、彭清鹏,浙江的徐蒙简,山西的侯子文、韩宗道,安徽的胡连三、王杰,陕西的郁敬斋、高楼基,广东的李春涛,四川的黄元吉,以及上海的黄维廉、陈友松、程葆成、陈伯逮、苏建文、王永礼、沈仲俊、佘仲谋、周秉衡、孙心磐、王恂如、杜定友、黄警顽、顾炳麟、潘圣一等人。杜定友担任本次谈话会的主席,"略谓各处代表先后来沪,因职务与时间上关系,以致未能一一晤面,歉甚。今日聚集各代表开一谈话会,系欲借以讨论组织全国协会一切之办法,希望诸君随意发表意见","并报告大会期中之程序,暨欢迎鲍士伟博士参观本埠各图书馆、游览各名胜等等"。随后,各地代表相继发言进行讨论,但由于是谈话会,不能议决事项,以致讨论甚久,还是毫无结果。因此,程葆成提议将谈话会改成筹备会,获得一致赞成。众人仍然公推杜定友担任筹备会主席。经过讨论,筹备会通过了三项议决案:"(一)二十三日讨论全国协会之组织法,由到会各代表以书面提出讨论,并对于北京及武昌正在筹备之中华图书馆协会应抱何种态度。(二)仍以上海图书馆协会原有之办事员为全国协会之办事职员,并添举陈宗鋆、佘仲谋为文书,张幼山、陈保之、韩宗道、彭云伯为编辑委员,何日章、李燕亭、王杰、侯子文、彭清鹏、陈宗鋆、郁敬斋为议案审查委员。(三)迟到代表每省可举一人为议案审查委员。"此外,本次筹备会还通过了具体的开会程序:"二十三日上午九时至十一时开讨论会,十一时至十二时摄影,下午一时开演讲会,二时至五时参观徐家汇各处,七时至九时南洋大学开欢迎会。二十四日上午九时至十二时开讨论会,下午二时齐集梵王渡圣约翰大学开演讲会,参观中西女塾及中华学校。二十五日上午九时至十二时开讨论会,下午二时起参观总商会、广肇公学、商务印书馆(东方)等图书馆及演讲会。二十六日欢迎鲍士伟博士,临时在总商会接洽,并游览龙华。二十七日上午九时在总商会与鲍士伟博士会议,下午二时在青年会开大会,七时在大东旅社聚餐。"②

1925年4月25日上午10时,筹备成立全国图书馆协会的40多名各省图

---

① 上海图书馆协会开会纪 [N]. 申报,1925-04-20(11).

② 全国图书馆协会昨开筹备会 [N]. 申报,1925-04-23(11).

书馆代表在上海北四川路横浜桥广肇公学三楼召开讨论会,由杜定友担任主席。邓演存代表广肇公学校长致欢迎词,杜定友主席报告开会程序及欢迎鲍士伟的时间与地点,王恂如宣读昨日筹备会通过的议决案。随后,起草委员陈宗鎏宣读全国图书馆协会组织草案,经众人逐条讨论,得以修正通过。于是杜定友宣告全国图书馆协会成立,后来正式定名为"中华图书馆协会",全场鼓掌通过。中午12时,与会代表共进午餐,餐毕由广肇公学教员引导参观校园。下午2时,改开中华图书馆协会成立大会,仍推举杜定友为主席、王恂如为书记。经过讨论,大会通过了五项决议案,包括"(一)以今日到会各代表为基本会员。(二)选举执行部正副部长暨董事,先推出何日章、袁同礼、杜定友为提名委员。最终选举蔡元培、梁启超、胡适、丁文江、沈祖荣、钟叔进、戴志骞、熊希龄、袁希涛、颜惠庆、余日章、洪有丰、王正廷、陶知行、袁同礼为董事,戴志骞为执行部正部长,杜定友与何日章为执行部副部长。(三)此次筹备会一切用费由中华图书馆协会担任。(四)随美国庚款委员会开会时举行成立仪式。(五)十五年年会地点定在北京或武昌,时间定在暑假。"最后,陶知行致辞。大会结束后,众人前往上海宝山路参观商务印书馆附设的东方图书馆。当晚,与会代表在大东旅社欢宴一堂,并请韦棣华发表演说。①

1925年4月26日下午3时,鲍士伟乘坐"杰弗逊总统"号轮船(当时译成"约佛生总统轮")抵达上海。上海图书馆协会及全国各省代表30余人在上海百老汇路招商局总栈欢迎鲍士伟,然后一同乘车前往宝记照相馆合影留念。合影后,鲍士伟赴圣约翰大学下榻休息。②

1925年4月27日上午10时,鲍士伟在圣约翰大学与中华图书馆协会会员们举行谈话。下午1时,众人在青年会合影留念。③下午2时,上海图书馆协会等40多个团体在四川路青年会殉道堂开会欢迎鲍士伟及各省图书馆代表。本次欢迎会由邓演存主席、杜定友翻译,共有400多人出席,韦棣华④亦是其中一员。邓演存报告开会宗旨,江苏省教育会代表沈信卿致欢迎词,江西省图书馆代表陈宗鎏致辞。随后,鲍士伟发表演说,称:"此次来华,为庚子退款事。美国极愿将尚未用去之庚子赔款,提倡中国文化事业,并愿拨一部创办图书馆事业……我初次来华,为时甚短,对于中国图书馆事业及其他一切情形均不熟悉,须俟参

① 中华图书馆协会昨日成立[N].申报,1925-04-26(12).

② 美图书馆代表鲍士伟昨日到沪[N].申报,1925-04-27(11).

③ 美图书馆代表鲍士伟昨日到沪[N].申报,1925-04-27(11).

④ 原文误写成"韦礼华"。

观后,再向诸君作详细之报告云云。"鲍士伟演说完毕,河南省图书馆代表发表演说。然后,杜定友指出,鲍士伟原本计划利用所携的幻灯片介绍美国图书馆事业,但由于现在是白天,不便放映,所以改到 4 月 29 日晚上 7 时在上海总商会放映。随后,众人合影留念,至下午 5 时结束。①

1925 年 4 月 27 日下午 7 时,上海图书馆协会等 40 多个团体在大东旅社三楼举行晚宴,招待鲍士伟及各省图书馆代表。8 时半正式入席,10 时半晚宴结束,但又继续召开会议,由余日章主席,宣告开会。杜定友向众人报告了筹备中华图书馆协会成立及欢迎鲍士伟的经过。然后鲍士伟发表演说。接着,陶知行亦发表演说,先作为客人代表各省图书馆代表感谢上海图书馆协会等 40 多个团体,然后作为主人对鲍士伟表示感谢。随后中华音乐会演奏粤乐,最后摄影留念,至11 时尽欢而散。②

1925 年 4 月 28 日,鲍士伟参观了南洋大学、中华书局、徐汇公学、上海商科大学、法文书院等处,由杜定友、朱家治、邓演存等人陪同。③上午 11 时,鲍士伟一行到南洋大学参观,南洋大学校长凌宏勋、图书馆馆长王寅清、图书馆委员会委员长李振吾等出面欢迎。鲍士伟等人先至物理实验室参观,然后又到图书馆。抵达图书馆后,他先与《大陆报》记者交谈了一会,然后参观成绩室、日报杂志室、借书室、藏书室等处:"博士对于本校图书馆管理方法、布置情形,均甚满意,惟希望公开,使一般民众,均有读书机会。且云:二十五年以前之美国,各图书馆亦以失书为虑,不敢公开;不知读书误字之人愈多,而失书之事愈少也。"参观完毕,众人到馆长室茶叙。鲍士伟接受了南洋大学出版的书籍、图书目录等礼物,留作纪念。④

同日,韦棣华专门致函《大陆报》编辑,介绍了鲍士伟来华的缘由、目的与重大意义。该信后来发表在 1925 年 4 月 30 日《大陆报》第 16 版上,另取题名为《为中国创办现代图书馆》。⑤

1925 年 4 月 29 日早上,鲍士伟参观了沪江大学、商务印书馆及东方图书馆、上海总商会商业图书馆、南京路公共图书馆,由邓演存和朱家治陪同。中午 12

① 各团体欢迎鲍士伟博士纪[N]. 申报,1925-04-28(11).
② 各团体欢迎鲍士伟博士纪[N]. 申报,1925-04-28(11).
③ 各团体欢迎鲍士伟博士纪[N]. 申报,1925-04-28(11).
④ 鲍士伟博士参观本校图书馆记[J]. 南洋周刊,1925,6(7):28-29.
⑤ Miss M. Elizabeth Wood. Modern Libraries for China[N]. *The China Press*, 1925-04-30(16-17).

时半,寰球中国学生会总干事朱少屏在上海爱多亚路 38 号联华总会四楼宴请鲍士伟等十多人。① 晚上 7—9 时,鲍士伟原本计划在上海总商会用幻灯片和照片介绍美国图书馆事业之发达与进步,由杜定友翻译②,但由于电机临时发生问题,导致无法放映幻灯片,只得又改到 5 月 4 日下午 4 时在四川路青年会举行③。本日,中华教育改进社图书馆教育委员会将最后订定的鲍士伟在华行程表(见表 9-4)分送各地图书馆,请对方筹备招待。④

表 9-4　鲍士伟在华行程表(最后订定版)⑤

序号	地点	抵达时间	离开时间
1	上海	4 月 26 日下午 3 时	4 月 30 日上午 7 时 45 分
2	杭州	4 月 30 日下午 12 时 27 分	5 月 4 日上午 7 时 40 分
3	上海	5 月 4 日中午 12 时	5 月 5 日上午 7 时
4	苏州	5 月 5 日上午 9 时	5 月 6 日上午 9 时
5	南京	5 月 6 日下午 2 时 21 分	5 月 9 日上午 6 时轮船
6	汉口	5 月 11 日下午	5 月 11 日下午 3 时轮船
7	长沙	5 月 12 日下午	5 月 13 日下午轮船
8	武昌	5 月 14 日下午	5 月 17 日下午
9	汉口		5 月 17 日下午 11 时 19 分
10	郑州	5 月 18 日下午 6 时 25 分	5 月 19 日上午 11 时
11	开封	5 月 19 日下午 1 时 19 分	5 月 20 日下午 4 时
12	郑州	5 月 20 日下午 6 时 55 分	5 月 21 日上午 6 时 9 分
13	石家庄	5 月 21 日下午 9 时 35 分	5 月 22 日上午 8 时 13 分
14	太原	5 月 22 日下午 3 时 52 分	5 月 24 日上午 8 时 5 分
15	石家庄	5 月 24 日下午 3 时 35 分	5 月 24 日下午 9 时 35 分
16	北京	5 月 25 日上午 6 时 30 分	6 月 4 日上午 9 时 10 分
17	天津	6 月 4 日下午 12 时 30 分	6 月 7 日上午 8 时 35 分 1

① 鲍博士今晚演讲美国图书馆 [N]. 申报,1925-04-29(11).
② 鲍博士今晚演讲美国图书馆 [N]. 申报,1925-04-29(11).
③ 图书馆协会将映图书馆设备影片 [N]. 申报,1925-05-01(12).
④ 鲍博士今晚演讲美国图书馆 [N]. 申报,1925-04-29(11).
⑤ 鲍博士今晚演讲美国图书馆 [N]. 申报,1925-04-29(11). 另:该行程中的抵达时间与离开时间后来均略有变动。本行程表系《申报》原文,其中时间表示法与今日有不同。

序号	地点	抵达时间	离开时间
18	济南	6月7日下午7时50分	6月9日下午7时50分
19	泰安	6月9日下午10时17分	6月11日上午3时28分
20	天津	6月11日下午3时48分	6月11日下午11时55分
21	奉天	6月12日下午7时37分	6月15日上午9时10分
22	圣城	6月16日下午6时40分	6月18日下午6时40分
23	富山	6月19日上午6时40分	6月19日渡船
24	下关	6月19日下午5时40分	6月19日下午6时
25	横滨	6月21日	6月23日捷克逊总统船赴美

注:1. 原文仅印"六月七日上午三十五分",但《天津图书馆协会及各教育机关欢迎鲍士伟博士(中华民国十四年六月四日至七日)》称"七日上午九点早车鲍博士赴济南",由此推断鲍士伟原定于1925年6月7日上午8时35分乘坐火车离开天津。

由上表可知,鲍士伟在中国逗留了近两个月,考察江苏(上海、苏州、南京)、浙江(杭州)、湖南(长沙)、湖北(汉口、武昌)、河南(郑州、开封)、河北(石家庄、天津)、山西(太原)、北京、山东(济南、泰安)、奉天(今辽宁)等地的图书馆事业,并发表系列演说,其中不少演说见载于各种报纸杂志。值得注意的是,韦棣华部分地参与鲍士伟在湖北和北京两地的活动。下文对此略加介绍。

1925年5月14日,鲍士伟抵达汉口。文华大学校校长孟良佐、湖北省政府与教育厅的代表等多人前往火车站欢迎。当晚,鲍士伟下榻在文华公书林。5月15日上午,鲍士伟参观武昌师范大学、武昌医科大学及湖北省立图书馆。下午,鲍士伟赴湖北省教育厅举行公开演讲,各校教职员出席听讲。演讲完毕,鲍士伟赴湖北督军公署参加宴会,美国驻汉口领事及汉口美国商会会长陪同。5月16日,鲍士伟参观布、丝、麻、纱各大工厂。5月17日,鲍士伟游览琴园、汉阳铁厂、汉阳兵工厂,然后赴汉口精武体育会发表题为《市民与图书馆》的演讲。演讲完毕,他赴汉口银行公会参加湖北省教育界举办的宴会。当晚7时半,晚宴准时开始。包括韦棣华在内的数十人出席。林卓然主持,以英语致欢迎词,"略谓鲍博士远道来华调查,并讲演图书馆建设之必要,复代表美国图书馆全国协会施赞助之宏愿,故为吾人极所欢迎。今谨本恳挚之忱,藉申感佩之意,敬举一觞,并祝鲍博士健康云云。"鲍士伟以英语致答词,由沈祖荣口译,"谓来华蒙各地各界欢迎,甚为感谢。武汉为中国中心,自应设一伟大之图书馆。而汉口绾毂南北,尤以汉口为最适宜之地点。下月初间,即为北京中美庚款委员会①开会之会。诸君皆教育大家,务望对于该会尽以舆论之赞助,俾得达到多设图书馆之目的云云。"②湖北督军萧耀南亦致欢迎词,"希望鲍于中美庚款委员会成立后建议设立新式图书馆于武汉"③。宴席结束后,鲍士伟由胡庆生陪同,乘坐湖北督军公署特意加挂的花车北上郑州,随即转赴开封。④

1925 年 5 月 27 日上午 10 时,中华图书馆协会在北京石虎胡同松坡图书馆开第一次董事会,丁文江、蔡元培(陈源代)、梁启超、袁同礼、胡适、熊希龄(高仁山代)、颜惠庆、陶知行(陈翰笙代)、范源濂(梁启超代)、洪有丰(袁同礼代)出席,通过了多项议决案,包括推举四位名誉董事,即时任教育总长章士钊、施肇基、鲍士伟与韦棣华。⑤

1925 年 5 月 29 日上午 11 时,鲍士伟与韦棣华二人到清华学校图书馆参观,该馆代理主任吴汉章等人出面招待。鲍士伟对该馆的设备与管理提出了一些意见或建议。⑥

1925 年 6 月 2 日下午 3 时⑦,中华图书馆协会在北京南河沿欧美同学会礼堂举行成立仪式⑧。各省代表及北京教育界人士 150 多人出席。颜惠庆主席并致开会辞,教育部次长吕复代表教育总长章士钊致辞。鲍士伟、梁启超、韦棣华等人均发表演说。其中,韦棣华演说《中美国际友谊之联络》,列举中美两国在美术、外交、商业、科学等方面的联络,并称新式图书馆为中美联络之工具,她非常希望中美两国图书馆协会之间感情日增,而中美邦交亦日益进步。韦棣华演讲结束已经到了傍晚 6 时,于是众人摄影留念,然后茶叙,最后散会。⑨当晚,北京图书馆协会宴请中华图书馆协会董事部及执行部全体职员。⑩

考察期间,鲍士伟先后向中华图书馆协会与中华教育改进社提交了两份调

① 此处所说的"中美庚款委员会"即中华教育文化基金董事会,内有中美董事各若干人。
② 召. 鄂教育界欢宴鲍士伟博士[N]. 申报,1925-05-21(11). 另:林卓然以英语致辞,故该报道仅录其中大意.
③ 专电[N]. 申报,1925-05-18(11).
④ 召. 鄂教育界欢宴鲍士伟博士[N]. 申报,1925-05-21(11).
⑤ 远. 中华图书馆协会第一次董事会议[N]. 申报,1925-06-05(13).
⑥ 一年来大事记·(十六)鲍士伟博士来馆参观[J]. 清华周刊,1925(S11):83.
⑦ 中华图书馆协会在京开成立会[N]. 申报,1925-06-06(13).
⑧ 中华图书馆协会之进行[N]. 申报,1925-05-29(11).
⑨ 中华图书馆协会在京开成立会[N]. 申报,1925-06-06(13).
⑩ 中华图书馆协会之进行[N]. 申报,1925-05-29(11).

查报告。在其第一份调查报告中,鲍士伟报告了他在上海、杭州、苏州、南京、长沙、汉口、武昌、开封、太原、北京等处进行调查后的所思所想。他列举了当时中国图书馆事业存在的几大缺点,即经费、图书、馆舍缺乏,图书不外借,书架不开放,编目法不适用,图书馆推广与阅读辅导水平低。他由此指出:"中国图书馆事业,颇似美国五十年前状况。通俗图书馆在美之所以成功及竭力推广者,实因一般人认其有适应学校以外教育之需要,以广义言,谓图书馆有正当修养之职务也。中国亦感觉此种校外教育之需要,加增效能为亟不可缓者。"他进而有针对性地提出了解决办法。对于中华教育改进社通过的"呈请中华教育改进社转请美国政府,以其将要退还之庚子赔款三分之一作为扩充中国图书馆案",他认为非常妥当:"盖将来得到之款,数目尚难确定;此种计划,极有伸缩也。"他最后总称指出:"以鄙人考察所及,美国图书馆组织法如施于中国,可畅行无阻,而贵会经营此种事业之成功,鄙人更抱无穷之希望。"①

第二份调查报告则是鲍士伟到济南与奉天进行调查之后作的补充报告。他在报告中列举了办得较好的几所图书馆,包括武昌文华公书林、杭州浙江省立图书馆、开封河南省立图书馆、杭州公共体育场附设之图书馆、南京市民公会所办图书馆与巡回文库、长沙教育促进会附设之图书馆、北京师范大学等处所设儿童图书馆等。他还针对中国善本书的保存、图书的选购、图书的分编、图书的利用与传播、图书馆的经费等问题阐述了自己的观点。②

鲍士伟的调查报告经中华图书馆协会与中华教育改进社转交中华教育文化基金董事会,应当是对后者的拨款产生了一定的影响。1924 年 6 月 2 日,中华图书馆协会致函中华教育文化基金董事会,请对方将中华教育改进社图书馆教育委员会提出的以美国退还庚款三分之一用于发展图书馆事业的提议付诸实际行动。③1925 年 6 月 2—4 日,中华教育文化基金董事会在天津裕中饭店举行第一次年会,并通过一系列决议案,包括"兹议决美国退还之赔款,委托于中华教育文化基金委员会管理者,应用以:(1)发展科学知识,及此项知识适于中国情形之应用,其道在增进技术教育,科学之研究、试验与表证,及科学教学法之训练;(2)促

---

① 朱家治译. 鲍士伟博士致本会及中华教育改进社报告书[J]. 中华图书馆协会会报,1925,1(2):5—7.

② 鲍士伟博士致本会及中华教育改进社第二次报告书[J]. 中华图书馆协会会报,1925,1(3):3—4.

③ 关于庚款之进行[J]. 中华图书馆协会会报,1925,1(4):16—17.

进有永久性质之文化事业,如图书馆之类。"①颜惠庆后来指出:"这一原则经过多人长时间的深思熟虑,共同磋商,又经中美两国认可满意,始成决议。其中特别提出'图书馆',一是满足美国立法人的兴趣所在,二是报答韦棣华女士的努力。她非常愿意在中国建起更多的图书馆。"②

　　1925年12月24日,鉴于中华教育文化基金董事会一直没有采取实际行动,中华图书馆协会提出了第二次请求,而中华教育文化基金董事会终于同意在下次全体董事会议上予以讨论。③1926年2月26—28日,中华教育文化基金董事会在北京饭店召开第一次常会(年会),议决通过了该会筹办和补助事业的各种计划,包括"北京图书馆建筑设备费一百万元,分四年支出,并通过聘梁启超君为北京图书馆馆长,李四光君为副馆长。在武昌华中大学文华图书科设置图书馆学教席及助学金。"④1926年2月,中华教育文化基金董事会通过了《中华教育文化基金董事会分配款项之补充原则》,规定该会补助文化事业,"拟暂以图书馆为限"。⑤图书馆事业由此成为中华教育文华基金董事会的重要资助对象之一。据查,它于1926—1929年间每年补助文华图书科(后改称文华图专)1万元,1930—1932年每年补助13 500元,1933年7月14日议决增加补助费和研究设备费15 000元,1934、1935、1939年各补助15 000元,1941年又拨发紧急补助25 000元用于建设新校舍。此外,北京大学图书馆、清华学校图书馆、中国科学社明复图书馆也成为其资助发展的重要项目。⑥值得注意的是,韦棣华还曾受聘担任国立北平图书馆的名誉顾问⑦。

　　还有必要指出,"鲍博士来华经费,除一部分招待费由中华教育改进社担任

①　中华教育文化基金董事会. 中华教育文化基金董事会第一次报告[M]. 北京:中华教育文化基金董事会,1926:3.

②　颜惠庆. 颜惠庆自传——一位民国元老的历史记忆[M]. 吴建雍,李宝臣,叶凤美译. 北京:商务印书馆,2003:189.

③　关于庚款之进行[J]. 中华图书馆协会会报,1925,1(4):16–17.

④　中华教育文化基金董事会. 中华教育文化基金董事会第一次报告[M]. 北京:中华教育文化基金董事会,1926:4.

⑤　中华教育文化基金董事会. 中华教育文化基金董事会第一次报告[M]. 北京:中华教育文化基金董事会,1926:28.

⑥　秦亚欧,刘静. 鲍士伟访华及其对中国近代图书馆事业的影响[J]. 图书馆学研究,2010(18):97.

⑦　韦棣华女士游平[J]. 中华图书馆协会,1928,4(1):15.

外,其余所有鲍博士来往旅费,概有女士在美政府委员会筹划。"①但是,曾有人认为鲍士伟来华考察属于文化侵略或文化侵入。1925 年 5 月 5 日晚上 7 时,鲍士伟在苏州基督教青年会发表演讲,主张"(一)公开,(二)便利,(三)普及,(四)改进"②。随后,杜定友演讲办理图书馆事业者之苦痛与愉快③,朱家治则反复辨明所谓"文化侵入"实为误会,称:"鲍氏此来,系应韦棣华女士之函请,专为参考中国图书馆之情状,希望已有者改良,无有者使有,但非钱不行,故正极力从事运动,于美国退还庚子赔款提出一部分,使有用在图书馆之可能云。"④

第五节　返美赴英,沟通中西

　　1926 年 10 月 4—9 日,美国图书馆协会成立 50 周年纪念大会在大西洋城和费城举行。⑤出席本次大会的中国代表共有四人,分别是郭秉文、裘开明、桂质柏与韦棣华。⑥其中,郭秉文是中华教育改进社与北洋政府教育部的代表⑦,裘开明是中华图书馆协会的代表⑧。郭秉文出席了 10 月 5 日在大西洋城举行的第三次全体大会,并且发表了题为《中国图书馆的演变及其与中国文化的关系》的讲演。⑨裘开明与桂质柏联合提交了《中国的图书馆》一文。⑩韦棣华则出席了 10

① 杨家骆. 图书年鉴(创刊本·普及本)[M]. 南京:词典馆,1935:(第三编　全国图书馆概况)156-159.

② 苏州各界欢迎鲍士伟博士纪[N]. 申报,1925-05-10(11).

③ 苏州各界欢迎鲍士伟博士纪[N]. 申报,1925-05-10(11).

④ 杨谱笙. 参与苏州欢迎鲍士伟闻见录[J]. 湖州月刊,1925,2(2):43-45.

⑤ Fiftieth Anniversary Conference[J]. *Bulletin of the American Library Association*, 1926, *20*(9): 155-158, 171. 另:东南大学校长兼中华教育文化基金董事会董事郭秉文当时身在美国,亦出席了本次大会.

⑥ General Sessions-Proceedings[J]. *Bulletin of the American Library Association*, 1926, *20*(10): 177-186.

⑦ General Sessions-Proceedings[J]. *Bulletin of the American Library Association*, 1926, *20*(10): 177-186; P. W. Kuo. The Evolution of the Chinese Library and Its Relation to Chinese Culture[J]. *Bulletin of the American Library Association*, 1926, *20*(10): 189-194.

⑧ General Sessions-Proceedings[J]. *Bulletin of the American Library Association*, 1926, *20*(10): 177-186.

⑨ P. W. Kuo. The Evolution of the Chinese Library and Its Relation to Chinese Culture[J]. *Bulletin of the American Library Association*, 1926, *20*(10): 189-194.

⑩ Alfred K. Chiu & John C. B. Kwei. Libraries in China[J]. *Bulletin of the American Library Association*, 1926, *20*(10):194-196.

月 7 日举行的第四次全体大会。本次全体大会由 R. R. 鲍克尔主持。他向与会代表隆重介绍了韦棣华:"25 年前,当韦棣华女士前往中国探望其担任传教士的弟弟时,她找到了适合自己的传教工作,也就是她现在所从事的发展图书馆的工作。她十分睿智,声称应当由中国代表自己讲述中国图书馆发展的故事,所以她拒绝在全体大会上发言。我特别想告诉大家,全世界都应当向韦女士致敬。她上次返回美国,意在为其第二祖国中国争取利益。她拜访了 82 位参议员和 420 位众议员,最终完成了一项几乎不可能完成的任务,即推动第 68 届国会通过了《庚款法案》(向中国退还庚款余额)。此举带来了两个结果:一、它为英国、法国与日本等姐妹国家树立了榜样,它们紧接着也向中国退还了庚款余额。二、它使得美国在中国获得了一种独特的地位。全世界都应当向韦女士致敬。我相信在座的诸位都将十分乐于向她致敬。"不过,韦棣华并未发言。[1] 此外,美国图书馆协会在本次纪念大会上再次建议成立一个永久性的图书馆员国际组织[2],并于同年 10 月 22 日在华盛顿哥伦比亚特区通过了一项相关决议[3]。

此次返美期间,韦棣华还"乘机向美政府运动取消对中国一切不平等条约,以敦中美邦交而仲公理。惜未得美国会正式提案表决,引为遗恨。"[4]

1927 年 9 月 26—30 日,英国图书馆协会在爱丁堡举行成立五十周年纪念

---

[1] General Sessions-Proceedings [J]. *Bulletin of the American Library Association*, 1926, 20(10): 182–183. 另:鲍克尔的介绍原文如下:"When Mary Elizabeth Wood went to China to her missionary brother, twenty-five years ago, she found presently her own missionary work in the development of the library. She has declined to speak herself in these general sessions because she is so wise as to say the story of Chinese library development should come from Chinese representatives themselves. I want to tell you specially of the obligation which the world owes to Miss Wood. She came to America in the interest of her adopted country. By interviewing eighty-two senators and four hundred and twenty representatives she accomplished the almost impossible feat of obtaining from the Sixty-eighth Congress the bill releasing the Boxer Indemnity Fund. That did two things: it set an example which was followed by the sister nations of England, France, and Japan; it gave to America a position in China which is unique. The world itself owes to Miss Wood a great tribute which I am sure you here will be most de lighted to pay."

[2] 丘东江等. 国际图联 IFLA 与中国图书馆事业(上)[M]. 北京:华艺出版社,2002:6.

[3] Library Association Conference [J]. *Bulletin of the American Library Association*, 1927, 21(12): 771–773.

[4] 杨家骆. 图书年鉴(创刊本·普及本)[M]. 南京:词典馆,1935:(第三编 全国图书馆概况) 156–159.

大会。[1]韦棣华作为中国(中华图书馆协会)的代表[2],顺道从美国赴爱丁堡参会。可惜目前未见相关史料,尚不清楚她于何时又如何前往爱丁堡。

在 1927 年 9 月 26 日的开幕大会上,与会者选举产生了一个委员会,以讨论美国图书馆协会于 1926 年 10 月 22 日通过的相关决议。该委员会由七人组成,包括艾萨克·科林博士(委员会主席)、文森特·法戈博士、亨利·古皮博士、雨果·克里斯博士、M. 亨利·勒梅特、卡尔·H. 米拉姆、兹德涅克·瓦茨拉夫·托博尔卡博士。[3]9 月 30 日,该委员会最终通过了一份决议,发起成立国际图书馆及目录委员会。现试将该决议译成中文如下。

我们,即以下签名的各国图书馆协会的代表,在 1927 年 9 月 30 日于爱丁堡举行的会议上通过了以下决议,但同时达成一项谅解,即本决议或该委员会今后可能通过的任何决议对各国图书馆协会均不具有约束力,除非获得其批准。

1. 议决成立国际图书馆及目录委员会。

2. 该委员会应由批准本决议的各国图书馆协会推选的成员组成。每个国家应只指派一名具有表决权的成员,但可派遣多名副代表陪同。

3. 该委员会的职责是选定召开国际图书馆大会的时间和地点,并跟各地方委员会进行合作,制定大会议程;就图书馆、图书馆学家和目录学家组织及其他机构之间的国际关系进行调查并提出建议。

4. 国际图书馆大会应当至少每五年召开一次。首届大会应于 1929 年或 1930 年召开。该委员会全体会议必须跟每届国际图书馆大会同时召开。其他会议可以应主席的要求召开;如该委员会三分之一的成员提出要求,则必须召开。该委员会第一次全体会议应在今日起一年内召开。

5. 该委员会有权从其成员或与之合作的各国图书馆协会会员当中任命专门委员会。

6. 国际图书馆及书目委员会职员包括主席一人、副主席两人、秘书一人。上述四人加上其他四名成员组成执行委员会。主席、副主席、秘书和其他成员应由该委员会选出,其任期至下届大会结束后的 12 月 31 日为止。

秘书可以但不必一定是某国图书馆协会指派的该委员会成员。他应具有选

---

[1] 英国图书馆协会五十周年纪念会[J]. 中华图书馆协会会报,1927,3(3):22.

[2] 沈祖荣. 参加国际图书馆第一次大会及欧洲图书馆概况调查报告[J]. 中华图书馆协会会报,1929,5(3):4.

[3] Library Association Conference [J]. *Bulletin of the American Library Association*, 1927, *21*(12): 771-773.

举权。执行委员会的空缺应由该委员会成员填充。

在第一届国际图书馆大会召开后的 12 月 31 日之前,执行委员会应由捷克斯洛伐克、法国、德国、英国、意大利、瑞典和美国的代表组成;首任主席应当是瑞典代表,第一和第二副主席以及首任秘书应当由本款所确定的执行委员会选举产生。

7. 我们认为目前没有必要要求各国图书馆协会进行捐款。如果以后需要捐款的话,我们建议按各国图书馆协会成员数量的某个比例进行。这个比例由该委员会确定。①

来自 15 个国家的总共 20 名代表在这份决议上签了字。其中,奥地利与德国的代表是同一个人,荷兰代表二人,美国代表六人,其他 11 国代表各一人,韦棣华作为中国代表名列其中。② 详见表 9-5。

---

① Library Association Conference [J]. *Bulletin of the American Library Association*, 1927, *21*(12): 771–773. 另:1928 年 2 月 29 日《中华图书馆协会会报》第 3 卷第 4 期所载的《国际图书馆界之联络》中含有《发起国际图书馆及目录委员会议决案》(具体参见:国际图书馆界之联络 [J]. 中华图书馆协会会报,1928,3(4):17-18),内容如下。

"同人等,谨代表各国图书馆协会,于一九二七年九月三十日在爱丁堡集议,并议决下列之议案;但此项议案之是否有效,当以各该国图书馆协会之是否加入为准。

一、今议决设立国际图书馆及目录委员会。

二、本委员会会员由赞同此条例之各国图书馆协会选出之代表组织。每国得指定代表一人予以选举权,但亦能派定副代表一二人。

三、本委员会之职务,选定国际图书馆大会之时期及地址,并由各国临时委员会之协助预备此项大会之程序;与研究及介绍关于国际间图书馆及图书馆协会之沟通联络事业。

四、国际图书馆大会至少须五年举行一次,其第一次大会由本委员会召集者,当于一九二九或一九三〇年举行之。本委员会之全体会议应随同国际图书馆大会举行。他项会议,经会员三分之一之提议得由主席召集之。本委员会之第一次全体会议应自现时起于一年内举行之。

五、本委员会得有指定本会会员或任何各国图书馆协会会员组织分委员会之权力。

六、国际图书馆及目录委员会之职员设主席一人、副主席二人及书记一人。此项职员与其他会员四人得组织'执行委员会'。执行委员会之主席、副主席、书记及其他四会员由委员会选举之,任期至下次大会年之十二月三十一日止。书记得为各国协会指定之代表充任之,惟亦不拘。执行委员会如有空额,当由委员会补充之。第一届国际图书馆大会举行后至该年十二月三十一日任满之执行委员为捷克、法、德、英、意、瑞典及美各代表。第一任主席由瑞典代表充之,副主席二人及书记由执行委员推举。

七、同人等以为现在尚无向各国图书馆协会征费之必要。将来如有需要之时,当按各国协会会员人数之相当比例,由委员会决定后征收之。"

② Library Association Conference [J]. *Bulletin of the American Library Association*, 1927, *21*(12): 771–773.

表 9-5　国际图书馆及目录委员会发起国及其代表一览表

序号[1]	国家	代表姓名(当代通用译名 / 民国时期译名[2])
1	奥地利	乌伦达尔博士 / 乌兰德
2	比利时	弗兰斯·范·卡尔肯 / 凯肯
3	加拿大	乔治·H. 洛克 / 卢克
4	中国	韦棣华 / 韦棣华
5	捷克斯洛伐克	兹德涅克·瓦茨拉夫·托博尔卡 / 拓簿伽
6	丹麦	奥斯卡·曲勒戈 / 吉礼葛
7	法国	亨利·勒梅特 / 拉麦特
8	德国	乌伦达尔博士 / 乌兰德
9	英国	L. 斯坦利·贾斯特 / 贾斯特
10	荷兰	B. 德克勒克 / 柯卢克
		A. 胡尔索夫 / 卢述甫
11	意大利	文森特·法戈 / 法沟
12	挪威	威廉·蒙特 / 孟德
13	瑞典	艾萨克·科林 / 柯林
14	瑞士	赫曼·埃舍尔 / 爱沙
15	美国	C. B. 罗登 / 卢敦
		查尔斯·F. D. 贝尔登 / 毕尔敦
		乔治·B. 厄特利 / 阿特莱
		弗兰克·P. 希尔 / 喜尔
		H. H. B. 梅耶 / 麦尔
		卡尔·H. 米拉姆 / 麦兰

注: 1. 按英文国名首字母的先后顺序排列。

2. 本栏斜杠后的民国时期译名均引自: 国际图书馆界之联络[J]. 中华图书馆协会会报, 1928, 3(4): 17-18.

　　国际图书馆及目录委员会就此成立, 中国也由此成为国际图书馆及目录委员会的发起国之一。更值得一提的是, 在其逗留英国期间, 韦棣华还曾赴牛津大学研究文学,其终身学习的精神令人称赞不已。①

　　1928年6月22日,韦棣华抵达北京,至7月18日才启程返回武昌。在此期间,国立北平图书馆与北平图书馆协会都曾开会欢迎韦棣华。② 其中,国立北平图书馆于6月23日召开欢迎会欢迎韦棣华,而韦棣华在欢迎会上向众人报告了她代表中国前往爱丁堡参加英国图书馆协会五十周年纪念大会的情况。③

　　此外,1929年6月15—30日,第一届国际图书馆及目录委员会大会(或称国际图书馆第一次大会④)在意大利罗马和威尼斯举行,议决将其名称改为"国际图书馆协会联合会"(简称"国际图联")。⑤ 中华图书馆协会公推沈祖荣为代表参加本次大会。⑥ 由于事务繁忙,沈祖荣很想推掉此行,便跟韦棣华商量。当时身在病中的韦棣华力劝沈祖荣前去参会:"此会关系世界文化及中国图书馆事业,前途至大且巨,焉能推让。君若推让,余病不能起矣。"⑦ 沈祖荣果真前往意大利参会,回来后又撰写了《参加国际图书馆第一次大会及欧洲图书馆概况调查报告》,发表在1929年12月31日出版的《中华图书馆协会会报》第5卷第3期中。⑧

---

① 杨家骆. 图书年鉴(创刊本·普及本)[M]. 南京:词典馆,1935:(第三编　全国图书馆概况) 156-159.

② 韦棣华女士游平[J]. 中华图书馆协会,1928,4(1):15.

③ 馆讯(七月)·欢迎韦棣华女士[J]. 北京图书馆月刊,1928,1(3):183;Library Notes: Reception to Miss M. E. Wood[J]. 北京图书馆月刊,1928,1(3):27.

④ 沈祖荣. 参加国际图书馆第一次大会及欧洲图书馆概况调查报告[J]. 中华图书馆协会会报,1929,5(3):3-29.

⑤ Carl. H. Milam. Informal Notes From Rome, Geneva, Seville[J]. *Bulletin of the American Library Association*, 1929, *23*(9):424-426.

⑥ 沈祖荣. 参加国际图书馆第一次大会及欧洲图书馆概况调查报告[J]. 中华图书馆协会会报,1929,5(3):3-29.

⑦ 韦棣华女士服务三十周年纪念大会启[J]. 中华图书馆协会会报,1930,5(4):2-3.

⑧ 沈祖荣. 参加国际图书馆第一次大会及欧洲图书馆概况调查报告[J]. 中华图书馆协会会报,1929,5(3):3-29.

第十章　生前逝后

第一节　学生爱戴,各界共赞

　　韦棣华一向对学生关爱有加。她不仅关心学生的学习,还关心学生的日常生活与身体健康。有一次,文华图书科第一届讲习班的学生董铸仁患了足疾,无法前去上课。了解清楚情况之后,韦棣华便从家中储备的药材中找出一瓶药膏和一卷绷带,交由一位夏姓学生[①]转交给董铸仁使用,并且反复详细交代了使用方法。足疾痊愈之后,董铸仁前去上课,韦棣华见到他就关切不已。"她这样真挚的慈母般的爱情,可说她的每一个学生都同样的领受过!"[②]此外,每个星期三下午,韦棣华都会邀请学生到家中举行茶会,"师友之间,谈谈故事人情,讨论一些关于修养上的问题",令学生的品性在耳濡目染中提到升华。[③]正因为如此,很多文华图书科毕业生都对韦棣华抱有深厚的感情。

　　据 1925 年 4 月美国威斯康星州密尔沃基市圣斯蒂芬教堂出版的《圣斯蒂芬布告》第 5 卷第 6 期所载的《中国的图书馆事业》,文华校友为韦棣华举行了一个十分热闹的来华 25 周年纪念活动。由于韦棣华不想收送给她个人的任何礼物,

---

① 当是夏万元。董铸仁与夏万元均为文华图书科第一届讲习班学生(1930.9—1931.6)。

② 董铸仁. 韦女士的学生 [J]. 武昌文华图书科季刊,1931,3 (3):339-340.

③ 董铸仁. 韦女士的学生 [J]. 武昌文华图书科季刊,1931,3 (3):343.

文华校友便着手在文华公书林配备一个参考室，以示对她的崇敬之意。[①]

1925 年 5 月，文华图书科第一届毕业生、时任齐鲁大学图书馆主任桂质柏编译的《杜威书目十类法》由齐鲁大学印刷所印刷、齐鲁大学图书馆发行。该书卷首明确印着致韦棣华的英文献词，称其为"中国图书馆运动之先驱"（对应英文为"Pioneer in the Chinese Library Movement"，见图 10-1），以示桂质柏对韦棣华的深深爱戴与高度赞誉。

To

Mary Elizabeth Wood

Pioneer in the Chinese Library Movement

THIS WORK

Is Gratefully Dedicated

图 10-1　桂质柏《杜威书目十类法》献词[②]

韦棣华主动帮助运作美国退还庚款余额的举动更是令她赢得了社会各界的高度赞誉。

1929 年 12 月，《武昌文华图书科季刊》第 1 卷第 4 期刊文指出："来年夏五月十六日，为韦棣华女士来华三十周年纪念，而文华公书林二十周年纪念、文华图书科十周年纪念，亦将同于是日举行。韦女士为自美来华举办图书馆事业之第一人，今已年逾耳顺，犹日以其手创之公书林和图书科为念，勤恳劬劳，诲人不倦。兹书由本科同学发起大规模之纪念，将于日内函达诸毕业同学，以征求意见云。"[③]

1930 年初，文华公书林暨文华图书科印发《韦棣华女士来华服务三十周年纪念募捐启》。

---

① Library Work in China[J]. *St. Stephen's Bulletin*, 1925, 5(6): 11. 原文如下："Her twenty-fifth anniversary in China was recently marked by a fine celebration, described by several columns in the *Hankow Daily Herald*. As Miss Wood wished to receive no personal gifts on the occasion, Boone alumni in Hankow are equipping a reference room in the library in her honor." 另：民国时期，武汉三镇似乎并未出版所谓的 *Hankow Daily Herald*，这应当是误记。具体参见：武汉地方志编纂委员会．武汉市志·新闻志 [M]．武汉：武汉大学出版社，1991：8-18.

② 桂质柏．杜威书目十类法 [M]．济南：齐鲁大学图书馆，1925：献词．

③ 校闻·韦女士来华三十周纪念 [J]．武昌文华图书科季刊，1929，1（4）：474.

1930 年 2 月 22 日,《密勒氏评论报》刊登了《文华大学学生筹备三重纪念大会》一文,内称:

"文华大学在校生和校友正在筹备召开一个三重纪念大会,以庆祝韦棣华女士来华 30 周年、文华公书林创办 20 周年和文华图书科成立 20 周年。

在文华大学校友发出的一份通启中,读者可以注意到韦棣华女士 30 年来在学校所做的出色工作,尤其是跟图书馆事业相关的工作。

图书馆的发展经历了不同阶段。在她刚刚开始创办的时候,图书馆里只有一套陈旧的《大英百科全书》和十几本青少年图书。

通启里还介绍了韦棣华女士为在全中国推进图书馆运动所做的艰苦工作。在她来到文华书院后不久,韦棣华女士就开始引导学生对图书馆事业产生兴趣。十年之后,在美国朋友的帮助下,一座图书馆大楼建成了。她立刻意识到需要一位(接受过专业训练的)图书馆员。她再次联系了美国朋友,派遣了两名学生赴美国学习图书馆方法。这是文华图书科得以创办的起点。

通启中还提到女士赴美国游说(美国政府)退还庚款余额,并争取部分资金用于发展图书馆事业。在很大程度上,正是因为她激起了社会各界对图书馆事业的兴趣,北平图书馆才会收到第一笔 100 万元的拨款。"①

1930 年 2 月 28 日,《中华图书馆协会会报》第 5 卷第 4 期刊登了《韦棣华女士服务三十周年纪念大会启》,其中很多内容跟《韦棣华女士来华服务三十周年纪念募捐启》相同。②同期还刊登了《中华图书馆协会委托经募韦棣华女士来华服务卅周纪念捐款各图书馆表》与《韦棣华女士来华服务三十周年纪念募款委员表》,见表 10-1、表 10-2。

表 10-1　中华图书馆协会委托经募韦棣华女士来华服务卅周纪念捐款各图书馆表③

序号	城市	图书馆	序号	城市	图书馆
1	北平	国立北平图书馆	11	安庆	安徽省立图书馆
2	天津	南开大学图书馆	12	南昌	江西省立图书馆

---

① Boone College Students Plan Tiple Anniversary Celebration[N]. *The China Weekly Review*, 1930−02−22 (419) .

② 韦棣华女士服务三十周年纪念大会启 [J]. 中华图书馆协会会报,1930,5 (4):2-3.

③ 中华图书馆协会委托经募韦棣华女士来华服务卅周纪念捐款各图书馆表 [J]. 中华图书馆协会会报,1930,5 (4):4.

续表

序号	城市	图书馆	序号	城市	图书馆
3	开封	河南图书馆	13	长沙	省立中山图书馆
4	济南	山东省立图书馆	14	成都	华西大学图书馆
5	青岛	青岛大学图书馆	15	福州	福建公立图书馆
6	太原	山西公立图书馆	16	厦门	厦门大学图书馆
7	南京	金陵大学图书馆	17	广州	中山大学图书馆
8	苏州	东吴大学图书馆	18	昆明	东陆大学图书馆
9	上海	交通大学图书馆	19	梧州	广西大学图书馆
10	杭州	浙江大学文理学院图书馆	20	沈阳	东北大学图书馆

表 10-2　韦棣华女士来华服务三十周年纪念募款委员表 [1]

序号	姓名	联系地址	备注	序号	姓名	联系地址	备注
1	王正廷	南京外交部	主席	24	徐仁广	上海爱多亚路八三一	
2	王宠佑	汉口第二特区四民街六十三号		25	韦均崇	汉口太古洋行	
3	孔祥熙	南京工商部		26	崔幼南	汉口堆栈	
4	任鸿隽	北平中华教育文化基金董事会		27	许寿康	上海金城银行	
5	仵禹九	汉口恒信洋行		28	邬君植	汉口英国烟草公司	
6	江顺德	汉口香港国民银行		29	梁俊华	汉口浙江实业银行	
7	朱成章	上海中国旅行社		30	孙洛	北平中华教育文化基金董事会转	
8	朱得祥	汉口第三特区管理局		31	孙启濂	天津英租界耀华里	
9	朱作海	汉口美国总领事馆		32	黄文植	汉口总商会	
10	余日章	上海基督教青年会全国协会		33	黄吉亭	汉口圣公会	
11	李剑南	汉口广东银行		34	黄馥亭	汉口圣保罗座堂	书记
12	李少斋	汉口光裕洋行		35	陈文全	开封邮政局	
13	李汉元	天津公安局		36	陈时	武昌中华大学	
14	周星棠	汉口总商会		37	陈宗良	南京中山路圣公会对面	

---

[1] 韦棣华女士来华服务三十周年纪念募款委员表 [J]. 中华图书馆协会会报,1930,5（4）:4.

续表

序号	姓名	联系地址	备注	序号	姓名	联系地址	备注
15	周苍柏	汉口上海银行	司库	38	闵绍骞	汉口和记洋行	
16	吴任之	汉口国货检验所		39	杨少荃	成都华西大学	
17	吴之椿	北平清华大学		40	裘开明	美国哈佛大学	
18	吴沽恩	芝罘裕丰公司		41	蔡元培	国民政府	
19	沈祖荣	武昌巡道岭朱家巷口		42	卢春芳	印度总领事	
20	林和成	武昌市政府工程处		43	卢春荣	武昌文华中学校	
21	胡承豪	长沙邮政局		44	郑和甫	河南圣公会	
22	胡庆生	武昌土司营文华第一别墅		45	颜惠庆	天津马场道三六〇	
23	袁同礼	北平图书馆		46	戴志骞	南京中央大学	

1930 年 3 月,《武昌文华图书科季刊》第 2 卷第 1 期载文指出:"本年五月十六日为本校创办人韦棣华女士来华服务三十周年纪念,已志上期消息栏中。此次纪念会之发起人及委员等皆国内有名人士。现校中正着人进行一切。各处通函及募款捐册,均已陆续寄出。并拟发行纪念特刊及筹备庆祝招待来宾事宜,届时当有一番盛况也。"①

1930 年 5 月 10 日,《大陆报》第 6 版刊登了《文华大学将于 5 月 16 日召开三重纪念大会》一文,内称:"今年 5 月 16 日将在武昌文华大学举行三重纪念大会,以纪念文华图书科——中国第一个也是唯一一个图书馆学校——创办十周年,文华公书林开放 20 周年以及韦棣华女士在中国发起图书馆运动、创办文华公书林和文华图书科 30 周年。

据悉,其中一个计划是建造一栋新图书馆大楼,以安置中国美术和博物珍品。预计将从图书馆运动的朋友们那里筹集 16 万元,以支付这项新工程的费用。

最新报告称,已筹集十万元。这项工作在上海正开展得如火如荼,由 George Simmons Co. 的经理 Mr. Charles Hsu、中华基督教青年会全国协会总干事余日章博士及上海著名银行家朱成章先生②三人负责。他们都是文华大学的校友。"③

1930 年 5 月,《差传精神》第 95 卷第 5 期刊登了舒美生撰写的《文华大学迎

---

① 本科消息·韦女士来华三十周年纪念之筹备 [J]. 武昌文华图书科季刊,1930,2(1):133-134.

② 朱成章(1888—1930),曾任上海商业储蓄银行副总经理兼旅行部经理、中国旅行社社长、中国国货银行总经理等职,1930 年 12 月 29 日逝世。

③ Triple Anniversary to Be Observed by Boone College May 16[N]. *The China Press*, 1930-05-10(6).

来三重纪念大会》一文。该文后来还被抽印成一本宣传小册。舒美生在文中介绍了韦棣华来华创办文华公书林和文华图书科和推动美国退还庚款余额、邀请鲍士伟来华调查图书馆事业等活动。他指出,韦棣华为中国图书馆事业作出的贡献得到了各界的广泛认同。因此,文华校友及其他人一起计划在 1930 年 5 月举办三重纪念大会。他们不仅捐赠了大量中文书籍、图书馆家具,还计划筹集了五万美元,用来购买文华公书林附近的一栋建筑作为"伍德纪念馆"(应当就是"韦氏中国美术博物馆"),以满足文华图书科不断发展的需要,同时用于举办中国艺术和博物展,以便进一步推动文华公书林的文化工作。他们还计划争取更多人为文华图书科捐款。①

1930 年 5 月 16 日,韦棣华女士来华服务三十周年纪念会并未如期举行,而是决定改到 1930 年 10 月。1930 年 10 月 31 日,《中华图书馆协会会报》第 6 卷第 2 期又刊文指出:"武昌方面发起之韦棣华女士来华服务三十周年纪念原定本年十月举行。不料兵兴起来,道途阻塞,东西南北,不便往来……不得已议决延至明年五月举行。至募款进行,仍照常不辍云。"②

1930 年 12 月,文华图专开始征集校歌,至 1931 年初确定歌词,并且决定组织学生在 1931 年 5 月 16 日举行的三重纪念大会上共唱校歌。③ 为此,学生们不时聚在文华公书林内加紧练习。④ 这首校歌的歌词恰与文华图专的校训"智慧与服务"(英文为"Wisdom and Service")契合,充分体现了爱国爱民、求真求实与服务社会的精神。具体如下。

---

① Rev. Arthur M. Sherman. *Boone Library. Wuchang, China*[M]. 不详:不详,1930: 8. 原文如下:"It is in recognition of all that has been done during these thirty years that the Boone alumni together with a much wider circle of Chinese friends and admirers, are planning for the celebrations of the three anniversaries this month. They have already enlarged the library, presented Chinese books and much beautiful library furniture. They are now planning to raise fifty thousand dollars Mexican to fulfill another ambition of the founder of the library, a building on the land adjacent to the library to house the expanding interests of the library school and provide for a permanent exhibit of specimens of Chinese fine arts and natural history, thus furthering the cultural work of the library. This building is to be known as the Wood Memorial. Another part of the plan is to secure among Chinese and other friends, an increase of the endowment for the Boone Library School."

② 韦女士纪念会展期 [J]. 中华图书馆协会会报,1930,6(2):25.

③ 中国现代图书馆运动之皇后韦棣华女士生平图片展(组图)[EB/OL]. [2018-04-30]. http:// blog.sina.com.cn/s/blog_4978019f0102e7a7.html.

④ 舒纪维. 韦棣华女士逝世的日记 [J]. 武昌文华图书科季刊,1931,3(3):358.

浩浩天宇,莽莽神州,人类进化悠悠。

经籍辉煌,典章博大,圣贤教化永留。

文华图专,循循善诱,知识诸实是求。

博我以文,约我以礼,智慧服务群俦。

愿同学勤研究,立功立言不朽。

亲爱精诚团结,为国为民奋斗。①

　　1931 年 3 月,《武昌文华图书科季刊》第 3 卷第 1 期刊文称:"本校定于本年五月十六日在武昌开韦女士来华三十周年纪念会。现校中师生已组织筹备委员会和各股委员会。闻已开会两次,全体动员,分头预备。想届时又有一番热闹也。"② 该筹备委员会由沈祖荣、徐家麟、毛坤(以上均为教职员)、李蓉盛、李钟履(以上均为专科学生)、夏万元、董铸仁(以上均为讲习班学生)组成,其下分设总务股("总擎一切筹备事宜并掌银钱之收支,什物之备办,大会之布置等事")、文牍股("司往来文件及征集纪念专号、中西文稿事宜")、展览股("掌陈列书籍、古物、图书等事")、游艺股("专筹五月十五夜庆祝游艺会事宜")与交际股"办理一切接洽、招待、交通及参观事宜")③。

　　此后,许多团体与个人为纪念韦棣华来华服务三十周年而纷纷捐款、题字或赠送礼品,详见表 10-3。

表 10-3　韦棣华女士服务三十周年纪念大会所收礼物一览表④

序号	类别	赠送团体或个人	具体礼物	备注
1	赠品	中华图书馆协会	横匾中堂	"中华图书馆协会不但自己捐款,还向国内其他机构与图书馆募得大量捐款。"1
		中华教育文化基金董事会	横匾中堂	"中华教育文化基金董事会捐赠了 10 000 元,以及一块十分漂亮的牌匾。"2

① 梁建洲,梁鳝如. 我国图书馆学、档案学专业教育的摇篮——记武昌文华图书馆学专科学校 [J]. 四川图书馆学报,1996 (5):69;周洪宇. 不朽的文华——从文华公书林到文华图书馆学专科学校 [M]. 武汉:华中师范大学出版社,2013:324;中国现代图书馆运动之皇后韦棣华女士生平图片展(组图) [EB/OL]. [2018-04-30]. http://blog.sina.com.cn/s/blog_4978019f0102e7a7.html.

② 本校消息·韦女士三十周年纪念会的筹备 [J]. 武昌文华图书科季刊,1931,3 (1):120.

③ 韦棣华女士来华三十周年纪念会筹备情形 [J]. 中华图书馆协会会报,1931,6 (5):37-39.

④ 董铸仁. 韦棣华女士追悼大会纪略 [J]. 武昌文华图书科季刊,1931,3 (3):366.

序号	类别	赠送团体或个人	具体礼物	备注
1	赠品	文华图书馆专校北平同学	大理石日晷	"文华图书科同学会北平分会送了一座非常精致而有用的日晷,底座使用普通大理石,表面则用从意大利进口的大理石。"[3]
		旅粤文华同学会[4]	象牙球	"旅粤文华同学会送了一个雕刻得非常精致的象牙球。那真的是一个艺术珍品。"[5]
		武昌基督教女青年会	绣屏	"武昌基督教女青年会送了一架绣屏。"[6]
		杜定友	银盾	
		何日章	银盾	
		福建建瓯县公立图书馆等	对联	
				"圣公会期刊俱乐部执行秘书玛丽·E. 托马斯女士向文华公书林赠送了一份最适宜的礼物,即《大英百科全书》第17版、《牛津词典》及其他大套的标准参考书。"[7]
2	文字	中华教育文化基金董事会		经传纱幔,韦母名师。然彼振铎犹是旧规,惟韦女士灌输新知,来从海外,驻汉之湄,宏开书府廿载,于兹继启黉舍十载,皋比卅年,一世屈指。斯时古之无斁,明镜不疲,成才济济,远大为期。敬祝前途,百世丕基。[8]
				誉髦斯士。[9]
		中华图书馆协会		晋用楚材作宾吾国万里乘风翩然六翮 敷文宣化涵濡教泽善诱循循可象可则 我有图书谋宝藏之我建秘阁复赞襄之 集贤授学导而倡之鸿都天一文苑方之 君之来也卅载于兹士林仰止遐迩咸知 式昭轮奂永树光仪垂诸亦世敬纪厥词[10]
		广州文华同学会		江山苍苍,汉水溶溶。文华母校,卓立其中。提倡教育,女士之功。启迪后进,功业何隆。图书事业,尽瘁鞠躬。发扬学术,全国尊崇。促进文化,万众景从。莘莘学子,化雨春风。卅周纪念,欣幸今逢。谨进芜词,用表曲衷。祝我女士,幸福无穷。如松之茂,如日当空。更祝母校,誉满亚东。[11]

序号	类别	赠送团体或个人	具体礼物	备注
2	文字	厦门大学图书馆	琅嬛美绩[12]	
		蔡元培		韦棣华女士远道来华,不辞劳瘁,居武汉中心,实施实际工作,尤致力于图书馆。余曾作韵语颂赞之,用志钦仰。今年五月,诸君子为韦女士举行来华服务三十年及文华公书林成立二十年、文华图书科成立十年三重纪念大会。乔皇典丽,泆泆称盛。 图书关系学术,至为密切。承先哲之余绪,开后来之涂辙,体用咸备,细大不遗,实惟图书是赖。集多数图书于一处,予民众以阅览之便利,辅助文化进步,实惟图书馆之功。 我国人天性,最喜聚书,自汉之天禄、隋之观文,直至清之所谓四库,以帝王之力,广搜秘笈,首先提倡。士大夫闻风兴起,亦往往缥缃万卷,坐拥书城。明清之际,尤为显著。绛云、天一、疏雨、芳椒,殆难悉数。清代学术之盛,良非无因。惟此等藏书,皆为贵族所专有,仅绝少数人始得阅读。又管理之法不良,而保守之力有限,卒之或付劫灰,或致流散,深为可惜。 至于为平民谋便利而设图书馆,则最近数十年学制革新以后始有之。而韦女士之创办公书林,恰当其时。以多量之热心,作相当之助力,购置中外书籍,部居分别,灿然秩然,招引观众,予以阅读便利及鼓励其兴趣。又以图书馆为专门之学,设科讲习,远道之来请益者日众。此其裨补学界,有潜滋暗助之功,正吾人所当感谢者。学术本无国界,求知人性所同,故办理教育,为积极有趣之事,终身由之,可以忘疲。韦女士来华服务已三十年,阅时不可谓不久。然其精心毅力,实视三十年如一日。倘再阅多时,亦无丝毫倦怠,可以断言。 近来国内图书馆逐渐增多,本爱好书籍之天性,有自由阅览之处所,濯磨淬厉,得所凭藉,正如昔人所谓"用之而不敝,取之而不竭"者。学术前途,方兴未艾。文华公书林于众图书馆中,乃如老成先进,弥负重望。坐观国内学术,循序发展。韦女士之所热心期望者在此,吾国人之所以慰韦女士者亦即在此矣。爱书数语,以为异日之证。[13]

续表

序号	类别	赠送团体或个人	具体礼物	备注
2	文字	黄建中	翳惟女士,航海西来,终温且惠,以勖吾侪。服务中土已卅年,精勤靡懈,勇进无前。经营廿岁,万轴图书,豁人心目,有如智珠。大愿恢宏,服创专校,十载弹指,人宏其教。三重纪念,懿欤盛名,不朽不业,中外蜚声。[14]	
		卫挺生	总理以三民主义而三民主义之归宿,垂训;为进世界于大同。大同之出义于孔子。其义各人一生之致力,以求得世界全体之福乐为对象,以用尽一己全副之能力为限度;而精神之寄托,则在于汎爱全体人类。此皆与西方所传基督教义之求"役于人"及"爱人知己"诸说,同其旨趣。韦棣华女士,乃基督教义之实践者,真大同世界之先导也。早年来华,尽力于教育事业,三十载如一日。清季尝创立图书馆于武昌,任民众阅览。以后各地之公共图书馆,多取法焉。后复创设图书馆学专科于文华学院,以管理图书之科学方法教授生徒。国内各地图书馆之管理图书专员几于皆出其门。清光绪庚子年之变,关系各今皆索我赔款。美国以其款之一部还我兴学。其后女士主张并以其余款退还,尝居美京数月,以其主张向美政府当局呼吁。美政府遂以之还我国为我发展教育文化之用。中国今日有所谓"文化基金"者,盖女士之功也。女士籍隶美国麻沙邱塞邦,原姓武德名美丽绮里沙白。挺生幼时尝从之受学英国文及英国史,常见其昕夕孜孜不遑宁息。夫宜若可已而不已。倘所谓力恶不出于身而不必为己者欤!今届其来华三十周岁,又适为其图书馆成立二十周年,及其图书馆学专科成立十周年之纪念。敬略记其事,以质诸韦女士,并以之告国人。[15]	
		诚静怡	缅怀韦姑,基督心肠。抱道东来,艰辛备尝。一心一导,主道传扬。己达达人,如盐似光。热忱服务,示以周行。书林书馆,相继开创。集书万卷,文化焕彭。嘉惠士林,造福武昌。功绩昭耀,众口交扬。欣逢盛会,万夫所望。追往策来,前功未忘。敬祝前程,大道无疆。[16]	

续表

序号	类别	赠送团体或个人	具体礼物	备注
2	文字	洪有丰	女士本墨产,客居我国盖三十年矣。始掌教武昌文华学校,继致力该校公书林及图书馆科。嗣又为我邦运动庚款扩大图书馆事业,勤勤恳恳卅载于兹。然后叹女士不可及已。今值文华同人为文士发行纪念刊物,有丰不敏,谨撮其要而为之祝,曰:矫矫巾帼,兰台山斗。金匮石室,执厥枢纽。嘉惠文华,历年悠久。醵金抬木,一肩担负。班马殊勋,山河并寿。大名鼎鼎,百世不朽。[17]
		余上沅	博我以文。[18]
		福建建瓯县公立图书馆馆长谢源	中华图书馆鼻祖。[19]
		杨希章	滔滔江汉,源远流长,峨峨旧楚,控引多方。繄我母校,崇规宏模,经营十稔,绩着寰区,筚路褴褛。彼女师曰:韦师华棣。实创始基,让回岁币,分任其劳。建图书馆,岩然江皋,琳琅日富,积二十年书林学林前哲后贤,卓哉!女士奔波一世,多士莘莘,新猷孤诣。惟余小子,同岑异苔,念彼栽植,欣欣方来。诗曰:作人遐不寿考。敬祝文华天命永保。[20]
3	捐款	各地文华同学会	6 561元	"文华同学会和韦棣华在中国及其他地方的朋友纷纷为韦氏中国美术博物馆建设基金(The Wood Hall Fund)捐款。由于中国局势尚不稳定,众人认捐的款项并未如最初所预期的那样全部到位。到目前为止,只有6 560元到账。"[21]
		中华教育文化基金董事会	10 000元	"韦棣华女士在美国的许多朋友为文华图书科募集了11 100美元,并且成立了一个基金会,称为'韦棣华基金会'。在波士顿的弗雷德里克·康宁夫人的艰苦努力下,这个项目才得以实现。此外,刚刚传来消息,玛丽安·德克·华德女士已经从其'遗产'中再拿出1 000美元捐给了该基金会。"[22]

注:1. M. E. Wood Memorial Service Held in Wuchang[J]. *Boone Library School Quarterly*, 1931, *3*(3): 23. 原文如下:"The Library Association of China has not only contributed itself but also secured substantial contributions from other institutions and libraries in the Country."

2. M. E. Wood Memorial Service Held in Wuchang[J]. *Boone Library School Quarterly*, 1931, *3*(3): 23. 原文如下:"The China Foundation for the Promotion of Education and Culture has made a donation of $ 10, 000 and presented a beautiful tablet."

3. M. E. Wood Memorial Service Held in Wuchang[J]. *Boone Library School Quarterly*, 1931, *3*(3): 23. 原文如下:"The Boone Library School Alumni in Peiping have presented a very fine and useful Sun-Dial with a marble pedestal and with surface made of Italian marble. "

4. 应当等同于下文所说的"广州文华同学会"。

5. M. E. Wood Memorial Service Held in Wuchang[J]. *Boone Library School Quarterly*, 1931, *3*(3): 23. 原文如下:"The Boone Alumni in Canton have presented a very finely carved ball of ivory which is a rare piece of art. "

6. M. E. Wood Memorial Service Held in Wuchang[J]. *Boone Library School Quarterly*, 1931, *3*(3): 24. 原文如下:"The Wuchang Young Women's Christian Association has presented an embroidered tablet. "

7. M. E. Wood Memorial Service Held in Wuchang[J]. *Boone Library School Quarterly*, 1931, *3*(3): 23. 原文如下:"Miss Mary E. Thomas, Executive Secretary of the Church Periodical Club, had made a most fitting gift for the Boone Library in the form of the Encyclopaedia Britannica, 17th ed. , the Oxford Dictionary and other big sets of standard reference works, thus making it a workable laboratory for the use of the teachers and students. "

8. 来华三十周年纪念题词之属[J]. 武昌文华图书科季刊,1931,3(2):389.

9. 来华三十周年纪念题词之属[J]. 武昌文华图书科季刊,1931,3(2):390.

10. 来华三十周年纪念题词之属[J]. 武昌文华图书科季刊,1931,3(2):390.

11. 来华三十周年纪念题词之属[J]. 武昌文华图书科季刊,1931,3(2):390-391.

12. 来华三十周年纪念题词之属[J]. 武昌文华图书科季刊,1931,3(2):391.

13. 来华三十周年纪念题词之属[J]. 武昌文华图书科季刊,1931,3(2):391;蔡元培. 蔡元培教育论著选[M]. 高平叔选. 北京:人民教育出版社,2011:614-615.

14. 来华三十周年纪念题词之属[J]. 武昌文华图书科季刊,1931,3(2):391-392.

15. 来华三十周年纪念题词之属[J]. 武昌文华图书科季刊,1931,3(2):392.

16. 来华三十周年纪念题词之属[J]. 武昌文华图书科季刊,1931,3(2):392.

17. 来华三十周年纪念题词之属[J]. 武昌文华图书科季刊,1931,3(2):393.

18. 来华三十周年纪念题词之属[J]. 武昌文华图书科季刊,1931,3(2):393.

19. 来华三十周年纪念题词之属[J]. 武昌文华图书科季刊,1931,3(2):393.

20. 来华三十周年纪念题词之属[J]. 武昌文华图书科季刊,1931,3(2):393.

21. M. E. Wood Memorial Service Held in Wuchang[J]. *Boone Library School Quarterly*, 1931, *3*(3): 23. 原文如下:"The Boone Alumni and Miss Wood's friends in China and elsewhere have pledged for contributions to the Wood Hall Fund. Because of the undettled conditions in the country, all the contributions pledged for have not yet come in as at first expected. So far, only $ 6,560 has been realized. "

22. M. E. Wood Memorial Service Held in Wuchang[J]. *Boone Library School Quarterly*, 1931, *3*(3): 23. 原文如下:"In commeration of this Great Event, the many friends of Miss Wood in the United States have raised an Endowment of $ 11,000 gold for the Boone Library School, called the Mary Elizabeth Wood Foundation. It is due to the hard effort of Mrs. Frederick Cunningham of Boston that this project has materialized. Word has just come that Miss Marian

Dec Ward has contributed another thoudsand gold dollars as part of her 'legacy' towards the Endowment."

按照计划,文华图专将于 1931 年 5 月 15 日晚举行庆祝游艺会,其流程为开会、校歌、铜乐、主席报告、国乐、魔术、口琴、滑稽歌、国琴合奏、新剧、闭会。5 月 16 日上午,正式召开韦棣华来华服务 30 周年纪念大会,其流程为开会、奏乐、行礼、主席报告、讲演、捐赠礼物、摄影、闭会。中午,与会者一同在文华图专男生宿舍餐叙,下午则引导参观武汉大学、黄鹤楼、抱冰室、湖北省立图书馆等处。此外,还计划以《武昌文华图书科季刊》第 3 卷第 2 期出一期纪念专号,其内容包括摄影(韦棣华肖像、文华图专全校师生合影、全体职员合影、一九三二级专科学生全体合影、一九三一级讲习班学生全体合影、文华图专校景等)和国内名流稿件(必须跟韦棣华和中国图书馆事业相关)两大部分。"如有可能则于纪念会前完全出版,否则暂出数十册赠予各要宾,闭会后将当日盛况及未载之稿件一律补登纪念刊,然后装订发行。"①

至为遗憾的是,由于韦棣华不幸于 1931 年 5 月 1 日病逝②,原定举办的韦棣华来华 30 周年庆祝游艺会与纪念大会只能取消,《武昌文华图书科季刊》亦不得不延至 1931 年 9 月第 3 卷第 3 期才推出一辑"韦棣华女士纪念号"。

第二节　追悼大会,深切怀念

1931 年 5 月 2 日上午,韦棣华殡葬礼在文华圣诞堂举行。除了文华图专全体师生,还有许多来宾出席。殡葬礼最后,沈祖荣代表韦棣华家族致谢辞,并且报告了韦棣华创办文华公书林、文华图书科(文华图专)、返美推动美国政府退还款余额等贡献。他认为,韦棣华之所以能够为中国文化事业的发展而鞠躬尽瘁,能够为中国不平等条约的取消而不辞辛苦,是因为她具有卓绝的毅力和不挠的精神,而这种精神又来源于她的宗教信仰与"世界大同"的人生观。③

殡葬礼结束后,韦棣华的学生与朋友扶着灵柩缓步走出文华圣诞堂。两个青年高举着一面上书"美国韦棣华女士服务中国谢世出殡"的白色长布旗走在队伍最前列,沈祖荣、韦卓民、韦德生及两位美国人士执绋,几个女青年手持鲜花制成的花环,周围站满了韦棣华的其他朋友和学生等人。随后,灵柩由灵车送往

---

① 韦棣华女士来华三十周年纪念会筹备情形 [J]. 中华图书馆协会会报,1931,6(5):37-39.

② 本校消息·韦女士逝世及追悼会 [J]. 武昌文华图书科季刊,1931,3(2):279.

③ 邓衍林. 火葬 [J]. 武昌文华图书科季刊,1931,3(3):350-351.

汉口的日本火葬场进行火化。[1]

图 10-2　韦棣华出殡[2]

不过,韦棣华的骨灰并未葬在中国,而是送回其家乡——美国纽约州巴达维亚城,葬在巴达维亚城公墓内[3]。

图 10-3　韦棣华墓地[4]

① 邓衍林. 火葬 [J]. 武昌文华图书科季刊,1931,3(3):352–354.
② 美国韦棣华女士服务中国谢世出殡 [J]. 武昌文华图书科季刊,1931,3(3):摄影.
③ Mary Elizabeth Wood[EB/OL]. [2018−11−14]. https://www. findagrave. com/ memorial/53937631/mary−elizabeth−wood.
④ Mary Elizabeth Wood[EB/OL]. [2018−11−14]. https://www. findagrave. com/ memorial/53937631/mary−elizabeth−wood.

葬礼举办之后,武昌教育界与图书馆界人士又组织了一个韦棣华女士追悼大会筹备委员会,专门负责筹备和布置相关事宜。经过一个多月的努力,终于准备就绪。[①]

1931年6月13日下午2时,文华图专与武汉各团体在文华公书林司徒厅举行了韦棣华女士追悼大会。主教吴德施、湖北省教育厅厅长黄建中、武汉大学校长王世杰、中华大学校长陈时、胡兰亭、韦德生等人出席。值得一提的是,6月12日,来自韦棣华家乡巴达维亚城的美国人J. 文森特•格罗尼刚好从北平来到武昌。他特地留下来参加了韦棣华女士的悼念大会,并且打算在返回美国后向巴达维亚城居民介绍韦棣华的事迹。[②]

图10-4　韦棣华女士追悼大会摄影（中华民国二十年六月十三日）[③]

韦棣华女士的追悼大会由文华同学会会长崔幼南主持[④]。他首先请众人肃立,向韦棣华像三鞠躬,然后全场静默三分钟,以示对韦棣华的敬意。接着,由韦棣华教过的四个学生献花,他们是 Rev. S. C. Hwang（中文姓名待查）、邹昌炽、严家麟与沈祖荣。全体唱赞美歌,胡兰亭致辞赞颂韦棣华的生平与工作成就。[⑤]

---

① 董铸仁. 韦棣华女士追悼大会纪略 [J]. 武昌文华图书科季刊,1931,3(3):362.

② M. E. Wood Memorial Service Held in Wuchang[J]. *Boone Library School Quarterly*, 1931, *3*(3): 19–20.

③ 韦棣华女士追悼大会摄影（中华民国二十年六月十三日）[J]. 武昌文华图书科季刊,1931, 3(3):摄影.

④ 董铸仁. 韦棣华女士追悼大会纪略 [J]. 武昌文华图书科季刊,1931,3（3）:362–363.

⑤ M. E. Wood Memorial Service Held in Wuchang[J]. *Boone Library School Quarterly*, 1931, *3*(3): 20.

然后，崔幼南致辞，称赞韦棣华[①]："女士侨华三十载，国人亲被其教泽者达千百人，手创公书林及文华图书科，策进图书馆事业，国人间接蒙其嘉惠者，几遍士林。本日追悼，非仅为师生或朋友间之情谊。殆因女士以一女子身，尽一生精力于中国教育文化事业，以为上帝为教会为社会人群服务，真人道之光，世界之宝。"[②]

随后，沈祖荣代表韦棣华女士追悼大会筹备委员会发言，介绍了本次追悼大会是如何发起和成功举办的。他将韦棣华取得的成就归功于她的坚忍不拔、守心克己、信仰坚定和充满希望。他指出，韦棣华为了进一步推动图书馆事业，给捐赠者们写了成千上万封信，虽然他们不能像富人那样一次就捐赠数十或数百美元，只能捐赠几美分或几十美分；为了省下钱来推进其图书馆事业，她总是购买便宜的衣物或其他东西；她还经常祈求上帝给予启示，以指导她的图书馆事业取得成功。[③]

接着，黄建中致辞。黄建中首先表示遗憾，因为他在 1930 年文华图书科毕业典礼上见过韦棣华，之后由于工作繁忙，未能再与她见面。他原本希望能在韦棣华女士来华三十周年纪念会上见她一面，但韦棣华突然离世，令他非常震惊。他高度评价了韦棣华，称其人格高尚，内心伟岸无私；她一生致力于为人类服务，心中没有种族和国籍之分。他还补充指出，通过牺牲自我来实现自我价值的人

---

① M. E. Wood Memorial Service Held in Wuchang[J]. *Boone Library School Quarterly*, 1931, *3*(3): 20.

② 董铸仁. 韦棣华女士追悼大会纪略 [J]. 武昌文华图书科季刊, 1931, 3（3）: 363.

③ M. E. Wood Memorial Service Held in Wuchang[J]. *Boone Library School Quarterly*, 1931, *3*(3): 20-21. 另：据董铸仁的《韦棣华女士追悼大会纪略》，沈祖荣认为韦棣华女士之所以能够事业成功，有三大要素，即坚忍、刻苦与信仰："（一）坚忍。彼于事业，悬鹄以赴，百折不回，仅就其创办公书林及文华图书科言，所有募款之信件，靡弗一手亲缮，百函并发，若经一一收集，恐公书林亦容不一。（二）刻苦。彼一生服御朴素，自奉甚俭，曾在各大学及女理由任教职多年，苟有所获，即举以发展公书林及文华图书科。往岁某主教尝笑谓女士下次谒见美总统时，勿再御平素所服之旧帽。盖于谈话之中，深致钦崇之意。信仰。女士宗教信仰极笃，平生无论遭受若何艰危，从不消极，惟虔诚祈祷，专精致力，以迅赴事功。反此，如遇极得意事，亦归功于所信仰之主。盖终其身为人类服务，亦即为主服务云云。"具体参见：董铸仁. 韦棣华女士追悼大会纪略 [J]. 武昌文华图书科季刊, 1931, 3（3）: 363-364.

生是最为崇高的人生,而韦棣华的人生正是如此,值得大家引以为榜样。①

　　紧接着,陈时致辞。陈时称他与韦棣华已经相识20年。这么多年来,他们交流了许多次,但韦棣华从来不说有关她本人或其亲人的事情,而总是说些其他事情,尤其是跟其图书馆事业相关的事情。他指出,韦棣华帮助促进中国的教育和建设中国的新文化,是中国永远的朋友。②

　　其后,吴德施主教致辞。他指出,韦棣华既是真正的美国基督徒和爱国者,亦是对中国卓有助益的好朋友。

　　张祖绅代表文华同学会发言,称他本人完全赞同吴德施主教的看法。他还将韦棣华刻画成一位良师、益友及信仰导师。③

　　华中大学校长韦卓民简短致辞,称之前众人关于韦棣华其人其事的介绍与

① M. E. Wood Memorial Service Held in Wuchang[J]. *Boone Library School Quarterly*, 1931, *3*(3): 21. 另:据董铸仁的《韦棣华女士追悼大会纪略》,黄建中的致词概略如下:"女士一生精神最伟大处,在牺牲小我,以为社会人类服务,无国界,无种界,无人我界。盖即自我实现之实践者,与吾党总理所服膺之大同教义,所谓'货恶弃地,不必在己;力恶不出于身,不必为己'之思想相暗合。盖人类,大我也;一己,小我也。牺牲一己以为人类服务,即能完成其伟大人格,而为自我之完全实现。总理评隲人品高下,以其所能服务范围之大小为标准。能服务全人类者为圣贤;能服务一部分人类者,亦不失为豪杰之士。最下亦必能服务一己,自食厥力,始无愧七尺之躯,卓然生天地间。若女士者,殆所谓服务全人类者欤云云。"具体参见:董铸仁. 韦棣华女士追悼大会纪略 [J]. 武昌文华图书科季刊,1931,3(3):364.

② M. E. Wood Memorial Service Held in Wuchang[J]. *Boone Library School Quarterly*, 1931, *3*(3): 21–22. 另:据董铸仁的《韦棣华女士追悼大会纪略》,陈时的致词概略如下:"本人与韦女士相处二十余年,每次晤谈,女士只以教育文化事业尤其图书馆事业为谈资。其言不及私,具见生平专精竟虑,殆合为其所经营之事业而忘却一己者。本人为文华图专董事,以图专之进展,当竭尽绵薄,继续努力,并希望社会人士对于韦女士手创之事业,予以极大之同情与赞助云云。"具体参见:董铸仁. 韦棣华女士追悼大会纪略 [J]. 武昌文华图书科季刊,1931,3(3):365.

③ M. E. Wood Memorial Service Held in Wuchang[J]. *Boone Library School Quarterly*, 1931, *3*(3): 22.

评价完全真实,因为他自己就是一个见证人。①

文华中学校长卢春荣发言称,韦棣华以前经常说自己嫁给了中国。她在华盛顿哥伦比亚特区拜会国会议员,以便说服他们同意美国向中国退还庚款余额用于发展教育事业。在等待议员接见的时候,即便到了进餐时间,她也不去吃饭,而是啃几口面包充饥。②

桂质柏代表文华图书科同学会致辞,称赞韦棣华身上汇聚了三种伟大人格,即睿智、仁慈与勇敢。③

众人致辞完毕后,沈祖荣分别介绍了韦棣华女士来华报务 30 周年纪念会与韦棣华女士追悼大会两方面收到的各种捐款、唁电、挽联、赠品等。前文已经列表介绍了韦棣华女士来华报务 30 周年纪念会收到的礼物。下面再列表(表 10-4)介绍韦棣华女士追悼大会收到的捐款、唁电、挽联、赠品等。

---

① M. E. Wood Memorial Service Held in Wuchang[J]. *Boone Library School Quarterly*, 1931, 3(3): 22. 另:据董铸仁的《韦棣华女士追悼大会纪略》,韦卓民的致词概略如下:"据个人观察,凡人能在人类社会,造成卓绝不朽之事功,祇少必有下述三条件:(一)有远大之眼光,(二)有深纯之学问,(三)有伟大之魄力。韦女士实具有此三种条件,故能造成不巧之事功。以言眼光,当女士来华时,国内尚无所谓图书馆者。女士高瞻远瞩,认定图书馆事业,于中国社会改造及文化发展之贡献,应占首要之位置。彼既觑破此点,即致一生精力以尽瘁图书馆事业,其炯眼卓识有足多乾。以言学问,女士一生,雅嗜书籍,虽在繁多剧,不废诵读。盖因其人格之高尚,思想之纯洁,志愿之坚贞,于书籍欣赏,遂具有特殊之兴味与超越之理解。其一生事业之成就,即为其德性与其学问升华而成之结晶品。以言魄力,女士于事功,不为则已,为则必要其成,中间无论经若何阻挠,从不稍堕其志。彼创办公书林及图书科,不知经过几许困难,始具有今日之成绩。吾人即谓此等成绩,全由其集合无数困难铸成,亦无不可云云。"具体参见:董铸仁. 韦棣华女士追悼大会纪略 [J]. 武昌文华图书科季刊,1931,3（3）:365–366.

② M. E. Wood Memorial Service Held in Wuchang[J]. *Boone Library School Quarterly*, 1931, 3(3): 22.

③ M. E. Wood Memorial Service Held in Wuchang[J]. *Boone Library School Quarterly*, 1931, 3(3): 22.

表 10-4　韦棣华女士追悼大会所收礼物一览表 ①

序号	类别	赠送团体或个人	具体礼物	备注
1	唁电	王正廷、胡适、任鸿隽、国立北平图书馆、各地文华同学会、孟良佐主教等	唁电	
2	祭品	各团体、武汉各教会、个人	花圈	
3	赠仪	韦棣华女士追悼大会筹备委员会各人	260 元	
4	挽联	国内各机关、韦棣华学生	92 幅	
5	追悼会赠品	鄂湘华圣品	大玻璃屏一对	"中国籍神职人员与文华童子军分别捐了一对带边框的漂亮卷轴"1
		文华童子军及训练学校	三块屏	
		圣希理达教职员	吊钟一个	
		汉口诸圣堂全体	校旗一面	"汉口诸圣堂送了一面白哔叽校旗，上面的字是用天鹅绒绣成的"2
		圣保罗座堂董事及黄厚卿	哀赞书女士大玻璃屏	
		文华图专附设讲习班	"所辑《图书集成索引》贡献于韦女士"	"文华图专讲习班学生编撰了一本《图书集成索引》，并将其献给韦棣华；该书出版之后，将成为学者们从事研究工作的一种有用工具"3

注：1. M. E. Wood Memorial Service Held in Wuchang[J]. *Boone Library School Quarterly*, 1931, *3*(3): 24. 原文如下："The Chinese Clergy and the Boone Scouts have each presented a pair of beautiful scrolls with frames. "

2. M. E. Wood Memorial Service Held in Wuchang[J]. *Boone Library School Quarterly*, 1931, *3*(3): 24. 原文如下："The All Saints' Church, Hankow, has given a school banner made of white serge with velvet characters. "

3. M. E. Wood Memorial Service Held in Wuchang[J]. *Boone Library School Quarterly*, 1931, *3*(3): 24. 原文如下："The Intermediate Class of Boone Library School has compiled an Index to the detailed contents [of] the 'Tu Shu Gee Tsen' the Chinese Encyclopaedia, and dedicated it to Miss Wood. When published, it will be one of the useful tools for scholars in doing research work. "

① 董铸仁. 韦棣华女士追悼大会纪略[J]. 武昌文华图书科季刊, 1931, 3（3）: 366-367.

再来，韦德生致谢，称自己已经无法用语言来表达他对所有出席追悼大会之人以及对众人的发言的谢意。他引用了韦棣华对他说过的一句话："我来中国的时候就在乐观地数着自己还剩几天即将离世。"他进而指出，我们应当感到快乐而非其他，因为尽管韦棣华逝世了，但她留下的事业依旧在推进，而且充满活力，就好像她还活着一样。[1]

最后，吴德施为到场众人祈祷祝福，追悼大会至此结束。众人休息并进茶点。[2]

值得一提的是，得知韦棣华女士追悼大会即将举行的消息后，福建图书馆学研究会主办的《福建民国日报·图书馆学周刊》的全体同人专门拟就了一则题为《追悼韦棣华女士》的短文，发表在 1931 年 6 月 13 日出版的该刊第 21 期中。该文内容如下："美国韦棣华女士（Miss M. Wood）于中国图书馆事业热烈提倡，来华三十载，始终如一，手创文华图书馆学专科学校及文华公书林。美国退还庚款中得有一部专为发展中国图书馆事业者，女士居功尤多。近女士于五月一日逝世，各界闻耗，皆形震悼。国内图书馆界定于本日在武昌文华公书林内举行追悼大会。女士平生热心中国文化事业，远地跋涉，不辞劳瘁，同人殊深感佩，谨志数语，藉表哀忱！"[3]

第三节　出纪念号，设纪念日

1931 年 5 月 21 日，《华北日报·图书馆学周刊》第 7 期推出了一期"追悼韦棣华女士特刊"，内收署名"编者"撰写的《悼韦棣华女士专号引言》、裘开明撰写的《韦师棣华女士传略》、洪有丰撰写的《韦棣华女士赞并序》与李继先撰写的《韦棣华女士与我国图书馆事业》。其中，《悼韦棣华女士专号引言》简要介绍了韦棣

---

① M. E. Wood Memorial Service Held in Wuchang[J]. *Boone Library School Quarterly*, 1931, 3(3): 22–23. 原文如下："He said that words failed him in expressing the feelings he had towards all who had come and all that had been said, and then he quoted his sister as having said to him: 'Count my days of departure festive in my coming.' Thus we should be feeling happy instead of otherwise, knowing that while she is gone, her work is carried on with vigor as if she were still among us." 另据董铸仁的《韦棣华女士追悼大会纪略》，韦棣华留下遗嘱："后人如纪念我，当为我慰，幸无为我伤。"具体参见：董铸仁. 韦棣华女士追悼大会纪略[J]. 武昌文华图书科季刊，1931，3（3）：367.

② M. E. Wood Memorial Service Held in Wuchang[J]. *Boone Library School Quarterly*, 1931, 3(3): 23.

③ 本刊同人. 追悼韦棣华女士[J]. 福建民国日报·图书馆学周刊，1931（21）：1.

华在华服务期间取得的成绩,认为国人应当永远纪念她为中国图书馆界作出的贡献。① 洪有丰在《韦棣华女士赞并序》中称:"呜呼,女士逝矣,而道范犹存。今溯其有造于吾华也。始掌教武昌文华学校,继致力该校公书林及图书馆科,且运动庚款以充我国图书馆教育之经费。孜孜不倦,三十年如一日,然后叹女士不可及已,乃选曰:矫矫巾帼,兰台山斗。金匮石室,执厥枢纽。嘉惠文华,历年悠久。醵金抬木,一肩担负。班马殊勋,山河并寿。大名鼎鼎,百世不朽。洪有丰敬撰。"②

1931 年 9 月,《武昌文华图书科季刊》第 3 卷第 3 期专门推出了一期"韦棣华女士纪念号",分为"中文之部"与"英文之部",分别收录了多篇中文与英文文章以及多张照片,借以纪念韦棣华。其中,"中文之部"收录了多篇与韦棣华直接相关的纪念文章,包括徐家麟的《序言》、沈祖荣的《韦棣华女士略传》、毛坤的《悼韦棣华女士》、董铸仁的《韦女士的学生》、邓衍林的《火葬》、舒纪维的《韦棣华女士逝世的日记》、董铸仁的《韦棣华女士追悼大会纪略》以及钱亚新的《编辑之余》③。"英文之部"同样收录了多篇与韦棣华直接相关的英文纪念文章,包括吴德施的《序》、王正廷的《韦女士为中国之友》、陈宗良的《可爱的韦棣华师》、韦德生的《关于吾姊之生平》、沈祖荣的《韦女士为中国图书馆运动之皇后》、郑和甫的《颂韦棣华女士(书信)》以及《韦女士追悼大会略记》④。

以上这些文章大多表达了对韦棣华女士的无限敬仰与深切怀念。徐家麟在《序言》中指出:"韦女士追悼会之日,通国知好,齐致哀思。女士之人格与事业,固足以当此荣哀而无愧。吾人之所以如此致敬崇于贤劳,尽心力于事功者,亦殊足为吾人自身之劝勉者也。唯女士已矣。至女士所遗留之事业文华公书林、文华图书科、中国图书馆运动及其他,应须吾人竭力以赴之。女士所感召之精神,其近及于个人人格,远被诸社会事业者,亦更须于人有以发挥之光大之。"⑤

沈祖荣在《韦棣华女士略传》中提到,韦棣华"为人勤谨和蔼,教学生循循

① 编者.悼韦棣华女士专号引言 [J].华北日报·图书馆学周刊,1931(7):1.

② 洪有丰.韦棣华女士赞并序 [J].华北日报·图书馆学周刊,1931(7):3.另:洪有丰的这段赞词后又载于《武昌文华图书科季刊》第 3 卷第 2 期中,但文字略有不同。详见下文。

③ 本期"中文之部"还收有王世杰的《图书馆与大学教育》、杜定友的《今日中国图书馆界几大问题》、戴志骞(戴超)的《图书馆员职业之研究》、刘国钧的《图书馆内之参考事业》、李小缘的《安东逼潘尼西传略》、徐恕的《论收藏书籍书》,但这几篇文章与纪念韦棣华并无直接关联。

④ 本期"英文之部"还收录了王宠佑的《工程师及其图书馆》(*The Engineer and His Library*)。

⑤ 徐家麟.序言 [J].武昌文华图书科季刊,1931,3(3):281-282.另:原刊将该文页码误印成 381、382。

善诱,训诲不倦。""爱学生若子弟,学生亦视之若慈母。彼此欵洽,又如朋友。"
"女士虽特别亲爱学生,然教导之必示以正轨大道,多方晓譬劝勉,惟恐误入旁门
邪径,贻害终身。"他还介绍了韦棣华创办文华公书林与文华图书科以及推动美
国向中国退还庚款余额用于发展教育文化事业等贡献,称她"对于中国教育文化
竭尽心力,成绩昭著","爱护中国主持和平之心理,可以想见"。他总结指出:"女
士乃美国一女子,于中国言语不通,文字不达,而尽心教育,亲爱学生,提倡文化,
热心公益如此,非特中国不多见,即求之历史上恐亦不可多得,洵今世之异人也
已。"①

　　毛坤在《悼韦棣华女士》介绍了韦棣华的生平与贡献,包括"掌教于文华大
学""创办文华公书林""创办文华图书科""对于美国退还庚子赔款之努力"。他
总结指出,韦棣华"女士不避艰难,不畏强御,其勤勇之精神尚矣。女士以一美国
人服务中国数十年,无种界,无国界,扶弱济贫,重道德,宝智识,数十年如一日,
非天下之至大至公者孰能如此?"②

　　王正廷在《韦女士为中国之友》中介绍了韦棣华的多种贡献,并且指出:"最
后,需要强调,韦棣华女士并非完全通过其服务来赢得中国人的感激。她的成功
似乎源于她的人格高尚与开明思想。她没有偏见,大公无私。这使得中国人相
信她是中国的真正朋友。刚开始在中国执教,她就把自己当成中国人中的一员,
并且跟他们保持着密切联系。她总是待人热情,她的房子一直都对学生与朋友
开放。她的乐于助人与牺牲精神鼓舞了很多人。从韦棣华女士在中国的成功,
我们很容易就能够认识到,真正的友谊能够克服偏见,而且它比外交和物质手段
更能够赢得人民的善意。我希望跟韦棣华女士拥有同样机会的其他人能够以她
为榜样,这或许能够让她为增进国际间尤其是中美之间的相互了解作出的贡献

---

① 沈祖荣. 韦棣华女士略传 [J]. 武昌文华图书科季刊,1931,3(3):283-285.
② 毛坤. 悼韦棣华女士 [J]. 武昌文华图书科季刊,1931,3(3):335-338.

成为一种革新力量。"①

陈宗良在《可爱的韦棣华师》指出,韦棣华对学生的关爱赢得了他们的无限崇敬。许多文华学生毕业之后仍然经常给她写信,有时还会登门看望她。她每到一个地方,文华学生都会真诚、热情地欢迎她,并且乐于听她的指令行事。②

1931年秋季开学后,文华图专决定设立"韦氏纪念日",以纪念韦棣华的功绩:"本校为崇德报功起见,特以每年五月一日,即本校创办人韦氏棣华女士逝世之日,定为'韦氏纪念日'。举行纪念式,不放假。"③

1932年5月1日下午2时,文华图专在文华公书林罗瑟室举行了韦棣华女士逝世一周年纪念会:"是日下午二时,在文华公书林罗瑟室举行纪念会。用教会仪式。到会者中西来宾百余人。黄吉亭会长演说,历述韦女士来华为提倡文化事业经营缔造之苦心。开会至四时许,各用茶点后,齐集于公书林东院,在本校北平同学会为卅周年纪念所赠之石质日晷前,环立摄影而散。"④

关于1933年的纪念活动,目前未见相关记载。

1934年5月2日上午,文华图专将"纪念周"(即总理纪念周)改为韦棣华女

---

① C. T. Wang. Miss Wood as China's Friend [J]. *Boone Library School Quarterly*, 1931, *3*(3): 2–3. 原文如下:"In closing, it may be emphasised that Miss Wood did not win Chinese gratitude entirely through her service. Her success seems to lie in her personality and open-mindedness. It was her unprejudiced mind and unselfishness which convinced the Chinese people that she was a true friend of China. No sooner than she began her service in China as a teacher, she considered herself one of the Chinese and kept in intimate touch with them. She always offered her hospitality, and opened her house all the time to her students and friends. Her willingness to help and spirit of sacrifice have inspired many people. From Miss Wood's success in China one may readily realize how true friendship can conquer prejudices and how can it more easily win the goodwill of a people than diplomacy aid physical means. It is hoped that others who have the same opportunity as Miss Wood, would follow her example so that her contribution to international understanding, especially between China and United States, maybe a renovating power."

② Archie T. L. Tsen. Miss Wood, Our Beloved Teacher[J]. *Boone Library School Quarterly*, 1931, *3*(3): 4–5.

③ 本校消息·韦氏纪念日 [J]. 武昌文华图书科季刊,1931,3(4):575.

④ 韦女士周年纪念 [J]. 文华图书馆学专科学校季刊,1932,4(2):221. 另:原文称"本年五月五日,为本校创办人韦棣华女士逝世一周年纪念日。"此处的"五月五日"当为"五月一日"之误,因为《文华图书馆学专科学校季刊》第4卷第2期卷首还载有一张明确标明摄于"民国廿一年五月一日"的"韦棣华女士逝世一周年纪念摄影"。

图 10-5　韦棣华女士逝世一周年纪念摄影（民国廿一年五月一日）①

士逝世三周年纪念会。恩施中华圣公会会长曾兰友②与康明德二人应邀发表了讲演。曾兰友"谓本校图书馆组织及年来办事精神，有条不紊，颇能继规韦女士遗志，复述及本校毕业同学，亦能为图书馆界服务，尤以在北平及天津一带为多，乃属韦女士创办本校之功。最后言韦女士生平，办事抱始终一贯之精神，不畏难等美德，至堪钦佩云。"康明德则"谓韦棣华女士，能创办本校公书林，实具战胜困难之精神，且因其对于一切事上，有很深信心，可为同学效法。"③

　　1935 年 5 月 1 日上午 8 时半，文华图专在文华公书林罗瑟室举行了韦棣华逝世四周年纪念会。沈祖荣主持，文华圣诞堂李辉祖应邀讲演韦棣华生平轶事，韦德生祷告，孟良佐主教祝福，唱诗班选唱韦棣华在世时最喜欢的圣诗。④

　　1936 年 5 月 1 日，文华图专在文华圣诞堂举行韦棣华逝世五周年纪念会。文华图专与文华公书林的全体教职员和学生，以及韦棣华的亲友等出席，众人祷告，并由李辉祖讲道志哀。⑤

　　此后，不清楚文华图专是否每年都继续举行韦棣华逝世周年纪念会。至少，《文华图书馆学专科学校季刊》或其他报纸杂志上未见相关记载或报道。但无论如何，韦棣华的功绩受到了文华师生和社会各界的广泛认同，这是无可置疑的。

---

① 韦棣华女士逝世一周年纪念摄影（民国廿一年五月一日）[J].文华图书馆学专科学校季刊，1932，4（2）：摄影．

② 姚家棣，赖逊．恩施中华圣公会组织及活动 [G]// 政协恩施市文史资料委员会，中共恩施市委统战部．恩施文史资料　第 8 辑　恩施文史资料统战专辑．恩施：政协恩施市文史资料委员会，中共恩施市委统战部，1997：220-222．另：曾兰友是文华图书科毕业生曾宪三（第四届）与曾宪文（第八届）兄妹二人之父，故而他与文华图书科之间有着很深的因缘。

③ 校闻·纪念韦棣华女士 [J].文华图书馆学专科学校季刊，1934，6（2）：379．

④ 校闻·本校创办人韦女士逝世四周年纪念 [J].文华图书馆学专科学校季刊，1935，7（2）：312．

⑤ 校闻·韦女士纪念 [J].文华图书馆学专科学校季刊，1936，8（2）：276．

附录 部分专名中英对照

一、轮船及军舰

"埃塞俄比亚"号轮船 S. S. Ethiopia

"丹波丸"号轮船 S. S. Tamba Maru

"多里克"号轮船 S. S. Doric

"费尼西亚"号轮船 S. S. Furnesia

"杰弗逊总统"号轮船 S. S. President Jefferson

"麦迪逊总统"号轮船 S. S. President Madison

"西伯利亚丸"号轮船 S. S. Siberia Maru

"中国"号轮船 S. S. China

二、报纸及书刊

《巴达维亚进步报》*Progressive Batavian*

《巴达维亚每日新闻报》*The Daily Times (Batavia, N.Y.)*

《巴达维亚协和学校图书馆藏书目录》*Catalogue of the Batavia Union School Library*

《差会精神》*The Spirit of Missions*

《传教士》*The Churchman*

《大陆报》*The China Press*

《大英百科全书》*Encyclopedia Britannica*

《杜威十进分类法》*Dewey Decimal Classification*

《仿杜威书目十类法》*Dewey's Decimal Classification and Relative Index for Chinese Libraries*

《庚款法案》*The Chinese Indemnity Bill*

《庚子赔款与中国的图书馆运动》*The Boxer Indemnity and the Library Movement in China*

《关于吾姊之生平》*Reflections on My Sister*

《滚动的家》*Rolling Home*

《哈珀圆桌杂志》*Harper's Round Table*

《哈珀杂志》*Harper's Magazine*

《哈珀周刊》*Harper's Weekly*

《哈珀第六读本》*Harper's Sixth Reader*

《海约翰小传》*The Life and Letters of John Hay*

《华北星报》*North China Star*

《华盛顿论坛报》*The Washington Herald*

《活的教会》*The Living Church*

《基督教中国传教年鉴》*The China Mission Year Book*

《教务杂志》*The Chinese Recorder*

《拉拉·露哈》*Lalla Rookh*

《莱斯莉周刊》*Leslie Weekly*

《罗马帝国衰落史》*The History of the Decline and Fall of the Roman Empire*

《罗马史》*The History of Rome*

《马萨诸塞州康科德城居民生卒与婚姻(1635—1850)》*Concord, Massachusetts: Births, Marriages, and Deaths (1635-1850)*

《马萨诸塞州康科德城威廉·伍德后裔宗谱》*A Genealogy of the Lineal Descendants of William Wood Who Settled in Concord, Mass.*

《美国国会关于向中国退还庚款余额的听证会记录(1924年3月31日及4月1—2日)》*Hearings Before the Committee on Foreign Affairs House of Representatives. To Provide for the Remission of Further Payments of the Annual Installments of the Chinese Indemnity. March 31 and April 1 and 2, 1924*

《美国汉弗莱家族族谱》*The Humphreys Family in America*

《美国名人词典》*Dictionary of American Biography*

《美国女性名人录(1607—1950)》*Notable American Women 1607-1950*

《美国圣公会差会年度报告》*Annual Report of the Board of Missions*

《美国圣公会在中国》*The American Episcopal Church in China*

《美国图书馆协会会报》*Bulletin of the American Library Association*

《密勒氏评论报》*The Weekly Review*（*The China Weekly Review*）

《民俗论》*Folkways*

《纽约图书馆俱乐部通讯》*New York Library Club Bulletin*

《纽约星期日论坛报》*New York Sunday Tribune*

《普拉特学院免费图书馆年度报告（截至 1907 年 6 月 30 日）》*Report of Pratt Institute Free Library, for the Year Ending June 30, 1907*

《青年伴侣》*Youth's Companion*

《乔治•华盛顿作品集》*The Writings of George Washington*

《劝学篇》*China's Only Hope*

《圣地与圣经》*The Land and the Book*

《圣公会差会手册•中国卷》*Handbooks on the Missions of the Episcopal Church, No. I China*

《圣尼古拉斯杂志》*St. Nicholas Magazine*

《圣斯蒂芬布告》*St. Stephen's Bulletin*

《十大宗教》*Ten Great Religions*

《十六世纪宗教改革史》*History of the Reformation of the Sixteenth Century*

《史密斯圣经词典》*Smith's Bible Dictionary*

《世纪杂志》*The Century Magazine*

《世界历史上的女性：一部传记百科全书》*Women in World History: A Biographical Encyclopedia*

《世界女性名人词典》*Dictionary of Women Worldwide*

《斯克里布纳杂志》*Scribner's Magazine*

《汤姆叔叔的小屋》*Uncle Tom's Cabin*

《堂吉诃德》*Don Quixote*

《图书馆杂志》*The Library Journal*

《图书馆资讯学刊》*Journal of Library and Information Science*

《文华大学（1871—1921）》*Boone University (1871–1921)*

《文华教育世界》*Boone Educational World*

《文华温故集》*Boone Review*

《希腊罗马名人传》*Lives of the Noble Greeks and Romans*

《希腊史》*History of Greece*

《写给青年的宗教改革史》*Young Folks' History of the Reformation*

《耶稣的生平与时代》*The Life and Times of Jesus the Messiah*

《以色列国王和犹大》*The Kings of Israel and Judah*

《犹太人史》*History of the Jews*

《远东帝国》*Empires of the Far East*

《约翰声》*St. John's Echo*

《展望》*The Outlook*

《中国第一个图书馆学专科》*The First Library School in China*

《中国对外关系：历史及概述》*The Foreign Relations of China: A History and a Survey*

《中国留美学生月报》*The Chinese Students' Monthly*

《中国名女传》*The Bright Concubine and Lesser Luminaries*

三、人名

A. S. 泰勒　A. S. Tayler

A. W. 富尔恩　A. W. Fourn

A. 胡尔索夫　A. Hulshof

B. 德克勒克　B. de Clercq

C. B. 赫尔科姆　C. B. Helcomb

C. B. 罗登　C. B. Roden

C. F. 豪　C. F. Howe

C. R. 博内特　C. R. Bornett

C. 克利夫顿·布拉德利　C. Clifton Bradley

D. B. G 莫里斯　D. B. G. Morris

E. 麦克奎恩　E. McQuan

F. C. 芬诺　F. C. Fenno

F. E. 布劳内尔　F. E. Brownell

F. G. 费林夫人　Mrs. F. G. Ferrin

F. J. 迪恩　F. J. Deane

F. J. 斯皮尔曼 F. J. Spielman

F. W. 斯蒂文斯 F. W. Stevens

F. 柯尔 F. Curl

H. H. B. 梅耶 H. H. B. Meyer

H. B. 费伦 H. B. Ferran

J. F. 贝克尔夫人 Mrs. J. F. Baker

J. F. 里奇夫人 Mrs. J. F. Rich

J. H. 伍德 J. H. Wood

J. 文森特·格罗尼 J. Vincent Growney

L. B. 莱恩夫人 Mrs. L. B. Lane

L. L. 托齐尔夫人 Mrs. L. L. Tozier

L. 斯坦利·贾斯特 L. Stanley Jast

M. O. 丹尼斯夫人 Mrs. M. O. Dennis

M. 亨利·勒梅特 M. Henri Lemaitre

M. 克莱尔 M. Clair

R. R. 鲍克尔 R. R. Bowker

R. S. 弗洛斯特 R. S. Frost

R. T. 麦克唐纳 R. T. MacDonald

S. A. 舍温夫人 Mrs. S. A. Sherwin

S. E. 诺斯夫人 Mrs. S. E. North

S. 理查德森 S. Richardson

T. D. 斯隆 T. D. Sloan

W. F. 史密斯 W. F. Smith

W. J. 蒂勒尔 W. J. Tyrrell

W. S. 哈尔 W. S. Harr

W. T. 米尔克莱恩夫人 Mrs. W. T. Mylcrane

W. W. 威廉姆斯夫人 Mrs. W. W. Williams

Z. S. 弗洛曼 Z. S. Froeman

Z. W. 拉文 Z. W. Raven

阿尔弗雷德·爱德生 Alfred Edersheim

阿曼达·西科德夫人 Mrs. Amanda Seacord

阿舍·S. 戴维斯 Asher S. Davis

阿特金森　C. W. Atkinson

埃德温·哈特菲尔德·安德森　Edwin Hatfield Anderson

埃福雷恩·伍德　Ephraim Wood

埃文河畔的斯特拉特福　Stratford-on-Avon

埃西基尔·内斯特·汉弗莱　Ezekiel Nestor Humphrey

艾格尼丝·韦尔德女士　Miss Agnes Wiard

艾米·霍奇斯夫人　Mrs. Amy Hodges

艾萨克·科林　Isak Collijn

爱德华·T. 詹姆斯　Edward T. James

爱德华·法默·伍德　Edward Farmer Wood

爱德华·汉弗莱·伍德　Edward Humphrey Wood

爱德华·吉本　Edward Gibbon

爱德华·科里·伍德　Edward Corey Wood

爱德华·法默·伍德　Edward Farmer Wood

爱丽丝·法纳姆女士　Miss Alice Farnam

爱玛·戴金女士　Miss Emma Dakin

安娜·M. 哈伯德　Anna M. Hubbard

安娜·莱伊女士　Miss Anna Lay

安妮·海瑟薇　Anne Hathaway

安妮·科迈尔　Anne Commire

奥格登夫人　Mrs. Ogden

奥古斯都·伍德　Augustus Wood

奥利弗·S. 莱福德先生　Oliver S. Lyford

奥利维亚·E. 菲尔普斯·斯托克斯　Olivia E. Phelps Stokes

奥斯古德女士　Miss Osgood

奥斯卡·曲勒戈　Oskar Thyregod

巴贝科特女士　Miss Babecot

巴修理先生　Mr. Partridge

白济民　J. H. Pyke

白纳脱　C. R. Bennett

柏嘉敏　Bergamini

班为兰主教　Bishop Bannister

鲍明钤 Ming-chien Joshua Bau

鲍内斯 Bowness

鲍士伟 Bostwick

鲍威尔 Powell

贝克尔 Baker

贝思溢 Birney

彼得·A. 卡勒尼 Peter A. Carini

边肇新 C. H. Pian

卞寿孙 Z. S. Bien

波特 Porter

博晨光 Lucius Chapin Porter

卜舫济 F. L. Hawks Pott

卜舫济夫人 Mrs. Pott

布莱特 Bright

布兰登·福克斯 Brendan Fox

布鲁克林 Brooklyn

蔡斯·H. 布伦特 Chase H. Brent

查尔斯·埃文斯·休斯 Charles Evans Hughes

查尔斯·艾略特 Charles Eliot

查尔斯·F. D. 贝尔登 Charles F. D. Belden

查尔斯·詹姆斯·福克斯 Charles James Fox

查理·爱德华·伍德 Charles Edward Wood

查理科特 Charlecote

查修 Lincoln H. Cha

柴思义 Lewis Chase

达卓志 George L. Davis

戴伊尔 Leonidas C. Dyeir

丹尼尔·伍德 Daniel Wood

道森女士 Miss Dodson

德奥比涅 D' Aubigne

德奥格 A. W. Tucker

德本康夫人 Mrs. Laurence Thurston

德兰西·克拉克 Delancy Clark

德希斯 De Hees

邓璧 Denby

迪耶普 Dieppe

杜马·马隆 Dumas Malone

杜威 Dewey

凡尔纳 Verne

芳泰瑞 C. H. Fenn

费信惇 Fessenden

费兴红 H. J. Fei

费伊·E. 布劳内尔夫人 Mrs. Fay E. Brownell

弗莱德里克·康宁夫人 Mrs. Frederick Cunningham

弗兰克·S. 伍德 Frank S. Wood（Frank Scott Wood）

弗兰克·P. 希尔 Frank P. Hill

弗兰斯·范·卡尔肯 Frans Van Kalken

弗朗西斯·奥古斯塔·巴布科克 Frances Augusta Babcock

弗朗西斯·霍尔登·伍德 Francis Holden Wood

弗雷德·霍维·艾伦 Fred Hovey Allen

弗雷德·伍德 Fred Wood

傅克斯 Foulkes

傅乐尔 Fuller

富善 Chauncey Goodrich

富世德 Arnold Foster

格莱斯顿 Gladstone

格雷斯·科尔 Grace Cole

格蕾丝·汤姆森 Grace Thomson

格伦顿博士 Dr. Glenton

古柏 Cooper

古德诺 Goodnow

顾理治（柯立芝） Coolidge

顾临（噶理恒） Greene

顾维钧 Wellington Koo

郭斐蔚　Frederick R. Graves

郭斐蔚夫人　Mrs. Graves

哈蒂·E. 托德女士　Miss Hettie E. Todd

哈莉特·格兰杰·霍尔登　Harriet Granger Holden

哈莉特·诺布尔斯女士　Miss Harriet Nobles

海蒂·莱伊女士　Miss Hattie Lay

海伦·伍德科克女士　Miss Helen Woodcock

海约翰　John Hay

韩仁敦　D. T. Huntington

汉弗莱·法默·伍德　Humphreys Farmer Wood

汉娜·巴雷特　Hannah Barrett

汉特·曼恩　Hunter Mann

赫伯特·韦伯　Herbert Webb

赫曼·埃舍尔　Hermann Escher

亨利·古皮　Henry Guppy

亨利·哈特·米尔曼　Henry Hart Milman

亨利·勒梅特　Henri Lemaitre

亨廷顿博士　Dr. Huntingdon

亨廷顿女士　Miss Huntington

胡兰亭　Rev. Mr. Hu

惠勒女士　Miss Wheeler

惠特尼·威廉姆斯　Whitney Williams

霍桑　Hawthorne

吉布森主教　Bishop Gibson

加德纳·富勒夫妇　Mr. and Mrs. Gardner Fuller

贾腓力　F. D. Gamewell

杰克逊女士　Miss Jackson

卡尔·H. 米拉姆　Carl H . Milam

卡莉·道格拉斯女士　Miss Carrie Douglass

卡罗琳·菲尔普斯·斯托克斯女士　Miss Caroline Phelps Stokes

卡特赖特女士　Miss Cartwright

凯尼尔沃思　Kenilworth

康格 Conger

康纳礼 Connally

柯璜 Ko Hwang

柯礼 Cole

克拉丽莎·C. 布拉德利夫人 Mrs. Clarissa C. Bradley

克利夫兰 Cleveland

克乃文 Clemons

库柏 Cooper

库珀夫人 Mrs. Cooper

兰斯洛特·罗登 Lancelot Lawton

劳埃德博士 Dr. Lloyd

乐灵生 Rawlinson

勒阿弗尔 Le Havre

雷德礼 Lawrence B. Ridgely

雷德礼夫人 Mrs. Ridgely

雷金纳德·丹尼 Reginald Denny

理奇蒙德女士 Miss Richmond

林安德（胡安德） Andrew H. Woods

林恩·科里女士 Miss Linn Corey

刘易斯·B. 伍德 Louis B. Wood

刘易斯·戴金女士 Miss Louise Dakin

刘易斯·霍尔登 Louise Holden

鲁昂 Rouen

露西·霍尔登女士 Miss Lucy Holden

露西娅·唐恩·科里 Lucia Town Corey

罗伯特·爱德华·伍德（韦德生） Robert Edward Wood

罗步洲 Russell P. C. Lo

罗基焜 John Lowe

罗杰士 Rogers

罗虔 Loo Tsieny

洛威尔 Lowell

洛志 Lodge

马吉 Magee

玛格丽特 Margaret

玛丽·E. 理奇蒙德 Mary E. Richmond

玛丽·E. 托马斯女士 Mary E. Thomas

玛丽·安娜·霍尔登 Mary Anna Holden

玛丽·布莱恩 Mary Bryan

玛丽·简·汉弗莱 Mary Jane Humphrey

玛丽·简·伍德 Mary Jane Wood

玛丽·伊丽莎白·伍德（韦棣华）Mary Elizabeth Wood

玛丽·巴斯 Mary Buss

玛丽·惠勒 Mary Wheeler

玛丽·简·汉弗莱 Mary Jane Humphrey

玛丽·希尔德 Mary Heald

玛丽安·德克·华德 Marian Dec Ward

玛丽女王 Mary Queen of Scots

迈克尔·伍德 Michael Wood

麦克莱 McElroy

麦克芮 MacMurrary

麦库克女士 Miss McCook

梅润思博士 Dr. Merrins

孟良佐 Alfred A. Gilman

孟禄 Monroe

米勒森特·巴雷特夫人 Mrs. Millicent Barrett

明恩溥 Arthur H. Smith

穆尔 Moore

纳尔逊·麦康布斯 Nelson McCombs

诺顿·S. 戴维斯 Norton S. Davis

欧文 Irving

帕尔默 Palmer

佩珀 Pepper

普鲁塔克 Plutarch

乔叟 Chauser

乔治·C. 托马斯　George C. Thomas

乔治·H. 霍尔登夫人　Mrs. George H. Holden

乔治·弗雷德里克·伍德　George Frederick Wood

乔治·格洛特　George Grote

乔治·罗林森　George Rawlinson

乔治·欣曼·霍尔登　George Hinman Holden

乔治·B. 厄特利　George B. Utley

乔治·H. 洛克　George H. Locke

饶伯森　Robertson

柔克义公使　Minister Rockhill

萨克雷　Thackeray

萨拉·沃伦　Miss Sarah Whalen

萨拉·布鲁克斯　Sarah Brooks

萨拉托加镇　Saratoga

萨缪尔·霍尔登·伍德　Samuel Holden Wood

萨缪尔·特罗恩夫人　Mrs. Samuel Throne

萨缪尔·赵　Samuel Chio

萨姆纳　Sumner

塞思·罗　Seth Low

塞思·罗夫人　Mrs. Seth Low

舒尔曼博士　Dr. Schurman

舒美生　Arthur M. Sherman

司科特　Scott

司徒雷登　J. Leighton Stuart

斯宾塞　Spenser

斯图尔女士　Miss Stul

邰野尔博士　Doctor Thayer

汤卜逊执事长　Archdeacon Thomson

汤尔和　E. H. Tang

托马斯·露西爵士　Sir Thomas Lucy

瓦格尔女士　Miss Wagar

威廉·阿普尔顿　William Appleton

威廉·卡贝尔·布鲁斯 Wm. Cabell Bruce

威廉·麦克卢尔·汤姆森 William McClure Thomson

威廉·史密斯 William Smith

威廉·伍德 William Wood

威廉·蒙特 Wilhelm Munthe

维拉·查普曼 Vera Chapman

魏莎 Wimsatt

温雪斯 Warnshuis

文惠廉 William Jones Boone

文森特·法戈 Vincent Fargo

沃德·B. 惠特科姆夫人 Mrs. Ward B. Whitcomb

沃诺克女士 Miss Warnock

乌伦达尔博士 Dr. Uhlendahl

吴德施主教 Bishop Roots

西奥多·蒙森 Theodor Mommsen

肖特瑞 Shottery

小埃福雷恩·伍德 Ephraim Wood, Jr.

小迪恩·理奇蒙德 Dean Richmond, Jr.

小霍华德·理查德 Howard Richards, Jr.

雅各布·伍德 Jacob Wood

伊莱贾·伍德 Elijah Wood

伊丽莎白·法默·伍德 Elizabeth Farmer Wood

伊丽莎白·法默 Elizabeth Farmer

盈亨利 J. H. Ingram

尤金·伊斯特曼 Eugene Eastman

雨果·克里斯 Hugo Kriiss

约翰·H. 温克尔曼 John H. Winkelman

约翰·M. 格林先生 John M. Glenn

约翰·W. 伍德 John W. Wood

约翰·H. 伍德 John H. Wood

约翰·理查兹·汉弗莱 John Richards Homfray

约翰·麦金姆 John McKim

约翰·马吉 John Gillespie Magee

约书亚·金伯 Joshua Kimber

翟雅各牧师 Rev. Dr. Jackson

詹姆斯·G. 卡特勒 James G. Cutler

詹姆斯·弗里曼·克拉克 James Freeman Clarke

詹妮·海伍德 Jennie Haywood

兹德涅克·瓦茨拉夫·托博尔卡（拓簿伽） Zdenek Vaclav Tobolka

四、地名、组织、机构、活动

阿伯茨福德 Abbotsford

阿森松教堂 The Church of the Ascension

阿什维尔城 Asheville

阿提卡镇 Attica

埃尔巴城 Elba

埃尔米拉城 Elmira

埃利科特礼堂 Ellicott Hall

奥农达加城 Onondaga

八角亭图书馆 The Octagon Library

巴达维亚城 Batavia

巴达维亚城公墓 Batavia Cemetery

巴达维亚城罗斯街 19 号 19 Ross Street, Batavia

巴达维亚城女性政治平等俱乐部 Women's Political Equality Club, Batavia

巴达维亚城圣公会 The Episcopal Church at Batavia

巴达维亚城圣詹姆斯教堂教区志愿者协会 Parish Workers, St. James's Episcopal Church

巴达维亚协和免费学校 Batavia Union Free School

巴达维亚协和学校 Batavia Union School

巴黎世界博览会 Exposition Universally de Paris

巴拿马-太平洋万国博览会 Panama Exposition（Panama-Pacific International Exposition）

巴特利公园酒店鲍尔厅 Ball Room, Battery Park Hotel

葆灵女子中学 Baldwin School for Girls

北京高等师范学校 Peking Government Teachers College

北京协和道学院 Union Bible Institute, Peking

北京协和医学院 Peking Union Medical College

北洋大学 Pei Yang University

贝蒙特－迈尔斯公司 Bement-Miles Co.

伯蒂斯女士舞蹈学校 Miss Burtis' Dancing School

布法罗城（水牛城）Buffalo

大干线铁路公司 Grand Trunk Railway. Co.

大湖区 The Lake District

大陆会议 Continental Congress

大西洋城 Atlantic City

德比郡 Derbyshire

多蒂大厦 The Doty Building

多玛堂 Thomas Hall

弗吉尼亚大学档案馆 University of Virginia Archives

弗吉尼亚大学图书馆阿尔伯特·雪莉小型特藏馆 Albert and Shirley Small Special Collections Library, University of Virginia Library

高地公园 Highland Park

格拉斯哥 Glasgow

格雷斯教堂 Grace Church

国际图书馆及目录委员会 International Library and Bibliographical Committee

国际图书馆协会联合会 International Federation of Library Associations and Institutions

汉密尔顿城 Hamilton

荷里路德宫 Holyrood Palace

和记洋行 Hutchison Company

花旗妇女总会 The American Women's Club of Shanghai

华威郡 Warwickshire

华兹华斯 Wordsworth

汇丰银行 The Hong Kong and Shanghai Banking Corporation Ltd.

惠特尼湖　Whitney's Pond

基督教青年会　Young Men's Christian Association

杰克逊街　Jackson Street

杰纳西县　Genesee

捷克斯洛伐克　Czecho-Slovakia

旧殖民地信托公司　Old Colony Trust Company

卡斯提尔镇　Castile

凯尼尔沃思城堡　Kenilworth Castle

康科德城　Concord

康奈尔大学　Cornell University

劳恩街教堂　The Pariah House

劳伦斯大厦　Lawrence Mansion

礼查饭店　Astor House

里士满城　Richmond

里士满青少年协会　The Richmond Juniors Association

理奇蒙德纪念图书馆　Richmond Memorial Library

利文斯顿　Livingston

利哈伊谷铁路公司　Lehigh Valley Railroad Co.

林伍德大道　Linwood Avenue

鲁昂大教堂　Rouen Cathedral

罗切斯特城基督堂男子俱乐部　Men's Club of Christ Church, Rochester

罗切斯特城圣路加教堂　St. Luke's Pariah House, Rochester

罗斯街　Ross Street

罗素·萨基基金会　Russell Sage Foundation

洛克菲勒基金会　Rockefeller Foundation

洛 克 菲 勒 基 金 会 中 国 医 学 部　China Medical Board of the Rockefeller Foundation

洛西尔和格罗夫公司　Loxier & Grove Co.

马特洛克城　Matlock

曼斯菲尔德城　Mansfield

梅尔罗斯　Melrose

梅尔罗斯修道院　Melrose Abbey

美孚石油公司 Standard Oil Co.

美国妇女援助会 American Women's Auxiliaries

美国公理会 American Board Mission

美国红十字会 American Red Cross

美国-拉法兰消防车公司 American-LaFrance Fire Engine Company

美国名人词典在线 American National Biography Online

美国圣公会 The Episcopal Church in the United States of America

美国圣公会档案馆 The Archives of the Episcopal Church

美国圣公会教会期刊俱乐部 The Church Periodical Club

美国圣公会教会期刊俱乐部波士顿以马内利教堂分部 The Church Periodical Club, Emmanuel Church Branch

美国图书馆协会 American Library Association

美国消防车公司 American Fire Engine Company

美国运通公司 American Express Company

美国政府印务局 Government Printing Office

美国众议院外交关系委员会 Committee on Foreign Affairs, House of Representatives

美以美会(卫理公会) Methodist Episcopal Church

米德尔哈登城 Middle Haddam

密歇根州中央铁路公司 Michigan Central Railroad Co.

南楼 South Building

纽约公共图书馆 New York Public Library

纽约公共图书馆附属图书馆学校 The Library School of the New York Public Library

纽约克林顿大道公理教会传教士协会 Foreign Missionary Society of the Clinton Avenue Congregational Church

纽约协和神学院 Union Theological Seminary

纽约州慈善委员会杰纳西郡视察委员会 The Genesee County Visiting Committee of the State Board of Charities

彭林堡 Penllyn Castle

普渡大学 Purdue University

普拉特学院 Pratt Institute

普特南县　Putnam

切斯特　Chester

且林士果广场分馆　Chatham Square Library

日内瓦禁烟会议　The Geneva Opium Conference

塞尼卡福尔斯城　Seneca Falls

三一教堂（三一堂）　Trinity Church

莎士比亚小旅馆　Shakespeare's Inn

商务印书馆图书馆　The Commercial Press Library

上海同仁医院　St. Luke's Hospital, Shanghai

摄政公园　Regent Park

圣彼得神学校　St. Peter's Divinity School

圣公会妇女援助会　Episcopalian Women's Auxiliary of Rochester

圣吉尔斯大教堂　Cathedral of St. Giles

圣路加医院（东京）　St. Lukes' Hospital, Tokyo

圣路加医院（纽约）　St. Lukes' Hospital, N. Y.

圣路易斯公共图书馆　St. Louis Public Library

圣米迦勒教堂　St. Michael and All Angels, Wuchang

圣斯蒂芬教堂　St. Stephen's Church

圣旺教堂　Church of Saint Ouen

圣希理达女校（圣希理达学校）　St. Hilda's School

圣约翰大学　St. John's University

圣詹姆斯教堂女青年援助协会　The Young Ladies' Aid Society of St. James Church

司徒厅　Stokes Hall

思殷堂　Ingle Hall

速记员与簿记员俱乐部　The Stenographers and Bookkeepers' Club

特伦顿城　Trenton

天津美国商会　American Chamber of Commerce, Tientsin

韦棣华基金会　Mary Elizabeth Wood Foundation

韦尔斯维尔　Wellsville

卫斯理学院　Wellesley College

文华大学图书委员会　Boone University Library Committee

文华书院 The Boone Memorial School

文华同学会 The Boone Alumni Association

伍德纪念馆 Wood Memorial

西点军校 West Point Military Academy

西尔斯比制造公司 Silsby Manufacturing Company

西蒙斯学院 Simmons College

希尔斯代尔城 Hillsdale

锡姆斯伯里城 Simsbury

心远中学 Hsin Yuan Middle School

新泽西州阿斯伯里公园城 Asbury Park City, N. J.

修道院汽车旅馆 Abbey Motel

雪城 Syracuse

雅礼大学 College of Yale-in-China

燕京大学 Yenching University

耶鲁大学神学院 Yale Divinity School

怡和洋行北京分行 Jardine Matheson Co., Ltd., Peking

益智会 Society for the Diffusion of Useful Knowledge in China

银湖 Silver Lake

英国图书馆协会 The Library Association of the United Kingdom

远东美国律师公会 Far Eastern American Bar Association

中国电气公司 China Electric Co.

中国基督教教育联合会 China Christian Educational Association

中国科学社图书馆 The Library of the Science Society of China

中华大学 Chung Hwa College

中华基督教教育联合会 The China Christian Educational Association

中华基督教青年会全国协会 Young Men's Christian Association of China

中华教育改进社 China Education Improving Institute

中华教育文化基金董事会 China Foundation for the Promotion of Education and Culture

中华图书馆协会 Chinese Library Association

参考文献

一、中文报刊文章

[1] 鲍博士今晚演讲美国图书馆[N]. 申报, 1925-04-29 (11).

[2] 报界俱乐部消息[N]. 民国日报, 1917-05-04 (9).

[3] 鲍士伟博士参观本校图书馆记[J]. 南洋周刊, 1925, 6 (7): 28-29.

[4] 鲍士伟博士致本会及中华教育改进社第二次报告书[J]. 中华图书馆协会会报, 1925, 1 (3): 3-4.

[5] 本馆现任职员一览表(民国十九年七月)[J]. 辽宁省立图书馆馆刊, 1930 (1): (图表) 5.

[6] 本会欢迎韦隶华女士记[J]. 图书馆, 1925 (1): 84.

[7] 本会会员名录[J]. 中华图书馆协会会报, 1926, 1 (5): 12-19.

[8] 本刊同人. 追悼韦棣华女士[J]. 福建民国日报·图书馆学周刊, 1931 (21): 1.

[9] 本科消息·胡庆生主任辞职[J]. 武昌文华图书科季刊, 1929, 1 (1): 113.

[10] 本科消息·华中大学开学[J]. 武昌文华图书科季刊, 1929, 1 (3): 346.

[11] 本科消息·韦女士来华三十周年纪念之筹备[J]. 武昌文华图书科季刊, 1930, 2 (1): 133-134.

[12] 本校消息·韦女士三十周年纪念会的筹备[J]. 武昌文华图书科季刊, 1931, 3 (1): 120.

[13] 本校消息·韦女士逝世及追悼会[J]. 武昌文华图书科季刊, 1931, 3 (2): 279.

[14] 本校消息•韦女士又病未痊［J］. 武昌文华图书科季刊,1931,3（1）:119.

[15] 本校消息•韦氏纪念日［J］. 武昌文华图书科季刊,1931,3（4）:575.

[16] 拨美退款设图书馆运动之经过［N］. 新闻报,1925-01-07（7）.

[17] 补志政界要人对于公书林扩充之热忱［J］. 文华月刊,1921,1（5/6）:10.

[18] 柴福沅笔述. 沈绍期先生图书馆讲演纪要［J］. 交通部上海工业专门学校学生杂志,1919,3（2）:41-49.

[19] 陈碧香. 韦棣华生平考辨［J］. 大学图书馆学报,2013（6）:112-122.

[20] 大总统指令第一千四百七号（十三年九月十七日）［J］. 教育公报,1924,11（9）:（命令）2.

[21] 到会人员一览表［J］. 新教育,1923,7（2/3）:433-469.

[22] 悼韦棣华女士专号引言［J］. 华北日报•图书馆学周刊,1931（7）:1.

[23] 邓衍林. 火葬［J］. 武昌文华图书科季刊,1931,3（3）:345-356.

[24] 董铸仁. 韦棣华女士追悼大会纪略［J］. 武昌文华图书科季刊,1931,3（3）:361-393.

[25] 董铸仁. 韦女士的学生［J］. 武昌文华图书科季刊,1931,3（3）:339-344.

[26] 鄂行胡庆生自述［J］. 海光,1932,4（11）:57-58.

[27] 范廷元. 公书林之良法［J］. 通问报,1912（528）:6.

[28] 分组会议记录•第三十图书馆教育组［J］. 新教育,1923,7（2/3）:295-317.

[29] 赴京演讲［J］. 文华温故集, 1920, 15（4）:361-362.

[30] 各省教育界杂讯•热心中国图书馆教育之美国女子［N］. 申报,1924-03-04（11）.

[31] 各图书馆代表筹备欢迎鲍士维博士［N］. 申报,1925-01-16（7）.

[32] 各图书馆代表今日开会议［N］. 申报,1925-01-15（7）.

[33] 各团体欢迎鲍士伟博士纪［N］. 申报,1925-04-28（11）.

[34] 公书林•开科预志［J］. 文华温故集,1920,15（2）:46.

[35] 公书林之发达［J］. 华中季刊,1926,2（3）:36.

[36] 馆讯（七月）•欢迎韦棣华女士［J］. 北京图书馆月刊,1928,1（3）:183.

[37] 关于庚款之进行［J］. 中华图书馆协会会报,1925,1（4）:16-17.

[38] 国际图书馆界之联络［J］. 中华图书馆协会会报,1928,3（4）:17-18.

[39] 函武昌私立文华图书馆学专科学校为送辽宁省立图书馆馆员［J］. 辽宁教

育公报,1930（16）:（公牍）1-2.

[40] 洪有丰.韦棣华女士赞并序[J].华北日报·图书馆学周刊,1931（7）:3.

[41] 胡庆生讲,浙江省教育会笔述.公共图书室之需要[J].浙江公立图书馆年报,1923（8）:（附录）50-54.

[42] 胡庆生讲演,章颐年笔述.教育与公共图书馆[J].浙江公立图书馆年报,1923（8）:（附录）54-66.

[43] 欢迎图书馆专家韦棣华女士[N].新闻报,1925-01-11（7）.

[44] 欢迎图书馆专家韦女士纪[N].时报,1925-01-11（6）.

[45] 欢迎韦女士记[N].京报,1925-02-12（7）.

[46] 黄维廉.约翰大学图书馆[J].新教育,1923,7（1）:47-65.

[47] 黄宗忠.武汉大学图书馆学系六十年——兼评文华图专和韦隶华在我国图书馆事业史上的作用[J].武汉大学学报（哲学社会科学版）,1980（6）:78-85.

[48] 会员简讯[J].中华图书馆协会会报,1930,5（5）:43.

[49] 会员消息[J].中华图书馆协会会报,1930,6（1）:29-30.

[50] 会员消息[J].中华图书馆协会会报,1931,6（4）:10-11.

[51] 会员消息[J].中华图书馆协会会报,1931,7（1）:10-11.

[52] 会员消息[J].中华图书馆协会会报,1932,7（6）:27-28.

[53] 会员消息[J].中华图书馆协会会报,1932,8（1/2）:43-44.

[54] 会员消息[J].中华图书馆协会会报,1933,8（4）:18.

[55] 会员消息[J].中华图书馆协会会报,1933,9（2）:27-28.

[56] 会员消息[J].中华图书馆协会会报,1933,9（3）:20.

[57] 会员消息[J].中华图书馆协会会报,1934,9（4）:10.

[58] 会员消息[J].中华图书馆协会会报,1934,9（6）:10-11.

[59] 汲言斌.韦棣华生平研究中的几个问题[J].理论学刊,2013（8）:113-116.

[60] 汲言斌.韦棣华宗教信仰与政治背景研究评价之辨析[J].大学图书馆学报,2015（5）:109-116,98.

[61] 江山.喻友信对图书馆学术的贡献[J].新世纪图书馆,2013（1）:78-80,10.

[62] 来华三十周年纪念题词之属[J]. 武昌文华图书科季刊,1931,3（2）:389-393.

[63] 乐. 青年会演讲图书馆[N]. 时报,1917-05-03（9）.

[64] 李继先. 韦棣华女士与我国图书馆事业[J]. 华北日报·图书馆学周刊,1931（7）:3-4.

[65] 梁建洲,梁鳢如. 我国图书馆学、档案学专业教育的摇篮——记武昌文华图书馆学专科学校[J]. 四川图书馆学报,1996（5）:68-85.

[66] 令直隶实业厅（第六二六号）（三月二十五日）[J]. 农商公报,1924,10（9）:8-9.

[67] 刘允慈. 记美国图书馆学专家韦棣华女士[J]. 图书展望,1947（复刊4）:10-11.

[68] 螺隐. 文华公书林之所见[N]. 时报,1919-04-14（11）.

[69] 旅京文华同人欢迎韦女士[N]. 京报,1925-02-09（7）.

[70] 马启. 评韦隶华[J]. 四川图书馆学报,1985（5）:83-88.

[71] 毛坤. 悼韦棣华女士[J]. 武昌文华图书科季刊,1931,3（3）:335-338.

[72] 毛坤. 华中大学文华图书科十周年纪念[J]. 武昌文华图书科季刊,1930,2（2）:137-139.

[73] 美拨赔款设图书馆[N]. 民国日报,1923-02-24（7）.

[74] 美国庚款倡办图书馆运动之经过[N]. 时报,1925-01-14（3）.

[75] 美国图书馆专家韦棣华女士莅沪[N]. 申报,1925-01-09（11）.

[76] 美国退还赔款在华举办图书馆事业[N]. 京报,1924-05-04（5）.

[77] 美国退还赔款在华举办图书馆事业[N]. 京报,1924-05-09（5）.

[78] 美国退还赔款在华举办图书馆事业[N]. 京报,1924-05-10（5）.

[79] 美国退还赔款在华举办图书馆事业[N]. 京报,1924-05-13（5）.

[80] 美国退还赔款在华举办图书馆事业[N]. 京报,1924-05-14（5）.

[81] 美国退还赔款在华举办图书馆事业[N]. 京报,1924-05-15（5）.

[82] 美国韦棣华女士服务中国谢世出殡[J]. 武昌文华图书科季刊,1931,3（3）:摄影.

[83] 美女热心中国图书馆事业[N]. 京报,1924-03-01（5）.

[84] 美女士建议在华设立图书馆[N]. 民国日报,1926-02-05（7）.

[85] 美图书馆代表鲍士伟昨日到沪［N］. 申报,1925-04-27（11）.

[86] 美退还庚赔举办图书馆之运动［N］. 时报,1924-05-07（3）.

[87] 美政府注意退还庚款之用途［J］. 国际公报,1924,2（28）:（国际纪要）1-2.

[88] 南京快信［N］. 申报,1923-05-27（10）.

[89] 女士运动美国退还赔款一部分在华举办图书馆消息［N］. 晨报,1925-05-05（5）.

[90] 彭斐章,彭敏惠. 文华图专目录学教育与目录学思想现代化［J］. 图书馆论坛,2009（6）:9-18.

[91] 彭敏惠. 文华公书林与文华图专的巡回文库［J］. 图书馆论坛,2008（4）:115-117.

[92] 彭敏惠. 文华图专办学资金来源考［J］. 国家图书馆学刊,2013（2）:96-105.

[93] 彭敏惠. 文华图专师资力量探析和启示［J］. 图书情报知识,2015（5）:39-45.

[94] 彭敏惠. 中国图书馆事业的缄默守护者——韦棣华女士遗嘱解析［J］. 中国图书馆学报,2018（6）:120-131.

[95] 彭敏惠,张迪,黄力. 文华公书林建筑考［J］. 图书情报知识,2009（5）:123-127.

[96] 平保兴. 论喻友信早期对图书馆学术研究的贡献［J］. 国家图书馆学刊,2012（4）:95-99.

[97] 钱亮. 文华生活回忆——据钱亚新先生生前录音整理［J］. 图书情报知识,2008（1）:111-113.

[98] 乔亚铭. 查修与图书馆的渊源及其主要成就［J］. 情报探索,2016（8）:62-66.

[99] 秦亚欧,刘静. 鲍士伟访华及其对中国近代图书馆事业的影响［J］. 图书馆学研究,2010（18）:94-98.

[100] 裘开明. 韦师棣华女士传略［J］. 华北日报·图书馆学周刊,1931（7）:1-3.

[101] 裘开明. 韦师棣华女士传略［J］. 中华图书馆协会会报,1931,6（6）:7-9.

[102] 全国图书馆协会昨开筹备会［N］. 申报,1925-04-23（11）.

[103] 三团体招待韦女士［J］. 京报,1925-02-08（7）.

[104] 上海图书馆协会开会纪[N].申报,1925-04-20(11).

[105] 沈绍期君在报界俱乐部演说图书馆事业[J].东方杂志,1917,14(6):190-193.

[106] 沈祖荣.参加国际图书馆第一次大会及欧洲图书馆概况调查报告[J].中华图书馆协会会报,1929,5(3):3-29.

[107] 沈祖荣.韦棣华女士略传[J].武昌文华图书科季刊,1931,3(3):283-285.

[108] 沈祖荣.在文华公书林过去十九年之经验[J].武昌文华图书科季刊,1929,1(2):159-175.

[109] 省教育会五月份大事记[N].申报,1923-06-05(10).

[110] 舒纪维.韦棣华女士逝世的日记[J].武昌文华图书科季刊,1931,3(3):357-360.

[111] 苏州各界欢迎鲍士伟博士纪[N].申报,1925-05-10(11).

[112] 汤旭岩,李波.退出图书馆界的名人——记我国早期留美图书馆学硕士胡庆生[J].图书馆,2001(1):76-78.

[113] 汤旭岩,马志立.孤光自照 表里澄澈——胡庆生先生二三事[J].图书情报论坛,2008(4):10.

[114] 提议中华教育文化基金董事会悬缺董事请以丁文江补充(十三年九月三十日)[J].教育公报,1924,11(10):(公牍)1-2.

[115] 同门会消息·胡庆生[J].武昌文华图书科季刊,1930,2(2):275-276.

[116] 图书馆功用办法之演讲会[N].新闻报,1917-04-30(9).

[117] 图书馆教育之福音[N].民国日报,1924-03-04(7).

[118] 图书馆事业之新演讲[N].申报,1923-05-23(18).

[119] 图书馆协会筹备欢迎鲍士伟[N].申报,1925-04-14(11).

[120] 图书馆协会筹备欢迎鲍士伟[N].新闻报,1925-04-14(12).

[121] 图书馆协会欢迎韦棣华女士纪[N].申报,1925-01-11(10).

[122] 图书馆协会将映图书馆设备影片[N].申报,1925-05-01(12).

[123] 退还赔款在华办图书馆之运动[N].新闻报,1924-05-07(15).

[124] 退还赔款在华举办图书馆事业[N].京报,1924-05-04(5).

[125] 韦棣华女士[N].京报,1925-02-10(7).

[126] 韦棣华女士服务三十周年纪念大会启〔J〕. 中华图书馆协会会报,1930,5（4）:2-3.

[127] 韦棣华女士来华服务三十周年纪念募款委员表〔J〕. 中华图书馆协会会报,1930,5（4）:4.

[128] 韦棣华女士逝世一周年纪念摄影（民国廿一年五月一日）〔J〕. 文华图书馆学专科学校季刊,1932,4（2）:摄影.

[129] 韦棣华女士游平〔J〕. 中华图书馆协会,1928,4（1）:15.

[130] 韦棣华女士追悼大会摄影（中华民国二十年六月十三日）〔J〕. 武昌文华图书科季刊,1931,3（3）:摄影.

[131] 韦女士纪念会展期〔J〕. 中华图书馆协会会报,1930,6（2）:25.

[132] 韦女士建筑图书馆之运动〔J〕. 国际公报,1923（45）:（世界公益）12-13.

[133] 韦女士建筑图书馆之运动〔N〕. 申报,1923-09-16（15）.

[134] 韦女士运动美国退还赔款一部分在华举办图书馆消息〔N〕. 晨报,1925-05-06（5）

[135] 韦女士周年纪念〔J〕. 文华图书馆学专科学校季刊,1932,4（2）:221.

[136] 文华图书科之停顿〔J〕. 中华图书馆协会会报,1927,2（6）:20.

[137] 吴则田. 韦棣华在中国近代图书馆史上的活动〔J〕. 图书情报知识,1983（4）:86-91.

[138] 校闻·本校创办人韦女士逝世四周年纪念〔J〕. 文华图书馆学专科学校季刊,1935,7（2）:312.

[139] 校闻·春游〔J〕. 武昌文华图书科季刊,1929,1（2）:237-238.

[140] 校闻·纪念韦棣华女士〔J〕. 文华图书馆学专科学校季刊,1934,6（2）:379.

[141] 校闻·立案批准〔J〕. 武昌文华图书科季刊,1929,1（2）:238.

[142] 校闻·沈代理主任被选为参加罗马国际图书馆协会之中国代表〔J〕. 武昌文华图书科季刊,1929,1（2）:238.

[143] 校闻·韦女士纪念〔J〕. 文华图书馆学专科学校季刊,1936,8（2）:276.

[144] 校闻·韦女士来华三十周纪念〔J〕. 武昌文华图书科季刊,1929,1（4）:474.

[145] 新加入会员〔J〕. 中华图书馆协会会报,1927,2（6）:20.

[146] 徐家麟．序言［J］．武昌文华图书科季刊，1931，3（3）：281-282．

[147] 徐全廉．评《评韦隶华》［J］．四川图书馆学报，1987（1）：92-96．

[148] 许有成．为中国图书馆事业贡献了一生的韦隶华［J］．复旦学报（社会科学版），1980（3）：105-106．

[149] 学术会议纪录［J］．新教育，1924，9（3）：433-448．

[150] 训令（育字第一一七六号）［J］．湖北教育厅公报，1930，1（9）：19．

[151] 演讲图书馆之功用及办法［N］．时报，1917-04-29（10）．

[152] 杨谱笙．参与苏州欢迎鲍士伟闻见录［J］．湖州月刊，1925，2（2）：43-45．

[153] 一年来大事记·（十六）鲍士伟博士来馆参观［J］．清华周刊，1925（S11）：83．

[154] 英国图书馆协会五十周年纪念会［J］．中华图书馆协会会报，1927，3（3）：22．

[155] 禹成明．热心中国图书馆事业的美国人——关于韦棣华的评价问题［J］．广东图书馆学刊，1983（4）：40-45，53．

[156] 远．中华图书馆协会第一次董事会议［N］．申报，1925-06-05（13）．

[157] 袁希涛．庚子赔款退还之实际与希望［J］．教育与人生，1924，2（52）：691-697．

[158] 查启森，赵纪元．文华公书林纪事本末［J］．图书情报知识，2008（5）：109-112．

[159] 查修．北京图书界见闻纪录［J］．文华温故集，1920，15（4）：33．

[160] 召．鄂教育界欢宴鲍士伟博士［N］．申报，1925-05-21（11）．

[161] 郑锦怀．《钱亚新论著编译系年》订正补遗［J］．图书馆理论与实践，2010（4）：61-63．

[162] 郑锦怀．韦棣华早年生平史实辨析［J］．图书馆论坛，2015（2）：107-112．

[163] 郑锦怀．喻友信早期图书馆生涯考察［J］．大学图书馆学报，2012（1）：100-105．

[164] 郑锦怀．查修的生平与图书馆学成就考察［J］．大学图书馆学报，2011（3）：118-125．

[165] 中华教育改进社年会纪［N］．申报，1924-07-09（7）．

[166] 中华教育文化基金董事会委托本会招生［J］．中华图书馆协会会报，1926，

1（6）：11-12.

[167] 中华图书馆协会会员录（民国二十年六月）[J]. 中华图书馆协会会报，1932，7（6）：9-25.

[168] 中华图书馆协会委托经募韦棣华女士来华服务卅周纪念捐款各图书馆表 [J]. 中华图书馆协会会报，1930，5（4）：4.

[169] 中华图书馆协会在京开成立会 [N]. 申报，1925-06-06（13）.

[170] 中华图书馆协会之进行 [N]. 申报，1925-05-29（11）.

[171] 中华图书馆协会昨日成立 [N]. 申报，1925-04-26（12）.

[172] 专电 [N]. 申报，1925-05-18（11）.

二、中文著译单行本

[173] 北京大学图书馆学系 1957 年级图书馆事业史小组．中国图书馆事业史讲稿（初稿）[M]. 北京：北京大学图书馆学系，1960.

[174] 蔡元培．蔡元培教育论著选 [M]. 高平叔选．北京：人民教育 出版社，2011.

[175] 陈传夫．图书馆学研究进展 [G]. 武汉：武汉大学出版社，2010.

[176] 陈传夫．文华情怀——文华图专九十周年纪念文集 [G]. 武汉：武汉大学出版社，2010.

[177] 陈传夫，董有明．求实奋进 共谱新篇——从文华图专到武汉大学信息管理学院（1920—2010）[G]. 武汉：武汉大学出版社，2010.

[178] 陈乐人．北京档案史料（2006 年第 4 期）[G]. 北京：新华出版社，2006.

[179] 程焕文．裘开明年谱 [M]. 桂林：广西师范大学出版社，2008.

[180] 程焕文．中国图书馆学教育之父——沈祖荣评传 [M]. 台北：学生书局，1997.

[181] 冯天瑜．中华文化辞典 [M]. 武汉：武汉大学出版社，2010.

[182] 桂质柏．杜威书目十类法 [M]. 济南：齐鲁大学图书馆，1925.

[183] 国立武汉大学．国立武汉大学一览（中华民国十九年度）[M]. 武汉：国立武汉大学，1931.

[184] 国立武汉大学图书馆．国立武汉大学图书馆概况 [M]. 武汉：国立武汉大

学图书馆,不详.

[185] 国立浙江大学秘书处出版课.国立浙江大学一览(二十一年度)[M]杭州:国立浙江大学秘书处出版课,1932.

[186] 何镜堂,郭卫宏.多元校园绿色校园人文校园——第六届海峡两岸大学的校园学术研讨会会议论文集[G].广州:华南理工大学出版社,2007.

[187] 何品,宣刚.上海市档案馆藏近代中国金融变迁档案史料汇编·上海商业储蓄银行[G].上海:上海远东出版社,2015.

[188] 湖北省地方志编纂委员会.湖北省志人物志稿[M].北京:光明日报出版社,1989.

[189] 湖北省地方志编纂委员会.湖北省志·人物(下)[M].武汉:湖北人民出版社,2000.

[190] 湖北武昌私立文华图书馆学专科学校.湖北武昌私立文华图书馆学专科学校一览(民国二十三年度)[M].武汉:湖北武昌私立文华图书馆学专科学校,1934.

[191] 胡述兆.中国图书馆学与目录学名人录[M].台北·纽约·洛杉矶:汉美图书有限公司,1999.

[192] 华棣.文华书院藏书室[M].武昌:华棣自刊,1908.

[193] 华中师范大学图书馆.华中师范大学图书馆百年珍藏撷荟[M].广州:世界图书出版公司,2013.

[194] 黄江华.服务 信用 创新——爱国银行家陈光甫之研究[M].北京:中国言实出版社,2013.

[195] 黄元鹤,陈冠至.图书馆人物志[M].台北:五南图书出版股份有限公司,2014.

[196] 季啸风.中国高等学校变迁[M].上海:华东师范大学出版社,1992.

[197] 江西通俗教育会.江西通俗教育会历年状况[M].南昌:江西通俗教育会,1920.

[198] 教育部高等教育司.六十四学年度各校院研究生硕士论文提要[M].台北:正中书局,1979:265.

[199] 教育部高等教育司.全国高等教育统计(二十年度)[G].南京:教育部高等教育司,1933.

[200] 教育部高等教育司．全国高等教育统计（二十一年度）［G］．南京：教育部高等教育司，1935.

[201] 教育部高等教育司．全国高等教育统计（二十三年度）［G］．南京：教育部高等教育司，1936.

[202] 教育部教育年鉴编纂委员会．第二次中国教育年鉴［G］．南京：教育部教育年鉴编纂委员会，1948.

[203] 金敏甫．中国现代图书馆概况［M］．广州：广州图书馆协会，1929.

[204] 军事科学院军事历史研究部．中国抗日战争史（中）［M］．北京：解放军出版社，2015.

[205] 李桂林．中国现代教育史教学参考资料［M］．北京：人民教育出版社，1987.

[206] 李劲军,汲言斌．韦棣华与中国图书馆事业［M］．济南：山东画报出版社，2017.

[207] 李玉安,陈传艺．中国藏书家辞典［M］．武汉：湖北教育出版社，1989.

[208] 刘平．民国银行家论业务经营［M］．上海：上海远东出版社，2017.

[209] 陆阳．唐文治年谱［M］．上海：上海三联书店，2013.

[210] 马费成．世代相传的智慧与服务精神——文华图专八十周年纪念文集［G］．北京：北京图书馆出版社，2001.

[211] 马敏,汪文汉．百年校史（1903—2003）［M］．武汉：华中师范大学出版社，2003.

[212] 彭敏惠．文华图书馆学专科学校的创办与发展［M］．武汉：武汉大学出版社，2015.

[213] 钱亚新．钱亚新别集［M］．谢欢,整理．南京：南京大学出版社，2013.

[214] 丘东江．图书馆学情报学大辞典［M］．北京：海洋出版社，2013.

[215] 裘开明．裘开明图书馆学论文选集［M］．程焕文,编．桂林：广西师范大学出版社，2003.

[216] 上海交通大学校史编纂委员会．上海交通大学纪事（1896—2005）（上）［M］．上海：上海交通大学出版社，2006.

[217] 沈祖荣．中国图书馆界先驱沈祖荣先生文集（1918—1944 年）［M］．丁道凡搜集编注．杭州：杭州大学出版社，1991.

[218] 沈祖荣,胡庆生．仿杜威书目十类法［M］．武昌:文华公书林,1922.

[219] 圣约翰大学大学生出版委员会．圣约翰大学五十年史略(一千八百七十九年至一千九百廿九年)［M］．上海:圣约翰大学,1929.

[220] 台湾编译馆．图书馆学与资讯科学大辞典(中)［M］．台北·纽约·洛杉矶:汉美图书有限公司,1995.

[221] 涂文学．东湖史话［M］．武汉:武汉出版社,2004.

[222] 韦卓民．韦卓民全集．第10卷．教育实录［M］．武汉:华中师范大学出版社,2016.

[223] 文华图书馆学专科学校．国民政府教育部立案湖北武昌文华图书馆学专科学校一览(中华民国二十年度)［M］．武昌:文华图书馆学专科学校,1931.

[224] 文华图书馆学专科学校．湖北武昌文华图书馆学专科学校一览(民国二十三年度)［M］．武昌:文华图书馆学专科学校,1934.

[225] 武汉大学图书馆学系图书馆学教研室．中国图书馆事业史(初稿)［M］．武汉:武汉大学,1962.

[226] 武汉地方志编纂委员会．武汉市志·人物志［M］．武汉:武汉大学出版社,1999.

[227] 武汉地方志编纂委员会．武汉市志·社会志［M］．武汉:武汉大学出版社,1997.

[228] 武汉地方志编纂委员会办公室．春兰秋菊集——《武汉春秋》二十年文存［G］．武汉:武汉出版社,2003.

[229] 武汉市文史研究馆．江汉采风［G］．上海:上海书店出版社,1994.

[230]《武汉文史资料》编辑部．武汉文史资料·1988年增刊·武汉人物选录［G］．武汉:武汉市政协文史资料委员会,1988.

[231] 吴晞．图书馆史话［M］．北京:社会科学文献出版社,2015.

[232] 吴仲强．中国图书馆学情报学档案学人物大辞典［M］．香港:亚太国际出版有限公司,1999.

[233] 夏林根,于喜元．中美关系辞典［M］．大连:大连出版社,1992.

[234] 肖志华,严昌洪．武汉掌故［G］．武汉:武汉出版社,2000.

[235] 谢红星．武汉大学校史新编(1893—2013)［M］．武汉:武汉大学出版社,

2013.

[236] 颜惠庆．颜惠庆自传——一位民国元老的历史记忆[M]．吴建雍,李宝臣,叶凤美,译．北京:商务印书馆,2003.

[237] 严文郁．中国图书馆发展史——自清末至抗战胜利[M]．台北:"中国图书馆学会",1983.

[238] 杨朝伟．历史文化街区昙华林[G]．武汉:武汉出版社,2006.

[239] 杨家骆．图书年鉴(创刊本·普及本)[M]．南京:词典馆,1935.

[240] 杨林成．常识百点[M]．上海:上海锦绣文章出版社,2015.

[241] 易伟新．民国旅业回眸——中国旅行社研究[M]．长沙:岳麓书社,2009.

[242] 张安明,刘祖芬．江汉昙华林——华中大学[M]．石家庄:河北教育出版社,2003.

[243] 张锦郎．中国图书馆事业论集[M]．台北:学生书局,1984.

[244] 郑锦怀．中国现代图书馆先驱戴志骞研究[M]．青岛:中国海洋大学出版社,2017.

[245] 郑丽芬．民国时期的图书馆学教育[D]．北京:北京大学博士学位论文,2015.

[246] 政协恩施市文史资料委员会,中共恩施市委统战部．恩施文史资料　第8辑　恩施文史资料统战专辑[G]．恩施:政协恩施市文史资料委员会,中共恩施市委统战部,1997.

[247] 政协武汉市委员会文史学习委员会．武汉文史资料文库　第6辑　社会民俗[G]．武汉:武汉出版社,1999.

[248] 中国人民政治协商会议全国委员会文史资料委员会．文史资料存稿选编·24·教育[G]．北京:中国文史出版社,2002.

[249] 中华大学．武昌中华大学总览[M]．武昌:中华大学,1924.

[250] 中华教育文化基金董事会．中华教育文化基金董事会第一次报告[M]．北京:中华教育文化基金董事会,1926.

[251] 中华政治学会．政治学报年刊[G]．北京:中华政治学会,1916.

[252] 周川．中国近现代高等教育人物辞典[M]．福州:福建教育出版社,2012.

[253] 周洪宇．不朽的文华——从文华公书林到文华图书馆学专科学校[M]．武汉:华中师范大学出版社,2013.

[254] 周文骏. 图书馆学百科全书[M]. 北京：中国大百科全书出版社，1993.

[255] 周文骏. 图书馆学情报学词典[M]. 北京：书目文献出版社，1991.

三、中文网站资料

[256] 程焕文. 先驱之精神（组图一）[EB/OL].［2007-08-27］. http://blog. sina. com. cn/s/blog_4978019f010009os. html.

[257] 文华公书林，今夜让我们再次将你忆起！[EB/OL].［2016-04-26］. https://kknews. cc/culture/p8rrx8. html.

[258] 中国现代图书馆运动之皇后韦棣华女士生平图片展（组图）[EB/OL].［2018-04-30］. http://blog. sina. com. cn/s/blog_4978019f0102e7a7. html.

四、英文报刊文章

[259] A Library in Sight for Wuchang[J]. *The Spirit of Missions*, 1908, *73*(1)：53.

[260] A Missionary Architect[J]. *The Living Church*, 1921, *64*(25)：772.

[261] About 200 Books For China[N]. *The Daily News (Batavia, N.Y.)*, 1901-06-21(6).

[262] Alfred K. Chiu & John C. B. Kwei. Libraries in China[J]. *Bulletin of the American Library Association*, 1926, *20*(10)：194-196.

[263] Alfred K. M. Chieo. Boone University Library Past, Present and Future[J]. The Boone Review, 1920, *15*(4)：327-330.

[264] American Library Association[J]. *Library Journal*, 1907, *32*(6)：266-282.

[265] Among the Alumnae[J]. *The Simmons College Review*, 1921, *3*(4)：171.

[266] Among the Clubs and Associations[N]. *The Buffalo Courier*, 1898-05-29(25).

[267] An Additional Gift for Stokes Hall（Plans for Enlarging the Boone Library）[J]. *The Boone Review*, 1920, *15*(4)：360-361.

[268] An Interesting Suggestion[J]. *The Spirit of Missions*, 1907, *72*(1)：8.

[269] Announcements [J]. *The Spirit of Missions*, 1899, *64*(1) : 22.

[270] Announcements Concerning the Missionaries [J]. *The Spirit of Missions*, 1906, *71*(12) : 1039.

[271] Appeal for a Library in China [N]. *The Daily News (Batavia, N.Y.)*, 1901-06-07(1).

[272] Appointments of Teachers [N]. *The Daily News (Batavia, N.Y.)*, 1899-05-30(4).

[273] Archers Attention [N]. *Daily Morning News (Batavia, N.Y.)*, 1879-05-10(4).

[274] Archie T. L. Tsen. Miss Wood, Our Beloved Teacher [J]. *Boone Library School Quarterly*, 1931, *3*(3) : 4-5.

[275] Archie T. L. Ts'en. The Boone School Library [J]. *The Spirit of Missions*, 1906, *71*(12) :1030.

[276] Attendance Register [J]. *Bulletin of the American Library Association*, 1916, *10*(4) : 570.

[277] Batavia [N]. *The Buffalo Courier*, 1889-05-08(2).

[278] Batavians in China Safe [N]. *The Daily News (Batavia, N.Y.)*, 1900-07-10(1).

[279] Batavians Safe [N]. *The Buffalo Courier*, 1911-10-13(2).

[280] Books Wanted for Chinese Boys [J]. *The Churchman*, 1901, *84*(19) : 607.

[281] Boone College Students Plan Tiple Anniversary Celebration [N]. *The China Weekly Review*, 1930-02-22(419).

[282] C. T. Wang. Miss Wood as China's Friend [J]. *Boone Library School Quarterly*, 1931, *3*(3) : 2-3.

[283] Canvass for the College [J]. *The Simmons College Review*, 1920, 3(2) : 89-90.

[284] Carl. H. Milam. Informal Notes From Rome, Geneva, Seville [J]. *Bulletin of the American Library Association*, 1929, *23*(9) :424-426.

[285] Center of Learning in China [N]. *Rochester Democrat and Chronicle*, 1907-12-20(18).

[286] Cheng Huanwen. The Impact of American Librarianship on Chinese Librarianship in Modern Times (1840-1949) [J]. *Libraries & Culture*, 1991, *26*(2): 372-387.

[287] China Press Correspondent. Library Possibilities Described in Lecture: Boone University Man Tells of Work Being Done in West China [N]. *The China Press*, 1919-04-16(4).

[288] China's First Library School [J]. *Library Journal*, 1921, (46): 555.

[289] Chinese Boy's Letter [N]. *The Daily News (Batavia, N.Y.)*, 1903-07-01(1).

[290] Church Periodical Club to Hear Bishop Tucker [N]. *The Washington Post*, 1926-12-04(10).

[291] College and Schllo Notes [J]. *The Boone Review*, 1920, *15*(4): 375-379.

[292] Coming Home From China [N]. *The Daily News (Batavia, N.Y.)*, 1906-07-07(4).

[293] Donated to the Public [N]. *The Daily Times (Batavia, N.Y.)*, 1889-03-13(1).

[294] Edward M. Merrins. Boone University Library: A Step Forward [J]. *The Spirit of Missions*, 1910, *75*(8): 672-677.

[295] Elderly Missionary Dies [N]. *Lockport Union-Sun and Journal*, 1931-05-02(10).

[296] Elizabeth Wood. Boone School, American Church Mission [J]. *The Churchman*, 1902, *85*(20): 620.

[297] Elizabeth Wood. China. Boone School Library, Wuchang [J]. *The Churchman*, 1903, *87*(18): 597.

[298] Episcopal Women to Choose Officers [N]. *The Washington Post*, 1927-01-03(14).

[299] Equality Club's Housewarming [N]. *The Daily News (Batavia, N.Y.)*, 1897-10-11(1).

[300] Fiftieth Anniversary Conference [J]. *Bulletin of the American Library Association*, 1926, *20*(9): 155-158, 171.

[301] Financial Statement of Batavia Union School [N]. *The Daily News (Batavia,*

N.Y.), 1898-07-11(5).

[302] First Library School in China. (Staff and Members of First Class) [J]. *The Boone Review*, 1920, *15*(4) : No Paging（第 354-355 页之间）.

[303] Foreign Missions [J]. *The Spirit of Missions*, 1899, *64*(11) : 584.

[304] Former Batavian Passes in China [N]. *Rochester Democrat and Chronicle*, 1931-05-03(10).

[305] General Sessions-Proceedings [J]. *Bulletin of the American Library Association*, 1926, *20*(10) : 177-186.

[306] Genesee [N]. *Rochester Democrat and Chronicle*, 1899-10-19(4).

[307] George F. Wood [N]. *The Times (Batavia, N.Y.)*, 1925-06-25(2).

[308] George W. Huang. Miss Mary Elizabeth Wood: Pioneer of the Library Movement in China [J]. *Journal of Library and Information Science*, 1975, *1*(1) : 67-78.

[309] High School Faculty [N]. *The Spirit of Times (Batavia, N.Y.)*, 1898-06-04(3).

[310] Hsu Ta-Tsung. The Work of Boone Library in the Commercial Press Library [J]. *The Boone Review*, 1920, *15*(4) : 365-367.

[311] Jing Zheng，Chuan-You Deng. Shao-Min Cheng, et al. The Queen of the Modern Library Movement in China:Mary Elizabeth Wood [J]. *Library Review*, 2010, *59*(5):341-349.

[312] John H. Winkelman. Mary Elizabeth Wood (1861-1931) : American Missionary-Librarian to Modern China [J]. *Journal of Library and Information Science*, 1982, *8*(1) : 62-76.

[313] Ladies' Aid Society [N]. *The Daily News (Batavia, N.Y.)*, 1882-03-06(4).

[314] Large Audience Heard Miss Wood [J]. *The Times (Batavia)*, 1919-05-17(2).

[315] Late News From China [N]. *The Daily News (Batavia, N.Y.)*, 1900-07-24(1).

[316] Letter From Miss Wood (Written at Shanghai, While on Her Way to Japan) [N]. *The Daily News (Batavia, N.Y.)*, 1900-08-10(1).

[317] Library Association Conference [J]. *Bulletin of the American Library Association*, 1927, *21*(12): 771–773.

[318] Library Building in China [N]. *The Daily News (Batavia, N.Y.)*, 1906-04-10(2).

[319] Library Expansion in China Begun [J]. *Library Journal*, 1918, *43*(10): 764–765.

[320] Library Extension Work [J]. *The Chinese Recorder*, 1918, *49*(4): 217.

[321] Library Notes: Reception to Miss M. E. Wood [J]. 北京图书馆月刊, 1928, *1*(3): 27.

[322] Library School [J]. *The New York Public Library Staff News*, 1919, *9*(24): 83.

[323] Library Schools and Training Classes [J]. *Library Journal*, 1907, *32*(2): 86–89.

[324] Lindel P. Tseng. Miss Mary Elizabeth Wood: A Letter of Appreciation [J]. *Boone Library School Quarterly*, 1931, *3*(3): 14–15.

[325] List of Members [J]. *Bulletin of the American Library Association*, 1907, *1*(5): 63.

[326] List of Members [J]. *Bulletin of the American Library Association*, 1918, *12*(4): 453.

[327] Local Gossip [N]. *Daily Morning News (Batavia, N.Y.)*, 1879-01-01(4).

[328] Local Gossip [N]. *Daily Morning News (Batavia, N.Y.)*, 1879-02-25(4).

[329] Local Record [N]. *Progressive Batavian*, 1885-03-06(1).

[330] Local Record [N]. *Progressive Batavian*, 1885-08-21(3).

[331] M. E. Wood. The Chinese Revolution Halts Work in Boone Library [J]. *The Spirit of Missions*, 1912, *77*(3): 217–220.

[332] M. E. Wood Memorial Service Held in Wuchang [J]. *Boone Library School Quarterly*, 1931, *3*(3): 19–20.

[333] Many Books for a Chinese Library [N]. *The Daily News (Batavia, N.Y.)*, 1901-06-13(5).

[334] Marian Dec. Ward. A Book for Boone [J]. *The Spirit of Missions*, 1921, *86*(3):

171-174.

[335] Mary E. Wood Dies in China [N]. *The New York Sun*, 1931-05-02(19).

[336] Mary E. Wood Is Dead [N]. *New York Herald Tribune*, 1931-05-02(13).

[337] Mary Elizabeth Wood. Books in China [J]. *The Churchman*, 1922(126): 28.

[338] Mary Elizabeth Wood. Boone College Library, Wuchang, China [J]. *Library Journal*, 1909, *34*(2):54-55.

[339] Mary Elizabeth Wood. Library as a Phase of Mission Work [J]. *The Outlook*, 1907, *86*(126):18.

[340] Mary Elizabeth Wood. Library Work in a Chinese City [J]. *Bulletin of the American Library Association*, 1907, *1*(4): 84-87.

[341] Mary Elizabeth Wood. Recent Library Development in China [J]. *Bulletin of the American Library Association*, 1924, *18*(4): 178-182.

[342] Mary Elizabeth Wood. The Boone Library and Its Forward Steps (Condensed) [J]. *The Living Church*, 1922, *67*(23): 794.

[343] Mary Elizabeth Wood. Visiting Chinese Government Schools [J]. *The Spirit of Missions*, 1919, *84*(1) :35-38.

[344] Mary Elizabeth Wood. Wuchang: A City of Schools [J]. *The Churchman*, 1908, *97*(2):49-51.

[345] Meeting of the School Board [N]. *The Daily News (Batavia, N.Y.)*, 1890-01-20(1).

[346] Members [J]. *Bulletin of the American Library Association*, 1911, *5*(5): 314-357.

[347] Mere Mentions [N]. *The Daily News (Batavia, N.Y.)*, 1880-10-20(4).

[348] Mere Mentions [N]. *The Daily News (Batavia, N.Y.)*, 1882-07-26(4).

[349] Mere Mentions [N]. *The Daily News (Batavia, N.Y.)*, 1885-02-28(3).

[350] Mere Mentions [N]. *The Daily News (Batavia, N.Y.)*, 1889-01-23(1).

[351] Mere Mentions [N]. *The Daily News (Batavia, N.Y.)*, 1889-04-06(1).

[352] Mere Mentions [N]. *The Daily News (Batavia, N.Y.)*, 1889-08-04(4).

[353] Mere Mentions [N]. *The Daily News (Batavia, N.Y.)*, 1898-03-17 (4).

[354] Mere Mentions [N]. *The Daily News (Batavia, N.Y.)*, 1899-08-28(4).

[355] Mere Mentions [N]. *The Daily News (Batavia, N.Y.)*, 1899-09-22(4).

[356] Mere Mentions [N]. *The Daily News (Batavia, N.Y.)*, 1899-10-03(4).

[357] Miss M. E. Wood. A Christian Library for Central China [J]. *The Spirit of Missions*, 1907, *72*(1): 9-14.

[358] Miss M. Elizabeth Wood. Modern Libraries for China [N]. *The China Press*, 1925-04-30(16-17).

[359] Miss Mary E. Wood Is Dead in China [N]. *The Brooklyn Daily Eagle*, 1931-05-02(4).

[360] Miss Wood Home From China [N]. *Rochester Democrat and Chronicle*, 1906-08-08(4).

[361] Miss Wood Leaves for China [N]. *The Daily News (Batavia, N.Y.)*, 1899-10-18(1).

[362] Miss Wood to Speak at St. Johns Parish House [N]. *The Washington Herald*, 1907-12-07(9).

[363] Miss Wood's Experience [N]. *The Daily News (Batavia, N.Y.)*, 1912-02-07(1).

[364] Miss Wood's Safe Arrival in China [N]. *The Daily News (Batavia, N.Y.)*, 1900-01-18(1).

[365] Mission Library in Wu Chang to Be Run on American Plan [N]. *The Brooklyn Daily Eagle*, 1906-11-25(6).

[366] Missionaries at Wu Chang Safe [N]. *The Daily News (Batavia, N.Y.)*, 1900-07-03(1).

[367] Missionary Dead [N]. *The Saratogian*, 1931-05-02(1).

[368] Missionary From China to Speak [N]. *Rochester Democrat and Chronicle*, 1907-12-19(14).

[369] Missionary Societies [N]. *The Brooklyn Daily Eagle*, 1907-02-23(3).

[370] Missionary to Speak [N]. *The Buffalo Courier*, 1907-12-21(5).

[371] Movie in the Library [J]. 华中季刊, 1926, *2*（3）: 34.

[372] Neighborhood News [N]. *The Buffalo Express*, 1889-01-09(8).

[373] New Librarian [N]. *The Daily News (Batavia, N.Y.)*, 1899-09-26(1).

[374] New Members [J]. *Bulletin of the American Library Association*, 1911, *5*(3): 43–44.

[375] New Year [N]. *The Daily News (Batavia, N.Y.)*, 1882–01–03(1).

[376] News and Notes [J]. *The Spirit of Missions*, 1920, *85*(12): 793.

[377] News From Central China [N]. *The China Weekly Review*, 1920–07–10(332).

[378] News From Central China [N]. *The China Weekly Review*, 1922–07–15(276).

[379] News From Central China [N]. *The China Weekly Review*, 1923–05–05(358).

[380] News From Central China [N]. *The China Weekly Review*, 1925–03–07(18).

[381] Notes and News [J]. *Bulletin of the American Library Association*, 1911, *5*(3): 46.

[382] Notes From Many Towns [N]. *The Buffalo Evening News*, 1889–01–07(5).

[383] P. W. Kuo. The Evolution of the Chinese Library and Its Relation to Chinese Culture [J]. *Bulletin of the American Library Association*, 1926, *20*(10): 189– 194.

[384] Personal [N]. *The Daily News (Batavia, N.Y.)*, 1885–08–17 (4).

[385] Personal [N]. *The Daily News (Batavia, N.Y.)*, 1889–05–07 (4).

[386] Personal [N]. *The Daily News (Batavia, N.Y.)*, 1889–08–27 (4).

[387] Personal [N]. *The Daily News (Batavia, N.Y.)*, 1891–07–03(3).

[388] Personal [N]. *The Daily News (Batavia, N.Y.)*, 1892–08–18 (4).

[389] Personal [N]. *The Daily News (Batavia, N.Y.)*, 1895–09–18(4).

[390] Personal [N]. *The Daily News (Batavia, N.Y.)*, 1897–07–28 (4).

[391] Personal [N]. *The Daily News (Batavia, N.Y.)*, 1898–07–02(6).

[392] Personal [N]. *The Daily News (Batavia, N.Y.)*, 1918–08–28(6).

[393] Personal Gossip [N]. *Daily Morning News (Batavia, N.Y.)*, 1879–02–23(4).

[394] Personal Paragraphs [N]. *The Spirit of Times (Batavia, N.Y.)*, 1898–07–02(3).

[395] Personals [N]. *Daily Morning News (Batavia, N.Y.)*, 1879–06–18(4).

[396] Personals [N]. *Daily Morning News (Batavia, N.Y.)*, 1879–07–29(4).

[397] Personals [N]. *Daily Morning News (Batavia, N.Y.)*, 1879–09–25(4).

[398] Personals [J]. *The Churchman*, 1906, *94*(21): 809.

[399] Personals [N]. *The Daily News (Batavia, N.Y.)*, 1899–09–18(4).

[400] Places in the Schools [N]. *The Daily News (Batavia, N.Y.)*, 1889-06-19(1).

[401] Political Equality Club [N]. *The Daily News (Batavia, N.Y.)*, 1895-08-09(1).

[402] Public Libraries in China [N]. *The New York Times*, 1925-08-02(10).

[403] Public School Faculty [N]. *The Daily News (Batavia, N.Y.)*, 1898-06-01(1).

[404] Pupils of Miss Lizzie Wood Send Letters to Her Brother in Batavia [N]. *The Daily News (Batavia, N.Y.)*, 1900-04-25(1).

[405] Rare China Treasures [N]. *The Daily News (Batavia, N.Y.)*, 1897-04-29 (1).

[406] Rare Old China Displayed by the Women's Political Equality Club [N]. *The Daily News (Batavia, N.Y.)*, 1897-04-28(1).

[407] Rear View of Boone University Library [J]. *The Boone Review*, 1920, *15*(4): No Paging（第 358-359 页之间）.

[408] Report That China Will Sue for Peace [N]. *The Brooklyn Daily Eagle*, 1900-08-10(1-2).

[409] Rev. Francis C. Lightbourn. 47 Years in China [J]. *The Living Church*, 1952, *150*(21):9-10.

[410] Rev. Robert E. Wood. Reflections on My Sister [J]. *Boone Library School Quarterly*, 1931, *3*(3): 6-7.

[411] Rev. S. H. Littell. The First Public Library in China [J]. *The Spirit of Missions*, 1909, *74*(10): 850-851.

[412] Robert E. Wood. A Letter to St. Peter's Divinity School [J]. *The Spirit of Missions*, 1899, *64*(3): 121-122.

[413] Rt. Rev. Logan H. Roots. Winning the Middle Kingdom [J]. *The Churchman*, 1909, *100*(19): 674.

[414] S. T. Y. Seng. The Need for Libraries in China [J]. *The Chinese Students' Monthly*, 1916, *11*(3): 171-172.

[415] S. Tsu-Yung Seng. Can the American Library System Be Adapted to China？ [J]. *Library Journal*, 1916, *41*(6): 384-389.

[416] Safe in Japan [N]. *Rochester Democrat and Chronicle*, 1900-07-11(4).

[417] Samuel T. Y. Seng. Miss Mary Elizabeth Wood, The Queen of the Modern Library Movement in China [J]. *Boone Library School Quarterly*, 1931, *3*(3):

8-13.

[418] School and Church [N]. *The Journal (Red Hook, N.Y.)*, 1889-05-10(1).

[419] Several New Bishops to Be Elected at Meeting This Morning [N]. *Times Dispatch*, 1907-10-17(3).

[420] Sight Seeing in Europe [N]. *The Daily News (Batavia, N.Y.)*, 1889-08-29 (1).

[421] Starting a Library in a Chinese City [J]. *The Churchman*, 1906, *93*(9): 323-324.

[422] T. C. S. Hu. A Great Surprise on Last Boone Commencement Day [J]. *The Boone Review*, 1920, *15*(4) : 344-345.

[423] T. Y. Seng. Difficult Problems of the Librarian in China (Concluded From P.24) [J]. *The Chinese Students' Monthly*, 1917, *12*(3): 161-166.

[424] Talk by Miss Wood Full of Interest [N]. *The Daily News (Batavia, N.Y.)*, 1907-12-23(4).

[425] The Authors' Carnival [N]. *The Daily News (Batavia, N.Y.)*, 1879-12-31(1).

[426] The East Window [N]. *The China Press*, 1924-06-01(24).

[427] The Far East [J]. *New York Library Club Bulletin*, 1921, *9*(5): No Paging.

[428] The Past and Present [N]. *The Daily News (Batavia, N.Y.)*, 1900-09-08(5).

[429] The Past and Present [N]. *The Daily News (Batavia, N.Y.)*, 1902-08-09(5).

[430] The Policy and Present Needs of the American Church Mission in the District of Hankow [J]. *The Spirit of Missions*, 1906, *71*(2): 125.

[431] The Reverend Lawrence B. Ridgely. A Paying Missionary Investment: The Record of the Last Year at Boone School [J]. *The Spirit of Missions*, 1900, *65*(10): 644-649.

[432] The Reverend Laurence B. Ridgely. The First Commencement Day at Boone College, Wuchang [J]. *The Spirit of Missions*, 1906, *71*(5): 355-357.

[433] The Richmond Library [N]. *The Daily News (Batavia, N.Y.)*, 1888-11-14(1).

[434] The Social Chronicle [N]. *Buffalo Evening News*, 1898-05-31(3).

[435] These Who Will Receive [N]. *The Daily News (Batavia, N.Y.)*, 1880-12-31(1).

[436] Thirty Years Ago. Items From the Times of October 14th, 1882 [N]. *The Times*

(Batavia, N.Y.), 1912-10-14(10).

[437] Today's Doings [N]. *Rochester Democrat and Chronicle*, 1907-12-19(14).

[438] Topics for Thinking Men and Women [N]. *The Buffalo Courier*, 1899-06-11(21).

[439] Tour of the Town [N]. *Progressive Batavian*, 1889-01-11(3).

[440] Triple Anniversary to Be Observed by Boone College May 16 [N]. *The China Press*, 1930-05-10(6).

[441] Tsong-Dun Chen. The Work of the Boone Library in the Chinese Social and Political Science Library in Peking [J].*The Boone Review*, 1920, *15*(4): 367-368.

[442] Tsu-Yung Seng. Difficult Problems of the Librarian in China (To Be Continued) [J]. *The Chinese Students' Monthly*, 1916, *12*(1): 19-24.

[443] Twenty Years Ago [N]. *The Batavia Times (Batavia, N.Y.)*, 1919-10-18(3).

[444] United Thank Offering of Episcopalians [N]. *The Buffalo Sunday Express*, 1925-09-06(8-4).

[445] V. L. Wong. Low Library: A History (1894-1923) [J]. *St. John's Echo*, 1924, *35*(2): 60.

[446] Vicinity News [N]. *The Attica News (N.Y.)*, 1898-10-13(1).

[447] Visiting the County House [N]. *The Daily News (Batavia, N.Y.)*, 1897-10-06(4).

[448] Western New York [N]. *The Buffalo Courier*, 1889-03-12(2).

[449] What We See and Hear [N]. *The Spirit of Times (Batavia, N.Y.)*, 1889-01-10(1).

[450] What We See and Hear [N]. *The Spirit of Times (Batavia, N.Y.)*, 1889-01-12(3).

[451] William Hwang. The First Library School in China [J]. *The Boone Review*, 1920, *15*(4): 363-365.

[452] William Wood [N]. *The Daily News (Batavia, N.Y.)*, 1922-04-04(4).

[453] Wood Family Reunion [N]. *The Daily News (Batavia, N.Y.)*, 1907-07-08(1).

[454] Wood-Holden [N]. *The Daily News (Batavia, N.Y.)*, 1898-10-20(1).

[455] Would Use Part of Boxer Surplus for Libraries〔N〕. *The China Weekly Review*, 1923-10-06(217).

五、英文著译单行本

[456] *American Library Annual 1917-1918*〔M〕. New York: Office of the Publishers' Weekly, 1918.

[457] *Anne Commire. Women in World History: A Biographical Encyclopedia, Vol. 16*〔M〕. Detroit: Yorkin Publications, 2002.

[458] Boone University. *Boone University 1871-1921*〔G〕. Wuchang: Boone University, 1921.

[459] *Chinese Indemnity. Hearings Before the Committee on Foreign Affairs, House of Representatives, Sixty-eighth Congress. First Session on H.J. Res. 201. To Provide for the Remission of Further Payments of the Annual Installments of the Chinese Indemnity. March 31 and April 1 and 2, 1924*〔M〕. Washington: Government Printing Office, 1924.

[460] Clay Wood Holmes. *A Genealogy of the Lineal Descendants of William Wood Who Settled in Concord, Mass. , in 1638*〔M〕. Elmira: Advertiser Print, 1901.

[461] Columbia University. *Catalogue 1915-1916*〔M〕. New York: Columbia University, 1916.

[462] Columbia University. *Catalogue 1916-1917*〔M〕. New York: Columbia University, 1917.

[463] Columbia University. *Catalogue 1917-1918*〔M〕. New York: Columbia University, 1918.

[464] Columbia University. *Catalogue 1918-1919*〔M〕. New York: Columbia University, 1919.

[465] Columbia University. *Catalogue 1919-1920*〔M〕. New York: Columbia University, 1920.

[466] Dumas Malone. *Dictionary of American Biography*, *Vol.* 20〔M〕. Charles Scribner's Sons, 1936.

[467] Eben Putnam. *The Holden Genealogy, Vol. 2* [M]. Boston: Wright & Potter Printing Company, 1926.

[468] Edward T. James. *Notable American Women 1607-1950, Vol. 3* [M]. Cambridge: Belknap, 1971.

[469] Frederick Humphreys. *The Humphreys Family in America, Vol. 1* [M]. New York: Humphreys Print, 1883.

[470] Frederick Humphreys. *The Humphreys Family in America, Vol. 2* [M]. New York: Humphreys Print, 1885.

[471] Isabel Ely Lord. *Report of Pratt Institute Free Library, for the Year Ending June 30, 1907* [M]. New York: The Marion Press, 1907.

[472] Library School of the New York Public Library. *Student Register 1911-1923* [M]. New York: New York Public Library, 1924.

[473] Mary Elizabeth Wood. *The Boxer Indemnity and the Library Movement in China* [M]. Hankow: The Central China Post Ltd. , 1924.

[474] New York Public Library. *Annual Report of the Library School for the Year Ending June 30, 1915* [M]. New York: New York Public Library, 1915.

[475] New York Public Library. *Annual Report of the Library School for the Year Ending June 30, 1916* [M]. New York: New York Public Library, 1916.

[476] New York Public Library. *Library School of the New York Public Library Annual Report 1917-1918* [M]. New York: New York Public Library, 1918.

[477] *Papers Relating to the Foreign Relations of the United States 1921 Vol. I* [G]. Washington: United States Government Printing Office, 1936.

[478] Simmons College. *Report of the President 1919* [M]. Boston: Simmons College, 1920.

[479] *The Annual Report of the Board of Missions 1907-08. Foreign Section* [G]. New York: The Domestic and Foreign Missionary Society of the Protestant Episcopal Church in the United States of America, 1908.

[480] *The Yearbook of Emmanuel Parish, Boston, Year Ending Advent, 1908* [M]. Boston: Emmanuel Parish, 1908.

[481] Vera Chapman. *Dictionary of Women Worldwide, Vol. 2* [M]. Detroit: Yorkin

Publications, 2007.

[482] Wang Haoyu. *Mainland Architects in Hong Kong After 1949*〔D〕. Hong Kong：University of Hong Kong, 2008.

六、英文网站资料

[483] California, San Francisco, Passenger Lists, 1893-1953〔EB/OL〕.〔2018-07-04〕. https：//www. familysearch. org/ark：/61903/3：1：33S7-95GW-BKF？i=623&cc=1916078.

[484] Canning K. M. Young〔EB/OL〕.〔2019-03-28〕. https：// www.findagrave. com/memorial/181978169/canning-k_m_-young.

[485] Dewey Decimal Classification〔EB/OL〕.〔2018-10-30〕. https：//en. wikipedia. org/wiki/Dewey_Decimal_Classification.

[486] Francis Holden Wood〔EB/OL〕.〔2018-04-09〕. https：//www. findagrave. com/memorial/129939359/francis-holden-wood.

[487] Historical Sketch of the Richmond Memorial Library〔EB/OL〕.〔2018-04-10〕. http：//www. batavialibrary. org/about/history. php.

[488] Hua Chung College. Temporarily at Hsichow, Yunnan, China. Minutes of the Regular Meeting of the Board of Trustees, Known as the Board of Founders. Calvary House, 61 Gramercy Park, North, New York City, October 13, 1946〔A/OL〕.〔2019-03-28〕.http：// divinity-adhoc.library.yale.edu/UnitedBoard/Huachung/Box%20163/RG011-163-3057.pdf.

[489] Humphreys Farmer Wood〔EB/OL〕.〔2018-04-09〕. https：//www. findagrave. com/memorial/129939398/humphreys-farmer-wood.

[490] John Henry Wood〔EB/OL〕.〔2018-04-09〕. https：//www. findagrave. com/memorial/129622542/john-henry-wood.

[491] Mary Anna Wood〔EB/OL〕.〔2018-04-09〕. https：//www. findagrave. com/memorial/129622658/mary-anna-wood.

[492] Mary Elizabeth Wood〔EB/OL〕.〔2018-11-14〕. https：//www. findagrave. com/memorial/53937631/mary-elizabeth-wood.

[493] Ohio Deaths, 1908-1953 [EB/OL]. [2018-04-09]. https://www. familysearch. org/ark:/61903/3:1:S3HY-64GQ-TWZ ? i=2967&cc=1307272.

[494] Samuel Holden Wood[EB/OL]. [2018-04-09]. https://www. findagrave. com/memorial/129619432/samuel-holden-wood.

[495] Washington, Seattle, Passenger Lists, 1890-1957 [EB/OL]. [2018-07-03]. https://www. familysearch. org/ark:/61903/3:1:33S7-95NC-VJK ? i=555&cc=1916081.

[496] Washington, Seattle, Passenger Lists, 1890-1957 [EB/OL]. [2018-07-03]. https://www. familysearch. org/ark:/61903/3:1:33SQ-G5NC-KGF ? i=557&cc=1916081.

[497] Washington, Seattle, Passenger Lists, 1890-1957 [EB/OL]. [2018-11-14]. https://www.familysearch.org/ark:/61903/3:1:33SQ-G5NW-ZSR ? i=960&cc=1916081.

后　记

笔者从 2009 年起开始涉足中国近现代图书馆学人研究,迄今已在《中国图书馆学报》《大学图书馆学报》《国家图书馆学刊》《图书馆论坛》《图书馆》《图书馆建设》等图情类核心期刊发表一系列相关论文,并且已出版专著《中国现代图书馆先驱戴志骞研究》(中国海洋大学出版社,2017)。

随着研究的不断深入,笔者渐渐接触到一批为中国近现代图书馆事业作出或大或小贡献的西方图书馆学人,并且有意识地持续性地搜集资料与撰写论文。笔者最早于《图书馆》2013 年第 1 期发表了《中国图书馆学教育的肇始者——克乃文生平略考》一文,初步考察了克乃文的生平活动及其在中国图书馆学教育史上起到的作用等。可惜囿于史料,该文写得较为浅陋。与此同时,笔者对被誉为"中国现代图书馆运动之皇后"的韦棣华女士产生了浓厚兴趣,开始利用多种渠道在国内外广泛搜集跟她相关的各种档案资料,并在《图书馆论坛》2015 年第 2 期中发表了《韦棣华早年生平史实辨析》一文。该文利用长期受到忽略的美国纽约州地方报纸上刊登的新闻报道,对韦棣华早年生平的某些史实进行了辨析,初步弄清了她进入图书馆界工作的时间,首次来华的原因、时间与路线,在文华书院的早期活动以及她与美国圣公会的关系等重要问题。

2016 与 2017 年,笔者邀集多位基础扎实、视野开阔的学界友人加入课题组,以《韦棣华英文史料整理及其在华图书馆事业经验研究》为题,先后申请国家社科基金青年项目和教育部人文社会科学研究青年基金项目,但均以失败告终。笔者当时可谓深受打击,并曾打算偃旗息鼓,将此前收集到大量史料搁置起来,不再涉猎韦棣华研究领域。

事情的转机发生在第三届图书馆史学术研讨会上。这其实是受到中山大学信息管理学院程焕文教授的触动。多年来,程焕文教授为挖掘和宣传韦棣华的历史功绩付出大量心血。他早些年就承担了美国韦棣华基金会的研究项目"中国现代图书运动之皇后——韦棣华女士研究",准备完成一部《韦棣华女士评传》

或类似题名的著作。2013年,他专门携带团队奔赴美国拍摄了一部名为《追寻韦棣华的足迹》的专题纪录片。这部纪录片的部分片段曾在多种会议上放映,并上传至优酷等视频网站,受到图书馆界同人的广泛关注。

在程焕文教授等人的筹备与组织下,2014年中国图书馆学会年会主题论坛"韦棣华女士与中美图书馆事业"(英文为"Miss Mary Elizabeth Wood and Sino-American Librarianship")于2014年10月10日下午在北京建国国际会议中心紫金大厅B成功举行。多位国内外嘉宾亲自或由他人代表作了主题发言。这些发言呈现了韦棣华精彩人生的各个方面,但其中难免存在一些错漏。

2018年5月12—13日,第三届图书馆史学术研讨会在河南省新乡市举行,由中国图书馆学会学术研究委员会主办,中国图书馆学会学术研究委员会图书馆史研究专业委员会等共同承办。在闭幕式上,程焕文教授在致辞中指出,由于在查阅与利用国外档案方面存在困难,《韦棣华女士评传》的撰就与出版为期尚远。他的这番话无疑给现场对《韦棣华女士评传》一书望穿秋水的众多学界同人泼了一头冷水,笔者亦是其中一个。不过,这亦触动了笔者继续开展韦棣华研究并最终完成一部韦棣华研究论著的念头。

笔者心中清楚,由于未能获取美国圣公会档案馆及国内外其他机构收藏的韦棣华相关的第一手档案,即便完成此书,内中必定存在许多问题没能解决,可能还会存在这样或那样的错漏。但是,笔者相信自己在史料(尤其是外文史料)的挖掘与整理方面略有所长,同时相信自己已经搜集到其他学者不一定会注意或者不一定已经获取的某些中外文史料,而这些史料的整理与利用确实有助于呈现韦棣华生平及文华公书林与文华图书科(文华图专)发展历史中尚不为人所知的若干细节或者某些侧面。因此,笔者还是坚持撰就了这本小书,静待学界同人的批评与指正。实事求是而言,由于笔者个人水平有限,本书属于"两不像":既没有传记作品那般优美生动的文笔,也没有学术著作那般深入到位的评析。笔者仅仅希望,本书能够起到小小的抛砖引玉的作用,敦请程焕文教授早日撰就并出版《韦棣华女士评传》,全面、细致而准确地呈现韦棣华的生平与贡献,以飨学界同人。

在本书绪论中,笔者已经感谢了为本书的撰写与出版提供过帮助的国内外友人或机构,此处不再一一列出。因为醉心于学术,笔者有时难免会有意无意地忽略生活中的种种乐趣,幸好父母与妻女不弃,心中欣幸。笔者所在单位泉州师范学院图书馆的领导和同事,如馆长吴绮云研究馆员、副馆长兼总支副书记李志伟教授、信息咨询与开发部主任张妙霞博士、采编部主任赵慧真副研究馆员、通拉嘎副研究馆员、陈彬强副研究馆员,对笔者开展学术研究一向宽容以待,并且提供了各种帮助。泉州师范学院"桐江学术著作"出版基金为本书的出版提供了充足的资金,校科研处的王宇红(已退休)和王旖旎两位老师为笔者申请出版资助提供了热心的指导。中国海洋大学出版社的邵成军、付绍瑜为本书的出版劳心费神。在此一并表示感谢!

郑锦怀

于泉州师范学院俊秀图书馆

2019 年 3 月 18 日完成初稿

2020 年 8 月 1 日定稿